साझे अतीत की तलाश का सफ़रनामा

कच्छ कथा

अभिषेक श्रीवास्तव

साझे अतीत की तलाश का सफ़रनामा

कच्छ कथा

सार्थक

राजकमल प्रकाशन का उपक्रम

ISBN : 978-93-92757-29-7

मूल्य : ₹895

पहला संस्करण : अगस्त, 2022

स राजकमल प्रकाशन का उपक्रम
सार्थक

प्रकाशक
राजकमल प्रकाशन प्रा.लि.
1-बी, नेताजी सुभाष मार्ग, दरियागंज
नई दिल्ली-110 002

शाखाएँ
अशोक राजपथ, साइंस कॉलेज के सामने, पटना-800 006
पहली मंज़िल, दरबारी बिल्डिंग, महात्मा गांधी मार्ग, प्रयागराज-211 001
36 ए, शेक्सपियर सरणी, कोलकाता-700 017

वेबसाइट : www.rajkamalprakashan.com
ई-मेल : info@rajkamalprakashan.com

मुद्रक
यश प्रिंटोग्राफिक्स
नोएडा-201 301 (उत्तर प्रदेश)

KUCHCHH KATHA
Ethnographic Travelogue by Abhishek Srivastava

क्रम

पूर्व रंग

नमक की सौगन्ध

कच्छ की अंजार तालुका में बिजली विभाग से रिटायर हो चुके एक वयोवृद्ध एक्टिविस्ट एल.वी. वोरा साहब रहते हैं। वे 1968 में दिल्ली गए थे। उन्होंने वहाँ जब बताया कि वे कच्छ से आए हैं तो लोगों ने उनसे पूछा कि क्या वहाँ जाने के लिए वीज़ा की ज़रूरत पड़ती है? यह महज़ पचास साल पहले की बात है। तब कच्छ के बारे में भारत के दूसरे हिस्सों में कोई जानकारी नहीं थी। देश की आज़ादी से पहले अंग्रेज़ी विद्वानों व सैलानियों की लिखी कुछ किताबों को छोड़ दें तो आज भी स्थिति जस की तस है। कच्छ पर भारत की अन्य भाषाओं में अब भी कोई प्रामाणिक सामग्री नहीं मिलती, जबकि 1839 में ही मारियान पोस्तांस की लिखी 'रैंडम स्केचेज़' प्रकाशित हो चुकी थी, जिसे 2010 में डिज़िटाइज़ करके संरक्षित किया गया।

राष्ट्रीय मानस में कच्छ पहली बार 2001 के विनाशकारी भूकम्प के कारण जगह पा सका। इसके नौ साल बाद गुजरात सरकार ने अमिताभ बच्चन को अपने पर्यटन का ब्रांड एम्बेसडर बनाया। देश ने पहली बार नमक के सफ़ेद मैदान रण में सदी के देसी महानायक को एक रबारी की वेशभूषा में चलते हुए देखा। राष्ट्रीय टेलिविज़न पर आए इस विज्ञापन की आख़िरी पंक्ति थी—कच्छ नहीं देखा तो कुछ नहीं देखा। इस इकलौती पंचलाइन के आगे बीते दो सौ साल में लिखी बड़ी-बड़ी किताबें धरी की धरी रह गईं। भारतीय पर्यटन के मानचित्र पर कच्छ को अचानक एक ऐसे परकटे और पूँछकटे भूखंड के तौर पर स्थापित कर दिया गया, जहाँ पूनम की रात में चमकते नमक के मैदान ही सब कुछ थे। महानायक के इस विज्ञापन के कोई डेढ़ साल बाद जनवरी 2012 में मेरी पहली रण-यात्रा हुई।

निहायत अनजान-सी छवियों को मन में लिये एक रात मैं आश्रम एक्सप्रेस से औचक अहमदाबाद की ओर निकल पड़ा था। दिमाग़ में गूगल पर देखा नक़्शा था और मन में 'विस्तार है अपार...' की धुन एक अदृश्य आयाम ले रही थी। तब तक मुझे कच्छ के छोटे रण और महान रण का फ़र्क़ नहीं पता था।

सात जनवरी की सुबह गुजरात के साबरमती स्टेशन पर उतरने के बाद सीधे वहाँ से निकल पड़ने को मन हो रहा था, हालाँकि मुझे क़रीब पाँच घंटे इन्तज़ार करना पड़ा। विश्राम का ऑफ़िस एक बजे तक था, जिसके साथ बाइक से मुझे जाना था। क़रीब डेढ़ बजे हम अहमदाबाद की चौड़ी सड़कों से होते हुए साणंद की ओर निकले जहाँ टाटा कम्पनी ने नैनो की फ़ैक्ट्री लगाई थी। मोबाइल की स्क्रीन पर नोकिया मैप लगातार खुला हुआ था। आगे जाकर रास्ता चौड़ा हो गया और कुछ-कुछ हॉलीवुड फ़िल्मों का आभास देती रेल की पटरी सड़क के समानान्तर चलने लगी। क़रीब 35 किलोमीटर हाइवे पर चलने के बाद हमें बाएँ जाना था, जहाँ पहला रिहाइशी इलाक़ा था—विरमगाँव।

यहाँ ठहरकर एक ठेले पर हमने दाबेली और घुघरा का स्वाद लिया। दाबेली को आप बर्गर का कच्छी संस्करण मान सकते हैं। इसका आविष्कार कच्छ के मांडवी ज़िले में हुआ था और दिल्ली के छोले-कुल्चे की तरह ये आज पूरे गुजरात की लाइफ़लाइन बना हुआ है। ब्रेड पकौड़े, दाबेली, घुघरा और वड़ा पाव सबमें मीठे का स्वाद आया तो लगा कि रण क़रीब है, हालाँकि अब भी नमक बनाने वालों के गाँव और रण से हम साठ किलोमीटर दूर थे। क़रीब पैंतालीस मिनट में फुलकी और पाटड़ी होते हुए हम उस गाँव के साइनबोर्ड के सामने पहुँचे, जिसकी खोज मैंने तीन दिन पहले ही गूगल पर की थी।

अगर कभी आपने कोई इलाक़ा नक़्शे पर देखा हो, वहाँ जाने की इच्छा की हो और अगले ही दिन ख़ुद को वहाँ पाया हो तो आप उस सुख का अहसास कर सकेंगे जो मुझे अहमदाबाद से क़रीब 120 किलोमीटर दूर यहाँ पहुँचकर मिल रहा था। ये था खाराघोड़ा। नमक बनाने वालों का गाँव। छोटे रण की शुरुआत, लेकिन कच्छ नहीं। यह गाँव पहले अहमदाबाद ज़िले में ही आता था। अब सुरेन्द्रनगर ज़िले का हिस्सा है। गाँव में घुसते ही आपको नमक के पहाड़ दीख जाते हैं। छोटे-बड़े पहाड़ और उनमें काम करते मज़दूर। स्कूल बन्द। सड़कों पर सन्नाटा। ग्राम पंचायत का दफ़्तर भी बन्द। तेज़ धूप और राहत भरी हवा के बीच हम नमक से

पटे हुए रास्ते पर बाइक दौड़ाते रहे। अधिकांश मुस्लिम आबादी वाला एक छोटा सा इलाक़ा पार करने के बाद आगे खुला मैदान था। दूर क्षितिज पर समुंदर दिख रहा था। हमने स्पीड बढ़ा दी।

शाम हो रही थी, सूरज ढल रहा था और समुंदर चमकदार होता जा रहा था। बीच-बीच में एकाध ट्रक दिख जाते थे धूल उड़ाते, वरना चारों दिशाएँ सुनसान थीं। इसी तरह हम क़रीब बीस मिनट चलते रहे। रास्ता ख़त्म नहीं होता था और समुंदर चमकदार होता जाता। बीच में सोचा कि ढलते सूरज की कुछेक तस्वीरें उतार ली जाएँ। मोटरसाइकिल खड़ी की और अँगड़ाई ली तो देखा कि अपने पीछे जो आबादी हम छोड़ आए थे, वो ओझल हो चुकी है। उसकी जगह एक विशाल और चमकदार समुंदर दिख रहा था।

पहले तो कुछ समझ में नहीं आया। फिर लगा कि शायद हम दूर निकल आए हैं। रण की फटी हुई धरती और डराने वाली हवा की आवाज़ के बीच सिर्फ़ मैं और मेरा सारथी। चारों ओर के क्षितिज पर चमकदार समुंदर। हमने क़तई दिमाग़ नहीं लगाया। चुपचाप तस्वीरें खींचीं, पानी पिया और फिर एक्सीलेटर दबा दिया। ये अलग बात है कि समुंदर को लेकर एक आशंका ज़रूर मन में घर कर गई थी, फिर भी इस तर्क में दम था कि अगर यही रण है, यहीं नमक है तो ज़ाहिर है समुंदर भी सामने ही होगा। अगर आधे घंटे बाद एक झोंपड़ा न आया होता तो सच मानिए, गाड़ी का तेल ख़त्म हो जाता समुंदर की आस में। और क्या-क्या हो सकता था, इसकी कल्पना नहीं की जा सकती।

उस झोंपड़े के बाहर एक नौजवान खड़ा था। तर्कबुद्धि ने काम किया। हमने उससे समुंदर की दूरी पूछी। वो मुस्कराया। गुजराती में उसने जो कुछ भी कहा, उसका एक ही मतलब समझ में आया कि आगे समुंदर नहीं है। बात आगे बढ़ी तो एक अर्थ और निकला कि आगे पाकिस्तान की सीमा है और बीएसएफ की चौकी है। हिन्दी और गुजराती के संघर्ष में तीसरा अर्थ यह निकला कि अगर अब हम लौटे तो रास्ता भूल जाएँगे क्योंकि रण में सूर्यास्त के बाद रास्ते गुम हो जाते हैं। चौथा अर्थ हमने ख़ुद निकाल लिया—रात इसी झोंपड़े में बितानी है।

लालजी नाम है नौजवान का, जिसके झोंपड़े में हमें आज की रात बितानी है। वो अपनी पत्नी, तीन बच्चों और माँ-बाप के साथ यहाँ रहता है। बाप-बेटा दोनों नमक मज़दूर हैं। इनके पूर्वज भी नमक बनाते थे। परिवार में सबसे हमारी मुलाक़ात

कराई गई। आतिथ्य-सत्कार किया गया एक काले पेय से, जिसे हम शहरी लोग ब्लैक टी कहते हैं। पीने पर मामला कुछ नमकीन टाइप लगा। हमने पूछा, इसमें नमक पड़ा है क्या? लालजी ने कहा, "ना, पानी में मीठू है।" मीठू है तो फिर चाय नमकीन कैसे? हमने लालजी से पूछा। लालजी के पिता कुछ-कुछ हिन्दी बोल लेते हैं। उन्होंने ठहाका लगाया और कहा, "यहाँ के पानी में मीठू होता है, इसीलिए चाय ऐसा लगता है।"

अब समझ में आया। कच्छ में नमक को मीठू कहते हैं। हमारे कॉलेज के दिनों के मित्र और अहमदाबाद में पत्रकार अरविन्द, जो दो दिन बाद रास्ते में हमसे जुड़े, बताते हैं कि अहमदाबाद जैसे महानगर में भी अगर आप मीठा माँगेंगे तो सामने वाला आपको नमक डालकर दे देगा। मीठे के लिए आपको शक्कर बताना होगा। बड़ी अजीब बात है कि किसी वस्तु के गुण के ठीक उलट उसका नाम है। आख़िर इसकी वजह क्या हो सकती है?

दरअसल, कच्छ के रण में यानी छोटे और बड़े रण दोनों में मिलाकर कुल 80,000 के क़रीब नमक मज़दूर काम करते हैं। सॉल्ट कमीशन की रिपोर्ट में ये संख्या 45000 बताई जाती है, लेकिन इस संख्या की सच्चाई हमें लालजी के घर पहुँचकर ही पता चलती है। लालजी और उनके पिता दोनों नमक बनाते हैं। अगर इस प्रक्रिया में हम लालजी की माँ और पत्नी समेत बच्चों के सक्रिय सहयोग को छोड़ भी दें तो एक परिवार में बाप और बेटे को मिलाकर औसतन दो नमक मज़दूर होंगे। चूँकि नमक बनवाने वाली कम्पनी का ठेकेदार लालजी के पिता को मज़दूर के रूप में नहीं गिनता क्योंकि उनका अनुबंध बढ़ाया नहीं गया, लिहाज़ा परिवार में ऑफ़िशियली एक ही मज़दूर हुआ। यानी औसतन हर परिवार में एक आदमी मुफ़्त में नमक बना रहा है। ये एक अलग बात है कि दो व्यक्तियों के काम करने से नमक बनाने की दर दोगुनी हो जाती है और एक परिवार द्वारा भरे गए बोरों की संख्या बढ़ जाती है।

खाराघोड़ा में जो इकलौती सरकारी कम्पनी नमक बनाती है उसका नाम है हिन्दुस्तान सॉल्ट लिमिटेड। लालजी का परिवार पीढ़ियों से एचएसएल के लिए काम करता रहा है, लेकिन उसे तनख़्वाह कम्पनी नहीं देती। नमक बनाने वाले एक परिवार में औसतन पाँच आदमी मानने पर चार लाख लोगों की क़िस्मत तय करते हैं सेठिया। ये सेठिया नमक कम्पनी के ठेकेदार होते हैं। इनमें अधिकतर पाटड़ी

और आसपास के इलाक़ों के रहने वाले हैं और अगड़ी जाति के हैं। सरकारी और निजी कम्पनियों के बीच छोटे रण की ज़मीन बँटी हुई है। बड़ा रण ईको सेंसिटिव क्षेत्र है, लिहाज़ा यहाँ नमक का कमर्शियल उत्पादन तक़रीबन नहीं के बराबर होता है। इसी ज़मीन पर कई-कई किलोमीटर के फ़ासले पर आपको नमक मज़दूरों के झोंपड़े दिख जाते हैं। पीढ़ियों की बरसात और तूफ़ान झेलकर खड़े इन झोंपड़ों का एक आपसी रिश्ता होता है, ठीक वैसे ही जैसे सेठियों के बीच मुनाफ़े का रिश्ता होता है। यही वजह है कि आज तक सेठियों और मज़दूरों के बीच ऐसी आपसी समझ क़ायम है कि मज़दूर सरकार को तो गाली देता है, लेकिन सेठिया के ख़िलाफ़ एक शब्द नहीं बोलता।

लालजी बताते हैं कि सेठिया यानी नमक कम्पनी का ठेकेदार एक बोरा[1] नमक बनाने पर 18 रुपए देता है। उनका परिवार साल में आठ महीने काम करता है क्योंकि मानसून के चार महीनों में रण में पानी भर जाता है और इन्हें पलायन करना पड़ता है। आठ महीने में एक हाथ औसतन 800 किलो नमक पैदा करता है। अब ये परिवार के सदस्यों के ऊपर है कि वे कुल कितना नमक बना पाते हैं। अब इसमें आप क्रूड ऑयल का दाम जोड़ लीजिए जो ठेकेदार इन्हें जेनसेट चलाने के लिए देता है। एक दिन में क़रीब दस से बारह घंटे पानी पंप करने के लिए जेनसेट चलाना होता है। अधिकांश मज़दूर परिवारों के पास कोई खेती नहीं है, इसलिए ख़ाली के चार महीनों में वे रण के बाहर जाकर नमक के ठेकेदारों के यहाँ नमक भरने का काम करते हैं। हालाँकि लालजी के मुताबिक़ ये चार महीने बैठकर खाने के अलावा कुछ नहीं कर सकते क्योंकि काम माँगने वाले ज़्यादा होते हैं और काम कम।

2012 की स्थिति यह थी कि जो नमक सेठिया इनसे ख़रीदता था, उसे प्रति बोरा 92 रुपए की दर से कम्पनी को बेचता था। मार्जिन हुआ हर सौ किलो पर 74 रुपए। 80,000 मज़दूरों के हिसाब से कुल मार्जिन करोड़ों में बैठता है। अगर सरकारी आँकड़ा 45,000 मज़दूरों का भी मानें तो मामला करोड़ों में ही है। तो एक ओर जहाँ मुट्ठी भर पैसे में पाँच लोगों का परिवार चलना है, वहीं इससे करोड़ों का कारोबार फल रहा है। हमें जो नमक मिलता है, वह नमक कम्पनी में प्रोसेस्ड होता है, उसमें आयोडीन मिलाई जाती है और पैक करके बेचा जाता है। सवाल

1. एक बोरा बराबर 100 किलो

उठता है कि कच्छ के क़रीब एक लाख मज़दूर बिना आयोडीन वाला नमक खाकर पीढ़ियों से कैसे ज़िन्दा हैं? और सिर्फ़ ज़िन्दा भर नहीं, वे सन्तुष्ट भी हैं और नमक को मीठू भी कहते हैं?

दरअसल, सेठिया के करोड़ों और कम्पनी के अरबों के मार्जिन के बावजूद उनके लिए नमक बस नमक ही रह जाता है, जबकि सिर्फ़ 18 रुपए क्विंटल पर अपना परिवार चलाने वाले लालजी जैसे हज़ारों परिवारों के लिए नमक मीठू हो जाता है। ज़िन्दगी में असली नमक यहीं देखने को मिलता है...न कोई आयोडीन, न पैकेजिंग, न ही लागलपेट। सीधा और साफ़ सफ़ेद नमक, बग़ैर किसी मार्जिन का। ज़ाहिर है, ऐसे नमक को मीठू नहीं तो और क्या कहेंगे, जो अनंत खारेपन के बीच ज़िन्दगी में मिठास घोले हुए है!

बहरहाल, लालजी की घरवाली ने बाजरे की रोटी, डोकरा[1], सब्ज़ी, खिचड़ी, मिर्च की भुजिया खिलाई थी। सुबह जब वह जंगल से लकड़ियाँ तोड़कर आई तो साथ में होरहा भी ले आई। आतिथ्य की वह ख़ुशबू मेरे साथ बरसों रह गई।

लालजी से कोई डेढ़-दो साल तक फ़ोन पर मेरी बात होती रही। बड़ी अजीब बात थी कि न तो मुझे उसकी भाषा समझ आती और न ही उसको हिन्दी, फिर भी हम देर तक बातें करते थे। बीच-बीच में वह अपने पिता या माँ को फ़ोन पकड़ा देता और कुछ कहता। फिर इधर से अभिवादन और उधर से 'केम छो' का स्थानीय संस्करण। रोज़-ब-रोज़ घटती सूचना क्रान्ति के दौर में जैसा कि आम है, मेरा मोबाइल बिगड़ गया और उसका नम्बर खो गया। छह साल बाद जब उससे मिलने की इच्छा जागी तो किसी तरह पुराने रिकॉर्ड खँगालकर उसका बीएसएनएल का नम्बर खोज निकाला। क्रान्ति की चपेट से वह भी कहाँ बचा रह गया होगा? उधर से लगातार आवाज़ आती रही, 'यह नम्बर वैध नहीं है।' शुक्र है, मैंने उसका झोंपड़ा देखा था और उसके परिवार की तस्वीरें मेरे पास अब भी थीं। एक उम्मीद बाक़ी थी जिसे जून 2018 की तपिश में तकलीफ़देह बन जाना था।

महानायक के विज्ञापन में फँसकर रण की मरीचिका में गुम होने से मुझे लालजी ने बचाया था। रण का पहला नमक मैंने लालजी के यहाँ खाया था। इसलिए लालजी मेरी कहानी का हीरो है। नमक की सौगन्ध! आगे की समूची यात्रा लालजी की तलाश में पड़ने वाले पड़ावों की मंज़रकशी से ज़्यादा कुछ नहीं है।

1. मेथी के पकौड़े

काल-अकाल

ईश्वर मेरा गड़रिया है

ढलते अक्टूबर में जैन धर्मशाला की बालकनी से फूटती हुई एक सुहावनी सुबह। इतनी कोयलों को एक साथ बोलते तो हमने दिल्ली में पूरे सोलह साल नहीं सुना था। धूप निकल आवे इससे पहले चलकर चाय पी ली जाए। यहाँ धूप बहुत जल्द निकलती है और बहुत तेज़ भी। यही सोचकर हम बम्बई शैली वाली चैनल लिफ़्ट से नीचे उतरने लगे। साल के इन दिनों में दिल्ली धुंध का गोला बनी रहती है, जहाँ साँस बमुश्किल आती है। कुछ चीज़ें लोक में रूढ़ हो जाती हैं, जैसे पराली। कहते हैं कि जब पंजाब, हरियाणा के किसान इस मौसम में अपने खेतों में पराली जलाते हैं तब दिल्ली का दम घुटता है। यह बात कितनी सच है और कितनी अफ़वाह, इसे साल के बाक़ी दिनों में धुएँ से होने वाली मौतों से परखा जा सकता है। जिस धरती पर हम अभी-अभी लिफ़्ट से उतरे हैं, वहाँ पराली नहीं जलाई जाती। वास्तव में पराली होती ही नहीं क्योंकि कोई फ़सल नहीं होती। नहीं होती भी कहना ठीक नहीं, दरअसल बीते तीन साल बुरे गुज़रे हैं। समूची धरती ही झुलसी हुई मालूम देती है। सैकड़ों किलोमीटर तक पसरा सन्नाटा। सपाट छाती। कहीं पीली। कहीं सफ़ेद। कहीं धूसर।

कच्छ में लगातार दो साल के सूखे के बाद अबकी अकाल घोषित है। यह 2018 है। हम ज़िला मुख्यालय भुज के बीचोबीच एक सड़क पर चाय खोजने निकले हैं। थोड़ी दूर चलते ही एक ठेला दिखाई देता है। यहाँ सड़क किनारे लगे ठेलों पर गुजराती में लिखा होता है 'नास्ता'। इस नास्ते का मतलब होता है बेसन से बने विविध व्यंजनों का समुच्चय। आप जो कुछ खाइए, वास्तव में बेसन ही खा रहे होंगे इतना तय होता है। ये वाला ठेला थोड़ा अलग-सा है। चाय तैयार है।

सुबह की पहली चाय है, इसलिए एक आश्वस्ति है कि शायद बेहतर हो। गुजरात में, ख़ासकर कच्छ में चाय पीना उत्तर भारतीयों के लिए थोड़ा मशक़्क़त का काम है। यहाँ बड़ा-सा पतीला भरकर एक बार में ढेर सारी चाय बना ली जाती है। फिर उसे दिन भर घोंटते रहते हैं। इतना घोंटते हैं कि चाय से मक्खन निकल आता है। इतनी गाढ़ी चाय को गले से नीचे उतारने में दिक़्क़त आती है। सफ़र में मेरे साथी अजीत मज़ाक़ करते हैं कि किसी बोलते को चुप कराना हो तो इस चाय में उँगली डुबोकर उसके होंठों पर खींच मारिए। होंठ सट जाएँगे।

चाय वाक़ई बेहतर है। 'नास्ता' भी तैयार है। पोहा और इडली। बीते छह वर्षों की आधा दर्जन यात्राओं में पहली बार बिना माँगे मिला है बेसनमुक्त 'नास्ता'। ठेलेवाले सज्जन अपने पहले ग्राहकों के लिए पोहा गरम करने को होते हैं कि फ्रेम में दो काली आकृतियाँ अचानक प्रवेश करती हैं। चेहरा छोड़कर हूबहू एक सी दिखने वाली अधेड़ उम्र की दो औरतें। एक की आँखों में असामान्य चमक है। उसकी निगाह तेज़ है। वह मुझसे टकराती है और वापस भीतर की ओर मुड़ जाती है। दूसरी बेपरवाह है। अठारह बरस की उम्र वाले इस महानगर की चौड़ी सड़कों के किनारे इतनी सुबह दो रबारी औरतों को देख पाना, उनके साथ चाय पीना, कोई संयोग नहीं हो सकता। इनके काले लिबास से पता लगता है कि ये रबारी हैं। ठेले के पीछे दो स्टूल रखे हैं। वे अपने-अपने कप लेकर उन पर बैठ जाती हैं। तेज़ निगाह वाली जब कप को होंठों के पास ले जाती है तो एक पल के लिए मेरी ओर देख लेती है। मैं लगातार उन्हें देख रहा हूँ। वे दोनों कुछ ऐसे सिमटी हुई बैठी हैं गोया इस शहर से ख़ुद को छुपा ले जाना चाह रही हों। उनके आसपास कुटुम्ब का कोई और नहीं है। न ही कोई मवेशी। फिर ये कहाँ से आ गईं? और इतनी सहमी हुई क्यों हैं?

चाय पीते हुए मैंने धीरे से मोबाइल निकाला और यह जानते हुए कि अनैतिक काम कर रहा हूँ, साथियों की ओट में उन्हें फ्रेम के भीतर लेकर दो-चार क्लिक मार दिए। कच्छ में रबारी आपको कहीं भी दिख सकते हैं। यह उन्हीं की धरती है। उनका अपना घर है। वे पूरी ठसक के साथ अपने ऊँटों, भेड़ों, बकरियों, भैंसों को लेकर एक से दूसरे छोर बेफ़िक्र घूमते हैं। बिना किसी की परवाह किए कि कौन आ रहा है और कौन देख रहा है। यह दृश्य सम्भवत: या निश्चय ही थोड़ा अलग था। अपने क़ाफ़िले से छूटा हुआ रबारी महानगर की सड़क के किनारे एक ठेले

पर चाय पी रहा था। दोनों ही औरतें। मैंने उनकी आँखों में जो चमक देखी थी, उसमें एक भय था, संकोच था, बाहरी होने का बोध था। बाहरी तो दरअसल हम थे और हमने उन्हें अपना उपनिवेश मानकर चोरी से तस्वीरें उतार ली थीं। उनकी आँखों से हज़ार साल की चरवाही सभ्यता झाँक रही थी। हम जानते थे कि इस दुनिया का तारणहार एक गड़रिया था। हम सब उसकी भेड़ें हैं। इसी गड़रिये की खोज में तो भटक रहे थे हम।

'नास्ता' ख़त्म हो चुका था। पेट भर चुका था लेकिन मन ख़ाली हो गया था। उन रबारी औरतों की सूनी, सूखी, विस्फारित आँखों में मैं अटक चुका था। तीन साल का सुदीर्घ अकाल इन आदिम गड़रियों की कोटरों में पैबस्त था। अब और कोई चारा नहीं था, सिवाय भेड़ बनकर उनके पीछे-पीछे चलना। यही हमारी नियति थी। यही ध्येय।

गुंडा आया, गुंडा आया

चुनाव आते-जाते रहते हैं। सरकारें बनती और बिगड़ती हैं। रिहाइशें क़ायम रहती हैं। पहाड़ अपनी जगह से नहीं हिलते। पेड़-पौधे खड़े-खड़े सूख जाते हैं लेकिन जड़ नहीं छोड़ते। हवाएँ ज़हरीली हो जाती हैं लेकिन अपनी महक नहीं छोड़तीं। नदियाँ सूख सकती हैं, लेकिन बहना नहीं छोड़तीं। जब कभी बादल बरसते हैं, उनकी बनाई लीक की कोर गीली होकर थोड़ा ऊपर उठ आती है। एक मर चुकी नदी को इस तरह ज़िन्दा होते देखना अपने आप में तिलिस्म है। रास्ता छोड़ चुकी किसी नदी की कोर को पहचानना कीमियागरी है।

कच्छ में एक नदी ने कभी अपना रास्ता छोड़ा था। बात 1819 की है जब इस क्षेत्र में भयंकर भूचाल आया था। सिन्धु, जो कच्छ से होकर गुज़रती थी, यहाँ से दूर चली गई। सभ्यताएँ हमेशा से जलस्रोतों के किनारे बसती रही हैं। जमादार फतेह मोहम्मद ने यही सोचकर लखपत का क़िला बनवाया था कि इसके समुद्र तट पर होने से व्यापार बढ़ेगा और नदी किनारे होने से जीवन फलेगा। नदी ने मुँह क्या मोड़ा, लखपत उजड़ गया। जहाँ कहते हैं कि एक दिन में

लाख कोरी[1] का व्यापार हुआ करता था, वहाँ आज बमुश्किल पाँच सौ बाशिन्दे ख़ुद को बाहरी ठहराए जाने के डर में ज़िन्दगी काट रहे हैं। डर ऐसा कि किसी बाहरी का यहाँ आना भी अब मुश्किल हो चला है।

2018 के गुजरात विधानसभा चुनाव से कुछ महीने पहले लखपत के युवा कवि सावजराज सिंह ने फेसबुक पर एक पोस्ट लिखी थी। उन्होंने मित्रों को सूचित किया था कि लखपत के एक ग्राम प्रधान और उसके कुछ लोगों ने उनके साथ मारपीट की है। पोस्ट लिखते वक़्त वे दयापर थाने में कई घंटे से बैठे थे। सावजराज का चरित्र लखपत जितना ही अजीब है। कोई पचीस साल का युवक, जो एक ऊँट लेकर घूमता रहता है और कविता-कहानी करता है। कविताई के चलते दिल्ली के लेखकों से उसके अच्छे ताल्लुक़ात बन गए हैं। कुछ लेखकों ने जब उसकी पोस्ट देखी तो उनके कान खड़े हुए। एक मित्र ने बनारस से फ़ोन करके मुझे पता करने को कहा। मैंने उस्मान भाई के बेटे लियाक़त को फ़ोन लगाया। वह सावजराज को जानता है। उसने ऐसी किसी घटना के होने से इनकार किया।

अक्टूबर 2018 में जब मैं लखपत गया तो पता चला कि यह युवा कवि अपने ऊँट समेत इलाक़ा छोड़कर जा चुका है। पूरे इलाक़े में ख़बर है कि वह फ़र्ज़ी पहचान-पत्र बनवाकर वहाँ अपनी एक मचान डाल रहा था जिसका स्थानीय लोगों ने विरोध किया था। इसी विरोध के ख़िलाफ़ उसने फेसबुक पर साम्प्रदायिक शक्ल वाली एक पोस्ट डाली और दिल्ली मचल उठी। दिल्ली ऐसी ही है। वह ऐसी ही बातों पर मचल उठती है। दिल्ली के लिए लखपत में अपना ऊँट लेकर घूमने वाला और कविता करने वाला एक युवा कच्छी पहचान का प्रतीक है। हक़ीक़त यह है कि लखपत के कच्छियों को इस कवि से डर लगता है। वे उसे बाहरगाँव का मानते हैं। थोड़ा और भीतर बढ़िए तो पाएँगे कि लखपत के पास सीमा की सुरक्षा कर रहे बीएसएफ के जवान लखपत के मूल बाशिन्दों को ही बाहरी मानते हैं और बात-बात पर उनसे आइडी माँगते फिरते हैं।

याद पड़ता है कि 2018 के गुजरात विधानसभा चुनाव से ठीक पहले बनासकांठा में हुई बलात्कार की एक घटना की प्रतिक्रिया में उत्तर भारत के हिन्दीभाषियों को गुजरात से खदेड़ने का एक संगठित अभियान चला था। इस अभियान को छेड़ने

1. स्थानीय मुद्रा

का दोष अल्पेश ठाकोर नाम के एक युवा नेता पर लगा, जो बाद में राधनपुर से विधायकी का चुनाव जीत गए। राधनपुर कच्छ के छोटे रण की शुरुआती सरहद है। इसी रण में नमक की खेती होती है। इसी रण में मैंने कच्छ की अपनी पहली रात लालजी के झोंपड़े में गुज़ारी थी। नमक बनाने वाले ज़्यादातर मज़दूर जाति से ठाकोर हैं, जिन्हें अगड़िया कहते हैं। कच्छी अस्मिता के नाम पर इन अगड़ियों ने अल्पेश को पहली बार में चुनाव जितवा तो दिया, लेकिन अल्पेश अपनी कांग्रेस पार्टी को छोड़ के जब भाजपा में चले गए तो उसी सीट से 2019 के अक्टूबर में हुए उपचुनाव में इन्हें तगड़ी हार मिली। अकेले अल्पेश ही नहीं, इनके क़रीबी सहयोगी धवलसिंह झाला भी बायड़ से उपचुनाव हार गए। वे भी कांग्रेस के टिकट पर चुनाव जीतकर भाजपा में घुस गए थे।

इस उलटफेर की एक और वजह है। कच्छ में कच्छ का होना एक दुर्लभ बात है। कच्छ में कच्छ का होना एक सापेक्ष कोटि है। यहाँ बाहरी होना निरपेक्ष है। यह दुनिया का ऐसा कोना है जो अपने देश के साथ जुड़ने से काफ़ी पहले बाक़ी दुनिया से जुड़ चुका था। मांडवी, लखपत, जखाउ, मुंद्रा जैसे बन्दरगाहों के माध्यम से कच्छ का रिश्ता सुदूर अफ्रीका और अरब के साथ रहा है। बहुत हाल तक स्थिति यह थी कि बम्बई से मांडवी जाने के लिए नाव लेनी पड़ती थी।

मिसेज़ मारियान पोस्तांस ने पाल वाली एक नौका में बम्बई से मांडवी तक के रोमांचक सफ़र का विवरण लिखा है। मांडवी की नौकाएँ दुनिया भर में अपनी मज़बूती के लिए जानी जाती रही हैं। इन्हें स्थानीय भाषा में कोटिया कहते हैं। इन्हीं नौकाओं पर बैठकर यहाँ दुनिया भर के लोग आए। सिन्धी, तुर्क, सिद्दी, ग़ुलाम, अरबी, मोमिन, पीर, फ़क़ीर, संत, जब यहाँ पहुँचे उस वक़्त तक भारत में कच्छ को कोई जानता तक नहीं था। हाँ, पहले से यहाँ कोई अगर मौजूद था तो वे थे रबारी। संयोग देखिए कि रबारी का भी मूल शाब्दिक अर्थ 'बाहरी' ही होता है। एक प्रस्थापना यह है कि रबारी ख़ुद बलूचिस्तान होते हुए ईरान से यहाँ आए, हालाँकि कुछ इतिहासकार उनकी जड़ें राजस्थान के राजपूतों के साथ जोड़ते हैं। रबारियों के यहाँ आने का कोई भौगोलिक या ऐतिहासिक साक्ष्य नहीं मिलता, सिवाय मिथकों के।

दरअसल, जहाँ हर कोई बाहरी हो लेकिन ख़ुद को भीतरी समझता हो, वहाँ कहानियाँ बहुत फलती-फूलती हैं। कहानियाँ परिवार की नहीं, मोहल्ले की पैदाइश हैं। कहानियाँ घटतीं तो परिवारों में हैं लेकिन उन्हें लिखने वाला मोहल्ले का एक

माणिक मुल्ला होता है, जिसके ख़ुद का परिवार नहीं होता। कच्छ एक परिवार नहीं, परिवारों का मोहल्ला है। इस मोहल्ले में सबसे पहले बसा घर एक रबारी का है। बताते हैं कि उसका नाम सम्भड़ था। कहते हैं कि हिन्दुओं की देवी पार्वती को एक बार बहुत अकेलापन महसूस हुआ तो उन्होंने शिव से किसी साथी का इन्तज़ाम करने को कहा। शिव उस वक़्त तपस्या की मुद्रा में थे। उन्होंने पार्वती से कहा कि वे अपने शरीर की धूल से जो कुछ गढ़ सकें, गढ़ लें। पार्वती ने अपनी देहधूलि से एक इनसान बनाया। शिव ने उस इनसान में जान फूँक दी। यह पहला रबारी था जिसका नाम रखा गया सम्भड़।

इसके बाद शिव ने एक ऊँट बनाया और पार्वती को पकड़ा दिया। सम्भड़ का काम था दिन भर ऊँट चराना। ऊँट के साथ दिक़्क़त यह थी कि उसके पाँच पैर थे। अब यह ग़लती से हुआ या शिव की लीला थी, जो हो, लेकिन अपने पाँच पैरों के कारण ऊँट को जंगल में विचरने में दिक़्क़त आती थी। सम्भड़ ने इसकी शिकायत शिव से की। शिव ने ऊँट के पाँचवें पैर को ऊपर की ओर धक्का मारा और तब से ऊँट का कूबड़ निकल गया। बच गए चार पैर।

सम्भड़ जब बीस-पचीस साल का हुआ तो पार्वती को उसकी शादी की चिन्ता सताने लगी। तब मानसरोवर झील में अप्सराएँ नहाने आया करती थीं। शिव और पार्वती ने सम्भड़ से कहा कि वह नहाती हुई अप्सराओं के कपड़े चुरा ले। सम्भड़ ने यही किया। अप्सराएँ पार्वती के पास आईं और शिकायत कीं कि उनके लड़के ने कपड़े चुरा लिए हैं। पार्वती ने आश्वस्त किया कि कपड़े तो मिल जाएँगे लेकिन एक शर्त है। शर्त यह है कि उस अप्सरा को सम्भड़ से ब्याह करना होगा। अप्सरा का नाम था राइ। सम्भड़ की राइ से शादी हुई। इसके बाद से उनकी सन्तानें राइका कहलाने लगीं। यहीं से मालधारी, रबारी, राइका और देसाई कुटुम्बों का जन्म हुआ।

सम्भड़ को बहुत से बेटे हुए। बेटियाँ भी हुईं जो राजपूतों से ब्याही गईं। बेटों को कालान्तर में विहोतेर नाथ कहा गया। विहोतेर का मतलब है 133 (वि माने 20, हो माने 100 और तेर माने 13)। रबारियों का समूचा समुदाय इस तरह बेटों की संख्या के हिसाब से 133 उपजातियों में बँट गया और आज तक भेड़, बकरी, ऊँट, भैंसें चरा रहा है। रबारी इन मवेशियों के रखवाले हैं। ये रबारी अपने मवेशियों को चराने दूर-दूर हिमालय तक गए। ये हरियाणा, राजस्थान और यूपी के मथुरा तक गए।

इनके कच्छ के रण आने का क़िस्सा हालाँकि अलग है। जैसलमेर में एक

राजा होता था जिसकी निगाह रबारी की एक ख़ूबसूरत लड़की पर पड़ गई और उसने उसका हाथ माँग लिया। लड़की के माँ-बाप ने राजा से मिन्नत की कि यह रिश्ता सम्भव नहीं है कि क्योंकि वह मुसलमान है और वे हिन्दू। इस पर राजा ने ज़ोर-ज़बरदस्ती से लड़की को छीन लेने की धमकी दी। रबारियों ने सोचने के लिए 20 दिन का वक़्त माँगा। राजा ने हामी भर दी, लेकिन 20 दिन की मोहलत के बदले उसने 25 रबारियों को हिरासत में ले लिया। इनकी क़िस्मत जवाब मिलने के बाद ही तय होनी थी।

कुटुम्ब की इज़्ज़त का सवाल ज़्यादा बड़ा था। रबारियों ने राजस्थान से सामूहिक पलायन का फ़ैसला किया। अपने ऊँटों पर अपनी गृहस्थी को लादा और वे कच्छ की ओर निकल पड़े। उधर हिरासत में लिए गए रबारी मार दिए गए। कच्छ का बन्नी क्षेत्र एशिया का सबसे समृद्ध घास का मैदान हुआ करता था। वहाँ के राजा ने उन्हें यहाँ बसने की छूट दे दी और रबारी यहीं बस गए। कहते हैं कि अपने मारे गए साथियों के शोक में इन्होंने अपने परिधान स्थायी रूप से बदल डाले। आज भी रबारी आदमी सफ़ेद कपड़े पहनते हैं जबकि रबारी औरतें काले परिधान। यह वेशभूषा केवल कच्छ तक सीमित नहीं, राजस्थान और महाराष्ट्र तक देखने को मिलती है। कच्छ में ये रबारी जहाँ-जहाँ बसे, वहाँ के नाम के हिसाब से इनका नाम पड़ा। मसलन, वागड़ में जो रबारी रह गए, उन्हें वागड़िया कहा गया। अंजार, मुंद्रा और भचाऊ तालुका के बीच जो रबारी बसे, उन्हें ढेबरिया कहा गया और नखतराणा व भुज के बीच बसने वालों को काशी रबारी कहा गया।

मिथक और मुहावरों से इतर, कच्छ के बन्नी और रण के मैदानों की आबादी इन मूल रबारियों के अलावा मोटे तौर पर मुस्लिम बहुल है। ऐसा नहीं है कि यहाँ 'बाहरी' का सवाल केवल मुहावरे और विरोधाभासों का ही मामला है। 'बाहरी' का सवाल जब राष्ट्रीय सुरक्षा से जुड़ जाता है तो उसकी पहचानें भी स्पष्ट हो जाती हैं। कच्छ के भूकम्प से दो साल पहले 1999 में एक ऐसी घटना चर्चित हुई जब रण में मौजूद सुरक्षाबलों ने तीन कथित पाकिस्तानी घुसपैठियों के पदचिह्नों की बात कही थी। इन तीनों के सिर पर ईनाम घोषित किया गया और सरहद पर सभी जगह इनके होने की कहानियाँ सुनी गईं। कहा गया कि ये सभी लश्कर के अपराधी हैं जो सरहद में हमला करने को घुसे हैं। सरहद के गाँवों को बिना किसी कारण के कई दिनों तक सुरक्षाबलों ने बन्धक बनाए रखा। जब पचीस दिन बीत

गए तब माना गया कि ये कथित हथियारबन्द लोग पाकिस्तान वापस लौट चुके हैं।

1999 की इस घटना की आहटें आज भी लखपत में आधी रात 'गुंडा आया, गुंडा आया' की अनुगूँजों में सुनी जा सकती हैं। अभी हाल की बात है जब कश्मीर से अनुच्छेद 370 हटाए जाने के बाद कच्छ में हाई अलर्ट घोषित कर दिया गया। इंटेलिजेंस ने रिपोर्ट दी कि हरामी नाला से कुछ पाकिस्तानी जल-कमांडो रात के सन्नाटे में घुसपैठ कर सकते हैं। हमने इसके बारे में लखपत के सबसे अच्छे जानकार और स्थानीय कहानी-क़िस्सों के महारथी उस्मान अली नोतियार से पूछा। उन्होंने ही हमें सबसे पहले हरामी नाले के बारे में बताया था। हर बारिश में यह नाला उफान पर होता है। इसकी विभीषिका को देखते हुए स्थानीय लोग पीढ़ियों से इसे हरामी नाला कहते आए हैं। उन्होंने हँसते हुए कहा, "साहब, यहाँ तो रोज़ ही अलर्ट रहता है। हर दूसरी रात हल्ला होता है—'गुंडा आया... गुंडा आया'।" ख़ुद के बाहरी होने का डर हो या फिर किसी और बाहरी के यहाँ पर होने का ख़ौफ़, कच्छ के लोग अब इस तरह की बातों पर हिंसक प्रतिक्रिया दे रहे हैं।

बीते दो दशकों में हुआ यह है कि सरहद पर राष्ट्रीय सुरक्षा को ख़तरे के नाम पर 'बाहरी' का जो ख़ौफ़ बरपा किया गया, उसने दूसरे इलाक़ों में बाहरियों के 'आक्रमण' की एक अदृश्य ज़मीन तैयार की। हर बार हरामी नाले से आने वाले पाकिस्तानी जल-कमांडो को लेकर जारी किया जाने वाला एलर्ट इसी मनोवृत्ति की देन है। एडवर्ड सिम्पसन ने 2001 के बाद कच्छी समाज में पैदा हुए सामूहिक स्मृतिलोप और भूकम्प के राजनीतिक चरित्र का विशद अध्ययन किया है। कच्छ में 2001 के बाद जो कुछ भी हुआ है, सिम्पसन उसे बाक़ायदे 'इनवेज़न' का नाम देते हैं। इस 'इनवेज़न' का बहाना बनी क़ुदरत, जिसने 1819, 1956 के बाद तीसरी बार 2001 में कच्छ को अपना निशाना बनाया था।

पहले भूकम्प में सिन्धु नदी ने कच्छ से मुँह मोड़ लिया। दूसरे भूकम्प ने कच्छ की स्वतंत्र अस्मिता की जंग को कमज़ोर किया। तीसरे भूकम्प ने सतह पर कच्छ और गुजरात का फ़र्क़ ही मिटा दिया। अब जब भी तेज़ बारिश होती है, सरहद पार से कच्छ में आने वाले हरामी नाले का क़ुदरती उफ़ान इस 'इनवेज़न' का सबब बनता है और हर बार 'बाहरी' की एक तय परिभाषा जनमानस में ठेल दी जाती है। वही परिभाषा, जो इस देश की राजनीति को बरसों से हाँक रही है।

जब धरती ने करवट ली...

वह 26 जनवरी, 2001 की सुबह थी जब रबारियों की धरती बेतरह हिल उठी। गणतंत्र दिवस के जश्न में पूरा देश डूबा था और अंजार में स्कूली बच्चे प्रभातफेरी निकाल रहे थे। दो सौ से ज़्यादा बच्चे मौक़े पर दबकर मर गए। पैंतालीस साल बाद कच्छ की धरती का कलेजा फटा तो पुराने गंधाते बिलों से हमेशा की तरह जंगली चूहे बिलबिलाकर निकल आए। राहत और निर्माण के बीते दो दशक में अलग-अलग रंग के इन चूहों ने बन्नी के मैदान सफाचट कर डाले। आज गांधी-धाम-आदीपुर होते हुए भचाऊ से अंजार जाने में दम घुटता है। साँस लेने के लिए मुँह पर कपड़ा बाँधना पड़ता है। ऐसा लगता है भूकम्प थमा नहीं है। अब तो धरती सहित आकाश भी हिलोरें मार रहा है।

सुरेन्द्रनगर के खाराघोड़ा या छोटे रण से कच्छ (ज़िला मुख्यालय भुज की शुरुआती सीमा) की दूरी कम से कम डेढ़ सौ किलोमीटर होगी। वहाँ से सीधा कोई भी साधन कच्छ तक नहीं जाता। राधनपुर से आने वाली रोडवेज़ की बसें हैं जो आपको भचाऊ या सामख्याली तक ले जा सकती हैं लेकिन उनके समय का कोई भरोसा नहीं। पाटड़ी बाज़ार से मालवण चौकड़ी की दूरी 15 किलोमीटर है। मालवण में राष्ट्रीय राजमार्ग 947 मिलता है जो अहमदाबाद से कच्छ को सीधे जोड़ता है। हलवाड़ से काफ़ी आगे जाकर यह रास्ता राजकोट से वाया मोर्बी आ रहे राष्ट्रीय राजमार्ग 27 में मिल जाता है और भचाऊ, गांधीधाम होते हुए अंजार तक ले जाता है। मुमकिन है आने वाले दिनों में यह नक़्शा बदल जाए।

कच्छ की सबसे पुरानी शहरी बसावट अंजार है। सबसे ज़्यादा तबाही यहीं हुई थी। उसके निशान आज भी सरेराह बिखरे पड़े हैं। जो भूकम्प आया था, उसने अंजार के अलावा भचाऊ, रापर और भुज को तक़रीबन तबाह कर डाला। एक अनुमान के मुताबिक़ इस भूकम्प में कोई चौदह हज़ार लोग मारे गए। इसमें 12,221 लोग कच्छ में मारे गए थे। इस ज़िले में 178 गाँवों को 'पूरी तरह तबाह' माना गया जबकि 165 गाँवों में 70 फ़ीसदी से ज़्यादा विनाश हुआ। इस भूकम्प ने ढाई करोड़ से पाँच करोड़ टन मलबा पैदा किया। भुज में तेल का रिसाव हुआ जबकि कांडला पोर्ट पर बेहद ज़हरीले रासायनिक तत्त्व हवा में मिल गए। नवलखी में ज्वार आया तो पानी में कोयले की धूल और फ्लोरस्पार की मिलावट हो गई।

ये सब वो बातें हैं जो रिकॉर्ड में दर्ज हैं। जो दर्ज नहीं हैं, वे अंजार की फ़ज़ा में ज़ाहिर हैं। एक धूल-धूसरित और उजड़े हुए त्रिआयामी कैनवस पर खींच दी गई सीधी लकीरों से मिलकर जो भी कुछ आज अंजार के नाम पर खड़ा है, वह थोड़ा डराता है तो थोड़ी खीज पैदा करता है। देर रात हमारे मेज़बान कच्छ नवनिर्माण अभियान के प्रभातभाई म्यात्रा रोडवेज़ बस अड्डे से हमें लेकर एक सरकारी गेस्ट-हाउस पहुँचते हैं। गेस्टहाउस के नाम पर वहाँ एक चौकीदार है। सारे कमरे सरदार पटेल के नाम पर एकता यात्रा निकाल रहे भारतीय जनता पार्टी के कार्यकर्ताओं से भरे पड़े हैं। हमें पहले तल पर बरामदे में एक चौड़ी जगह मिल जाती है। स्टोर रूम से गद्दे लेकर हम वहाँ अपना सामान सजा लेते हैं।

इस गेस्टहाउस को देखकर लगता है कि बरसों से यहाँ कोई नहीं आया होगा। इसके बाथरूम में मेढक के बच्चे उछल रहे हैं। इसकी रसोई में पड़े-पड़े बरतनों के ऊपर स्थायी दाग पड़ गए हैं। एक सिलिंडर है, कुछ गिलास-कटोरी और ठंडा पानी। आधी रात पानी गरम करके हम ग्रीन टी का जुगाड़ करते हैं। प्रभातभाई अगली सुबह मिलने का वादा करके निकल लेते हैं। आप चाहकर भी इतनी रात इस इलाक़े में खाने के बारे में नहीं सोच सकते, इसलिए हमने भी नहीं सोचा। अतीत के अनुभव इस लिहाज़ से काफ़ी ख़राब रहे हैं।

2018 के विधानसभा चुनाव के दौरान जनवरी में गांधीधाम जाना हुआ था। तब हम अंजार में ठहरे नहीं थे, बस यहाँ से होते हुए भुज निकल लिए थे। गांधीधाम, अंजार से बमुश्किल 20 किलोमीटर है। रात नौ बजे के आसपास गांधीधाम उतरने के बाद रेलवे स्टेशन के सामने भरे-पूरे बाज़ार में हमने घंटा भर ठहरने की जगह खोजने में मशक़्क़त की। एक अदद कमरा नहीं मिला। कारण यह नहीं कि वहाँ होटल नहीं हैं। होटलों, लॉज और गेस्टहाउसों की तो भरमार है। केवल एक वजह है जो इन सबको रहने के लायक़ नहीं छोड़ती—पानी। कांडला पोर्ट जाने वाले हाइवे से लेकर बाज़ार तक जितने भी होटल या गेस्टहाउस हैं, उनमें बरसों से कोई नहीं ठहरा। किसी आगन्तुक के इन्तज़ार में रिसेप्शन पर एकाध लड़के बैठे मिल जा सकते हैं। लगता है वे बरसों से ऐसे ही बैठे हैं।

एक गेस्टहाउस के चैनल गेट में ताला लगा था। नीचे मोबाइल शॉप वाले ने अपनी दुकान के सामने गरम कपड़ा बेच रहे तिब्बती को काम पर लगा दिया। कोई पन्द्रह मिनट बाद वह तिब्बती एक लड़के को ढूँढ़ लाया जिसके पास गेस्टहाउस

की चाबी थी। वह हमें लेकर ऊपर गया। ऊपर टिकने के लिए पाँच मिनट का भी सामान नहीं था। धूल की चादर ने इस गेस्टहाउस को ऐसे लपेट रखा था जैसे इसे हमारे लिए ही खोला गया हो। और वाक़ई में ऐसा था भी। हाइवे किनारे होटल फ्लेमिंगो में किसी तरह अपना ठिकाना बनाकर हम भोजन करने बाहर निकले तो उसके गढ़वाली वेटर जोशी जी भी हमारे साथ हो लिए। उन्होंने बताया कि कोई दसेक साल से पानी के संकट के चलते पूरा बाज़ार तक़रीबन नष्ट हो गया है। रेहड़ी-पटरी और मोबाइल वालों को छोड़ दें तो होटल का पूरा कारोबार नष्ट हो चुका है।

फ्लेमिंगो वालों ने अपना बोरवेल और वाटर ट्रीटमेंट प्लांट लगा रखा था जिससे उनका धन्धा बच गया। बाक़ी छोटे-मोटे जितने भी होटल या लॉज थे, सब पानी के अभाव में भुतहा बँगलों में तब्दील हो गए हैं। ऐसा तब है जबकि गांधीनगर को बसे सौ साल भी नहीं हुए। आज़ादी और विभाजन के बाद पाकिस्तान से आए सिन्धियों के लिए उन्हीं के द्वारा समुंदर के क़रीब बसाया गया यह शहर महज़ छह दशक से पानी को तरस रहा है। भूकम्प की दोहरी मार खाये अंजार के बारे में तो फिर क्या ही कहना। गांधीधाम बगम अंजार की कहानी आगे और विस्तार से आएगी।

बहरहाल, मेढकों के बीच बचते-बचाते किसी तरह नहा-धोकर हम प्रभात भाई के साथ अंजार के चक्रमण पर निकल पड़े। पहला ठिकाना खत्री चौक के पास का है जहाँ 2004 में बनी मदीना मस्जिद दिखती है। यह घाँची लोगों की मस्जिद है। प्रभातभाई हमें बाक़ायदे सड़कों की चौड़ाई के बारे में बताते गए, कि कौन सी सड़कें भूकम्प के बाद कितनी चौड़ी बनाई गई हैं। इसीलिए यहाँ गलियों का पता कुछ इन नामों से मिलता है—9 मीटर वाली गली, 12 मीटर वाली या 16 मीटर वाली। दुकानों पर बाक़ायदे ऐसे ही नाम लिखे हुए हैं। शहर में घूमते हुए एक चौराहे पर क्रान्तिवीर मेघ जी सेठ की मूर्ति दिखाई देती है। प्रभातभाई बताते हैं कि 225 साल पहले मेघ जी सेठ ने यहाँ पहली बार लोकशाही की स्थापना की थी। उनके मुताबिक़ यहाँ का राजा सबको मुसलमान बना रहा था, तब मेघ जी सेठ ने उसको पकड़कर बन्द कर दिया और कच्छ में बारभाया राज यानी बारह भाइयों के राज की स्थापना की।

यह कहानी बहुत सरल है। आप कच्छ में किसी भी पढ़े-लिखे आदमी से बात कर लें, यह बात उसकी तक़रीर में ज़रूर आएगी कि भारत में डेमोक्रेसी

की स्थापना से काफ़ी पहले कच्छ में डेमोक्रेसी आ गई थी। इसमें थोड़ा पेच है, हालाँकि कहानी दिलचस्प है। ऐसा शायद ही कभी आपने सुना हो कि भारत में किसी हिन्दू राजा ने अपनी प्रजा को मुसलमान बनाने के लिए बाक़ायदा अभियान चलाया हो। ऐसा कच्छ में ही हो सकता था। इसकी वजह पर हम बाद में आएँगे, लेकिन पहले 1784 में यहाँ के राजा महाराव रायधन का ज़िक्र करना ज़रूरी है। कच्छ पर सबसे प्रामाणिक किताबों में एक 'द ब्लैक हिल्स' के लेखक एल.एफ. रशब्रुक विलियम्स हों या 'मेमॉयर एंड ब्रीफ नोट्स रिलेटिव टु द कच्छ स्टेट' जैसा दस्तावेज़ संकलित करने वाले एस.एन. राइक्स, सब ने महाराव रायधन की इस सनक का बराबर ज़िक्र किया है जिससे पता चलता है कि यह मामला केवल लोकश्रुति और किंवदंती का नहीं, बल्कि ऐतिहासिक है।

दरअसल, बीस साल की अवस्था में महाराव रायधन में मानसिक कमज़ोरी के लक्षण दिखने लगे थे। वे देह से बहुत ताक़तवर थे। उन्हें लोग पहलवान कहते थे। वे जवानी में ही एक मुस्लिम फ़क़ीर मोहम्मद सैयद के प्रभाव में आ गए थे। इसमें कुछ आश्चर्य भी नहीं होना चाहिए क्योंकि कच्छ पर सबसे लम्बे समय तक राज करने वाले जडेजा राजा दरअसल सिन्ध से आए थे और मुसलमान पीरों-फ़क़ीरों का वे बराबर सम्मान करते थे। पहली बार ऐसा हुआ कि किसी फ़क़ीर ने राजा को इतना प्रभावित कर दिया कि लोग ऊपरी हवा और रूहानी ताक़तों की बात करने लगे। महाराव भुज की सड़कों पर पठानों का एक जत्था लेकर घूमने लगे और हर मुलाक़ाती से इस्लाम क़ुबूल करने का आह्वान करने लगे। लोगों को पक्का विश्वास हो चला था कि फ़क़ीर ने राजा पर फ़रेब डाल दिए हैं।

मांडवी समुद्र व्यापार का बड़ा केन्द्र था। कच्छ की अर्थव्यवस्था बनियों और ब्राह्मणों के हाथ में थी। रायधन ने जाने किस वजह से अपने समकालीन एक राजगर ब्राह्मण उदार जी को जेल में डाल दिया और मांडवी जाकर वे रामेश्वर मन्दिर की मूर्तियों को तोड़ने का आह्वान करने लगे। वागेश्वर मन्दिर की मूर्तियों को भी रायधन ने अपमानित किया। मांडवी की जनता का आक्रोश इससे भड़क उठा और उसने रायधन और उनके पठानों पर ईंट, डंडों और दूसरे देसी हथियारों से हमला कर दिया। रायधन के दो आदमी मारे गए और उन्हें भुज लौटना पड़ा। भुज लौटकर भी उनकी सनक बनी रही। पूरी प्रजा को मुसलमान बनाने के लिए वे अब हिंसक तरीक़ों पर उतर आए। उनकी इस सनक को देखते हुए अलग-अलग

सूबों के प्रभारियों का माथा ठनका और उन्होंने विद्रोह करने की ठान ली। इन्हीं में एक थे अंजार के मेघ जी सेठ।

एल.एफ. रशब्रुक विलियम्स लिखते हैं, "भायड़ को भरोसा हो गया कि महाराव का यह व्यवहार समूचे राज को बदनाम कर रहा है। उसने फ़ैसला किया कि उन पर लगाम कसी जानी होगी।"

रशब्रुक जिस भायड़ का ज़िक्र करते हैं, यहीं कच्छ के प्रान्तों के प्रभारियों की वह परिषद थी जिसे लोकशाही का पहला बीज कहा जाता है। बाद में जो बारभायड़ यानी बारह भाइयों की परिषद बनी, वह इसी का विस्तार थी। सबसे पहले वाघा पारेख और कोरा ने बग़ावत की, जो अंजार के कमांडर थे। लड़ाई में दोनों मारे गए। इसके बाद प्रशासन पूरी तरह अराजक हो गया। मांडवी रामजी खवास के राज में स्वायत्त हो गया। अंजार ने मेघ जी सेठ के नेतृत्व में विद्रोह कर दिया। मुंद्रा, लखपत और बाक़ी दूसरे बड़े क़स्बों ने भी बग़ावत की राह चुन ली। महाराव अकेले पड़ चुके थे। उन्होंने अपने फ़क़ीर मोहम्मद सैयद और क़रीबी सिद्दी मसूद को लूटने की मंशा से ख़त्म कर दिया था। हिन्दू मन्दिरों पर रायधन के हमले से उनके महल के कारिंदे भी इतना नाराज़ थे कि उन्होंने बाहर से मदद लेने का फ़ैसला किया। इस बारे में मेघ जी सेठ को सूचना दे दी गई कि यदि वे भुज पर अपनी फ़ौज समेत चढ़ाई कर दें तो भुजवासी उनका स्वागत करेंगे। हमले के लिए दिन तय किया गया और तीसरे ही दिन महाराव को बन्धक बना लिया गया।

इस कहानी में अंजार के मेघ जी सेठ केवल एक किरदार हैं। इतिहास में हालाँकि यह तय करना मुश्किल होता है कि घटना के वक़्त कौन सा किरदार ज़्यादा बड़ा और अहम था, लेकिन कच्छ में घूमने पर पता लगता है कि जडेजा राजाओं के बरक्स यहाँ कोई दूसरा किरदार सबसे बड़ा हुआ तो वह जमादार फतेह मोहम्मद था। मेघ जी सेठ ने तो पहली बार महाराव रायधन को क़ाबू में किया लेकिन जमादार फतेह मोहम्मद वह शख़्स था जिसने रायधन के पलटवार करने पर उनका निर्णायक अन्त किया और उनके छोटे भाई को गद्दी पर बैठाकर बारह भाइयों की जमात की स्थापना करने में अहम भूमिका निभाई। दिलचस्प बात यह है कि फतेह मोहम्मद एक ज़माने में रायधन का वफ़ादार हुआ करता था जिसने बाद में उनसे मुँह मोड़ लिया।

अंजार की गलियों में आगे बढ़ने से पहले इस अध्याय में दो बातें समझना

बहुत ज़रूरी है। पहली, एक हिन्दू राजा जो अपनी सनक के चलते प्रजा को मुस्लिम बनाने पर आमादा था उसे शिकस्त देने वालों में केवल हिन्दू नहीं, मुसलमान भी थे और फतेह मोहम्मद उनमें सबसे नामवर शख़्स था जिसके क़िस्से पूरे कच्छ में आज भी सुने जा सकते हैं। दूसरी बात, जडेजा राजवंश में रायधन के पतन के बाद बारह भाइयों के राज की जो जमात क़ायम हुई उनमें एक भी जडेजा वंश से नहीं था। यह हिन्दुओं और मुसलमानों की मिली-जुली जमात थी जिसने कुछ दिन ही सही, लेकिन कच्छ पर राज किया और न केवल प्रशासनिक बल्कि साम्प्रदायिक मायने में भी लोकशाही की स्थापना की।

कच्छ में महाराव रायधन का कार्यकाल कोई पैंतीस बरस तक फैला हुआ है और यह कच्छ के समकालीन इतिहास का सबसे ज़रूरी अध्याय है। यही वह दौर है जब कच्छ अपने सबसे अराजक दौर में था, समुद्री लुटेरों का साम्राज्य फल-फूल रहा था, अंग्रेज़ों की यहाँ पहली बार आमद हुई और इस सबके बीच बारह भाइयों के राज की स्थापना भी हुई। फतेह मोहम्मद की कहानी पर हम आगे आएँगे, लेकिन बताते चलें कि रायधन की मौत 1813 में कुछ ही अन्तराल पर हुई और कच्छ पर अंग्रेज़ों की पकड़ इसके बाद मज़बूत हुई, जब लुटेरों पर लगाम लगाने के लिए मांडवी में लेफ़्टिनेंट मैकमर्डो को तैनात किया गया। मैकमर्डो को हालाँकि इस काम में थोड़ी मशक़्क़त ज़रूर करनी पड़ी। फतेह मोहम्मद और रायधन की मौत के बाद कच्छ पर क़ब्ज़ा करने की ख़ूँरेज़ी सियासत बहुत समय नहीं चल पाई। 1819 में पहला भूकम्प आया और कच्छ पहली क़ुदरती तबाही का गवाह बना। साल भर बाद मैकमर्डो की हैजे से मौत हो गई। मौत के वक़्त वह केवल पैंतीस साल का था।

जो ग़ायब भी है हाज़िर भी

आधी रात थी। कुत्ते बेतरह भौंक रहे थे। एक काली बिल्ली इधर से उधर चहलक़दमी कर रही थी गोया उसकी जान पर बन आई हो। शरद पूर्णिमा की पूर्णता से ऊबा चाँद चौथ मना रहा था। औरतें प्रवासी पतियों से वीडियो चैट करके करवा का

उपवास तोड़ चुकी थीं। नींद आ रही थी लेकिन उस्मान चाचा के क़िस्से चालू थे...

> ...एक मुसाफ़िर बन्नी के मैदानों से गुज़र रहा था। उसे ज़मीन में कुछ हिलता दिखा। पहले देखा तो लगा कोई बरतननुमा चीज़ है। मिट्टी खोदी तो एक घड़ा निकला। घड़ा बाहर निकलने का नाम ही नहीं ले रहा था गोया भीतर से कोई खींच रहा हो। और मिट्टी खोदी तो एक सिर निकला। सिर ज़िन्दा आदमी का था। आदमी ने कहा—मुझे बाहर निकालो। मुसाफ़िर ने और खोदा। आदमी पूरा नहीं निकला। मुसाफ़िर मुड़ने को हुआ तो धँसे हुए आदमी ने कहा—अबे, और खोद भाई, मैं एक ऊँट पर बैठा हुआ हूँ...

और इतना कहते ही उस्मान भाई हँसने लगे।

आधी रात जब मैं पानी पीने उठा और लगे हाथ झोंपड़े के बाहर चाँद को देखने के लिए किवाड़ हटाया तो सामने एक सियार काली बिल्ली को दबोचे मुझे देख रहा था। बिल्ली की आख़िरी आवाज़ सुनी थी मैंने। मेरे घुड़कते ही वह उसे लेकर झाड़ियों में कहीं गुम हो गया। जितना दिखा, उससे कहीं ज़्यादा छुपा रह गया।

सुबह उठते ही मैंने लियाक़त से उस काली बिल्ली का ज़िक्र किया जो अब कहीं नहीं दिखती थी। उसने कहा, "यहाँ ऐसी कई बिल्लियाँ हैं।" और थोड़ा परेशान होकर वह ख़ुद उस बिल्ली को खोजने लगा। फिर थोड़ा निराश होकर बोला, "हो सकता है..." इतने में उस्मान भाई भी बाहर आ गए। उन्होंने पूछा, "क्या माजरा है?" मैंने बताया। उन्होंने ऐसे सुना, जैसे कुछ सुना ही न हो।

लखपत मुझे हमेशा से उदास करता रहा है। यहाँ के सात किलोमीटर लम्बे और पर्याप्त ऊँचे परकोटे के भीतर क़ैद चक्रवात में जो विषाद का भाव पनपता है, उसकी तुलना ज़्यादा से ज़्यादा दिल्ली के तुग़लक़ाबाद क़िले के साथ की जा सकती है, जिसके उजाड़ की कहानी लखपत जैसी ही है। तुलना भी क्या कमाल की होगी कि जिस बादशाह के नाम पर तुग़लक़ाबाद के क़िले का नाम रखा गया उसका दौर भी वही है जो कच्छ के राजा राव लाखा का है, जिसके नाम पर लखपत पड़ा गोकि दोनों के बनने और उजड़ने में कोई पाँच सौ साल की दूरी है।

तब दिल्ली पर खिलजी वंश का राज हुआ करता था। ग़ाज़ी मलिक बादशाह का ख़ासमख़ास कारिंदा था। दोनों एक शाम टहल रहे थे। हवा खा रहे थे। अचानक

ग़ाज़ी मलिक के मन में एक ख़याल आया। उसने बादशाह से कहा कि क्यों न दक्षिणी दिल्ली की पहाड़ी पर एक क़िला बनवा दिया जाए। बादशाह ने हँसते हुए मलिक से कहा कि जब तुम बादशाह बन जाओगे तो क़िला बनवा लेना। बादशाहों की ज़बान पर हक़ीक़त कम होती है लेकिन उस शाम दिल्ली की क़िस्मत कहें या बदक़िस्मती, बादशाह की ज़बान पर जैसे सरस्वती बैठी हुई थी। उसकी बात सच निकली। 1321 में ग़ाज़ी मलिक ने खिलजी वंश को दिल्ली से बाहर खदेड़ दिया और तुग़लक़ वंश की स्थापना की। वह तुग़लक़ वंश का पहला बादशाह बना। नाम पड़ा—गयासुद्दीन तुग़लक़।

ग़ाज़ी या गयासुद्दीन को अपना कहा नहीं भूला था। उसने बादशाह बनते ही तुग़लक़ाबाद के क़िले का काम शुरू करवा दिया। वह एक ऐसा क़िला बनवाने का सपना देखता था जिस पर चढ़ाई नामुमकिन हो। एक ऐसा क़िला जो मंगोल लुटेरों को दूर रख सके। क़िला तो उसने बनवा लिया, लेकिन क़िस्मत उसके साथ नहीं थी।

गयासुद्दीन को एक उदार बादशाह माना जाता है लेकिन क़िले की सनक ने उसे औलिया के ख़िलाफ़ जाने को मजबूर कर दिया। उस वक़्त दिल्ली में सूफ़ी पीर निज़ामुद्दीन औलिया एक बावली खुदवा रहे थे। तुग़लक़ ने फ़रमान जारी किया कि क़िले के काम में दिल्ली के सभी मज़दूरों को लगा दिया जाए ताकि जल्द से जल्द क़िला बनकर तैयार हो सके। औलिया की बावली का काम रुक गया। औलिया इससे ख़फ़ा हो गए। उन्होंने क़िले को शाप दिया, 'या रहे उज्जर, या बसे गुज्जर।' यह शाप आठ सौ साल से दिल्ली की छाती से प्रेत की तरह चिपटा पड़ा है। सल्तनत के पतन के बाद क़िले पर गुज्जरों ने क़ब्ज़ा कर लिया। आज भी इस उजड़े हुए दयार में तुग़लक़ाबाद गाँव बसता है।

इतिहास उस हाथी के जैसा होता जिसे देखने वाले की आँखों पर पट्टी बँधी होती है। कभी वह पूँछ को टोता है और एक कहानी बुनता है। कभी पैर को छूता है तो दूसरी कहानी समझ आती है। वह पूरा हाथी नहीं देख पाता। उसे टुकड़ों में कहानी समझ आती है जबकि हक़ीक़त उसकी पहुँच से कहीं ज़्यादा बाहर है। औलियाओं और सूफ़ी पीरों की कहानियों के साथ भी यही दिक़्क़त है। गयासुद्दीन तुग़लक़ के क़िले का उजड़ना एक और घटना से जाकर जुड़ता है जब वह बंगाल में जंग के लिए गया हुआ था। जंग जीतकर वह दिल्ली आ रहा था। उसका बेटा मोहम्मद बिन तुग़लक़ उसे रास्ते में कारा में मिला। कारा इलाहाबाद ज़िले के पश्चिम

में कौशाम्बी में गंगा किनारे पड़ता है। कहते हैं कि बेटे के आदेश पर बादशाह के ऊपर एक शामियाना गिरा दिया गया और उसकी वहीं मौत हो गई।

बादशाह तुग़लक़ के लौटने की ख़बर सुनकर औलिया ने एक पद कहा था जो आज भी दिल्ली के कलेजे में धड़कता है। लोग अकसर इसे दुहराते हैं : 'हनूज़ दिल्ली दूर अस्त'—दिल्ली अभी दूर है। गयासुद्दीन तुग़लक़ ने 1321 में अपने सपनों के क़िले पर काम शुरू किया और 1324 में मारा गया। दिल्ली जीते जी उसके लिए दूर की कौड़ी बनकर रह गई। उसका बेटा जब क़िले में आया तो उसे पता चला कि वहाँ पानी ही नहीं है। अगले दो-तीन साल में तुग़लक़ाबाद उजाड़ हो गया।

क़ायदे से इस घटना के कोई पाँच सौ साल बाद जमादार फतेह मोहम्मद ने लखपत का क़िला बनवाया। इसे क़िला कहना ठीक नहीं। लखपत एक शहर था। फतेह मोहम्मद कच्छ के महाराव रायधन का ख़ासमख़ास था, बिलकुल वैसे ही जैसे ग़ाज़ी मलिक खिलजी राजाओं का कारिंदा रहा। जब रायधन के भीतर सनक बढ़ गई तो सभी सूबों के प्रभारियों ने भुज पर हमला करके बारभायड़ की जमात की स्थापना की, जिसके बारे में पहले विस्तार से बताया जा चुका है। जमादार फतेह मोहम्मद बारह की जमात में सबसे ज़्यादा बलशाली और प्रभावी शासक रहा। लखपत का जो शहर उसने बसाया, आम धारणा यही है कि उसका नाम कच्छ के पहले राजा लाखा के नाम पर रखा गया लेकिन एल.वी. वोरा इसका खंडन करते हैं। वे कहते हैं कि यहाँ एक दिन में लाख कोरियों का कारोबार होने के कारण इसे लखपत कहते थे।

उस्मान अली ने हमें लखपत के उजड़ने की जब कहानी सुनाई, उसी से सहसा दिल्ली का तुग़लक़ाबाद याद हो आया। उस दौर के सियासी घटनाक्रम के नोट्स लेने वाले एसएन राइक्स कच्छ स्टेट के मेमॉयर्स में लिखते हैं कि फतेह मोहम्मद के राज में लूटपाट और ख़ूँरेजी बहुत आम हो चले थे। लखपत से कुछ दूरी पर नारायण सरोवर के पास अब्डासा में एक गाँव है मोटी बेर। गुजराती में मोटा का मतलब होता है बड़ा, जैसे मोटा भाई यानी बड़ा भाई। बेर नाम के यहाँ दो गाँव हुआ करते थे। एक मोटी बेर और एक नानी बेर। दोनों आज भी हैं। मोटी बेर की ज़मीन-जायदाद पर फतेह मोहम्मद की निगाह बहुत दिन से थी। इसकी एक ख़ास वजह रही। मोटी बेर भाटिया समुदाय का गाँव था। भाटिया सिन्ध से पंजाब और राजस्थान होते हुए मोटी बेर आकर बसे थे। इन्हें सागरखेड़ू कौम कहते थे। ये समुद्री

व्यापार के महारथी थे और इलाक़े में सबसे बड़ी मिल्कियत मोटी बेर की थी।

उस्मान भाई के छेड़ने के बाद विस्तार से यह कहानी हमें मोटी बेर के ख़लीफ़ा ने सुनाई। दरअसल, जब कभी फतेह मोहम्मद के सिपाही उधर से गुज़रते, मोटी बेर वाले उनसे कहते कि वे घोड़े से नीचे उतरकर जाएँ। उन्हें ख़याल रखना चाहिए कि वे मोटी बेर से गुज़र रहे हैं। यहाँ के लोगों के सम्मान में उन्हें घोड़े से नीचे उतर जाना चाहिए। यह बात फतेह मोहम्मद को नागवार गुज़री। उसने कई बार रात के अँधेरे में मोटी बेर पर हमला करना चाहा लेकिन उसके और उसकी फ़ौज की आँखों के सामने वहाँ पहुँचते ही अँधेरा छा जाता। वे कुछ देख नहीं पाते और हर बार वापस लौट जाते।

यह फ़रेब था मूसा पीर का, जो मोटी बेर में ही रहते थे। मूसा पीर एक सिद्धपुरुष थे जो अपनी रूहानी ताक़त के सहारे गाँव की हिफ़ाज़त करते थे। फतेह मोहम्मद को मूसा पीर की काट खोजे नहीं मिल रही थी। ख़लीफ़ा बताते हैं कि फतेह मोहम्मद इस समस्या को लेकर साँवला डाडा के पास गया। साँवला डाडा भी एक माने हुए पीर थे। उन्होंने फतेह मोहम्मद से साफ़ कहा कि मूसा पीर के रहते वह मोटी बेर को हाथ नहीं लगा सकता लेकिन उनकी ग़ैरमौजूदगी में बेशक गाँव को लूट सकता है। इसके लिए उसे मूसा पीर के मदीने जाने का इन्तज़ार करना होगा।

कहानी की विडम्बना देखिए। दिल्ली के सुलतान तुग़लक़ यात्रा पर गए और औलिया ने दिल्ली में बैठे-बैठे उसे शाप दे दिया। यहाँ ठीक उलट हुआ। मूसा पीर हज के लिए निकले और फतेह मोहम्मद अपनी फ़ौज लेकर मोटी बेर में घुस आया। उसने काफ़ी लूटपाट मचाई और भाटियाओं की सम्पत्ति लूटकर फ़रार हो गया। उसी लूट के पैसे से उसने लखपत शहर की नींव रखी।

हज पर गए मूसा पीर को इबादत के बीच में इस बात का पता लग गया। वहाँ तो उन्होंने कुछ नहीं किया लेकिन लौटकर आए तो लुटे-पिटे गाँव का हाल देखकर बहुत दुखी हुए। फिर मूसा पीर ने जमादार फतेह मोहम्मद को शाप दिया। उनके शाप से शहर में महामारी फैली और फतेह मोहम्मद चल बसा। कुछ साल बाद 1819 में भूकम्प आया और लखपत से होकर गुज़रने वाली सिन्धु नदी की शाखा कोरी ने ज़मीन छोड़कर दिशा बदल ली। कहते हैं कि उस भूकम्प में सिन्ध की ज़मीन ऊपर उठ गई और उसने नदी का रास्ता ही बन्द कर दिया। उस इलाक़े को आज भी अल्लाबन्द (यानी अल्लाह का बनाया बाँध) के नाम से जाना जाता

है। ऐसा इलाक़ा जिसे अल्लाह ने ख़ुद बन्द कर दिया। इधर लखपत के पीछे का इलाक़ा आज भी कोरी क्रीक के नाम से जाना जाता है। हरामी नाला वहीं बहता है।

कच्छ की अपनी सांस्कृतिक पहचान दो चीज़ों से मिलकर बनी है। एक यहाँ का लोकगीत-संगीत और दूसरी यहाँ की कथाएँ। लोकगीत और संगीत तो मोटे तौर पर यहाँ के जडेजा शासकों की वीरता आदि का बखान करते हैं, लेकिन कहानियों का सार बिलकुल उलट है। इस ज़मीन पर सुनी-सुनाई जाने वाली परम्परा का हिस्सा रही कहानियाँ शासकों से इतर आम लोगों, समुदायों और पीरों-फ़क़ीरों पर केन्द्रित हैं। कह सकते हैं कि भौगोलिकता के लिहाज़ से कच्छी लोकगीत कच्छ की धरती को विशिष्ट पहचान देते हैं तो कच्छी कहानी-क़िस्से कच्छी लोगों को पहचान देते हैं। इस धरती और यहाँ के लोगों से मिलकर जो कुछ बनता है, उसे कच्छियत कहते हैं।

यह कच्छियत क्या है, इस पर रबारियों के सन्दर्भ में हमने कुछ बात पहले की है। आगे भी इस पर आएँगे। कच्छी अस्मिता में बीते सौ साल में आए बदलावों पर बहुत कम काम हुआ है। इसकी पड़ताल कच्छ को समझने के लिए शायद सबसे ज़रूरी है। एल.एफ. रशब्रुक विलियम्स लिखते हैं कि कच्छ की पहचान में आए बदलावों की शिनाख़्त का प्रस्थान बिन्दु ज़ारा की मशहूर जंग है, जो कच्छियों और सिन्धियों के बीच हुई। ग़ौर करें कि ज़ारा, जिसे 'कच्छ का कुरुक्षेत्र' कहा जाता है, फतेह मोहम्मद के बनवाए उसी लखपत के क़रीब है जहाँ 2018 में करवाचौथ की रात उस्मान भाई के घर हम ठहरे थे।

जादू ऐसे टूटता है

एक सैलानी के लिए लखपत उजाड़ भुतहा जंगल है। एक प्राच्यविद के लिए ख़ज़ाना है। एक समाजशास्त्री के लिए वह अन्वेषण का विषय है लेकिन एक शायर के लिए यह शहर फँसी हुई रूहों वाला पुराना बरगद है। कच्छ में कहीं भी 'नो एग्ज़िट' नहीं लिखा, लेकिन आप यहाँ से निकल नहीं पाते। फँस जाते हैं। पीछे के बीबीदुल्ला दरवाज़े से जो बाहर निकले तो सीधे बीबीदुल्ला के मज़ार पर पहुँचेंगे और वहाँ से

वापस आने वाली सड़क से फिर लखपत पहुँच जाएँगे। एक आदिम क़िस्म का जादू है इस परकोटे के भीतर। जादू कैसा भी हो, कितना भी तगड़ा, कभी-न-कभी टूटता ज़रूर है। लखपत भी ज़ेहन में टूटता है, लेकिन रह-रह कर, थोड़ा वक़्त लेकर।

तीसरी बार हम लखपत से जब लौटे तो साथी अंकुर ने काफ़ी देर से, ठहरकर, पूछा था, "गुरु, पहली बार जो बात लगी थी, इस बार वह नहीं रही। कुछ ऐसा आपको भी लगता है क्या?" मेरा 'पहली बार' उसके 'पहली बार' से कई साल पहले का था, लेकिन उसकी बात से मैं सहमत था।

मैं पहली बार 2012 में जब लखपत आया तो कई महीने यहाँ से निकल ही नहीं सका। यह थोड़ा अजीब था कि लखपत के बाद भी मेरा सफ़र कोई हज़ार किलोमीटर का बच रहा था, जिसमें हम मांडवी से लेकर धोलावीरा तक गए, लेकिन लखपत के वृत्तान्त के बाद कलम एक बार जो खड़ी हुई तो फिर बाक़ी सफ़र के बारे में मैं एक शब्द नहीं लिख सका। लगता था लखपत का अध्याय ख़त्म करते वक़्त किसी ने हाथ को ज़ोर से पकड़ लिया हो...

> उस वक़्त हम पीर ग़ौस के मक़बरे की तस्वीरें उतार रहे थे। तभी मौत की दहलीज़ पर खड़े एक बुज़ुर्गवार पर नज़र पड़ी। वे हमें देखकर भी नहीं देख रहे थे। चेहरे पर अन्यमनस्कता का ऐसा भाव था कि क़रीब जाने में संकोच हो रहा था, लेकिन हम गए।
>
> "आप...यहीं रहते हैं...?" मैंने पूछा। उन्होंने मेरी ओर देखे बग़ैर सिर हिलाया। "ये मक़बरा किसका है...?"
>
> "पीर ग़ौस का।"
>
> "और आप यहाँ कब से रह रहे हैं...?"
>
> "हम इनकी आठवीं पीढ़ी हैं।"
>
> "आपका काम कैसे चलता है...कोई खेती-वेती...?"
>
> अब उन्होंने पहली बार मेरी ओर देखा। फिर उनकी ज़बान खुली तो रुकी नहीं, "पाँच करोड़ रुपए दिए थे सरकार ने यहाँ के लिए...नीचे वाले सब खा गए। खेती क्या करेंगे इस बंजर में... कुछ नहीं है...भूखे

मर रहे हैं। पिछले महीने दो मर गए भूख से। यहाँ से कुछ दूर कारख़ाने खुले थे, हमारे लड़कों को नौकरी मिली थी। सरकार ने सब बन्द करवा दिया। सबकी नौकरी चली गई।"

मैंने टोका, "किसका कारख़ाना था?"

"सीमेंट फ़ैक्ट्री थी...सब सरकार ने ले ली और बन्द कर दिया। यहाँ सिर्फ़ जीएमडीसी की चलती है।" जीएमडीसी यानी गुजरात खनिज विकास निगम।

उनका नाम पीर अली शाह था। उनके वालिद हुआ करते थे पीर मोहम्मद शाह, उनके वालिद पीर जहाँगीर शाह...और ऐसे ही आठ पीढ़ियाँ गुज़र गईं। जो मज़ारें मक़बरे के साथ हैं, वे पीर ग़ौस के भतीजों की हैं।

इतनी देर की बातचीत में मुश्किल से उन्होंने दो बार मेरी ओर देखा होगा। पीर अली शाह की आँखें शून्य में जाने क्या देख रही थीं। हमारे साथी इस बीच गाड़ी लेकर इधर आ गए। ग़लती से उनकी झोंपड़ी के बाहर लगे दो पत्थरों में से एक से पहिया छू गया। पीर अली शाह गुस्साए, "गाड़ी चलाना भी नहीं आता...सरकारी पत्थर है...उठाओ इसको।" हमने गुस्ताख़ी के लिए माफ़ी माँगी, पत्थर को उठा दिया, वे सामान्य हो गए और बोलते गए, "यहाँ क्या है, कुछ नहीं। बॉर्डर का इलाक़ा है। सिर्फ़ बीएसएफ वाले हैं। वो देखो, दूर एक खड़ा है क़िले पर, लगातार इधर देख रहा है।"

हमारी नज़र गई उस ओर। हम पर लगातार नज़र रखी जा रही थी। "क्या मुख्यमंत्री कभी इधर आए हैं...?" मैंने पूछा।

"कभी नहीं, उसकी क्या ग़लती है, पैसा तो भेजता है, नीचे वाले सब खा जाते हैं।"

"आप वोट देते हैं?" "नहीं...।"

पीर अली शाह जैसे क़रीब पाँच सौ लोग इस भुतहा शहर के भीतर

ज़िन्दगी काट रहे थे। या कहें ज़िन्दगी इन्हें काट रही थी। सरकार की ओर से मिला हुआ मल्टीपरपज़ नेशनल आइडेंटिटी कार्ड है। ये सारे भारत के नागरिक होने का दावा कर सकते हैं, लेकिन इस नागरिकता का सिर्फ़ एक ही फ़ायदा है कि बीएसएफ की संगीनें इनकी ओर कभी नहीं तनीं। बाक़ी मौत लगातार इन्हें घूरे जा रही है सही वक़्त की तलाश में।

सिर्फ़ इनसान नहीं, ढहती इमारतें भी हैं यहाँ। इन्हीं में से एक वो गुरुद्वारा है जिसे गुरुनानक के शिष्य ने बनवाया था। कहते हैं कि गुरुनानक मक्का की यात्रा पर जब गए थे तो उन्होंने रात इसी जगह पर गुज़ारी थी। गुरुद्वारे के ग्रंथी सुखचन्द जी बताते हैं कि यह भारत का पहला गुरुद्वारा है। यहाँ गुरुनानक की पादुकाएँ और कई अन्य चीज़ें अब तक सहेजकर रखी हुई हैं। यहाँ रोज़ दो बजे लंगर खुलता है। अधिकतम पन्द्रह लोग, और कम से कम दो लोग शामिल होते हैं। आज इत्तेफ़ाक़ था कि हमारे अलावा एक सरदार जी और न्यूजीलैंड से आए उनके दो मित्र भी लंगर में शामिल थे। बड़े प्यार से रोटी-सब्ज़ी हमने यहाँ खाई। खाना खाकर उठे बरतन धोने तो सुखचन्द जी का बच्चा मेरे पैर से लिपट गया। कहते-कहते भी उसने पैर नहीं छोड़ा। उसकी माँ को आना पड़ा। वो बताती है कि यहाँ कोई नहीं आता, इसलिए आप लोगों को देखकर ये ऐसे कर रहा है।

न्यूजीलैंड वाले सरदार जी ने पूछा कि "ये बच्चा पढ़ता है या नहीं?" सुखचन्द जी दुखी हो गए। बोले, "इसे पढ़ाने चंडीगढ़ ले जाऊँगा, यहाँ तो कुछ भी नहीं है।" सरदार जी नसीहत देकर चले गए कि इसे ज़रूर पढ़ाना। मुझे समझ नहीं आया कि उनसे क्या कहा जाए, हम चुपचाप निकल लिए सत श्री अकाल करके।

अब इस शहर में रुकना भारी हो रहा था। एक अजीब सा ख़ालीपन भर गया था लखपत हमारे भीतर। जाने अगली बार यहाँ आने पर पीर अली शाह मिलें या नहीं। भुज में नौकरी की तलाश में भटकते उनके लड़के नहीं जानते कि उनका बाप शून्य में क्या देखता रहता है। हम भी केवल अन्दाज़ा लगा सकते हैं। अगर इस देश का नागरिक होना संगीनों

से बच जाना भर है तो इस शहर को तुरन्त मौत का फ़रमान सुना दिया जाना चाहिए।

यह टुकड़ा मैंने लखपत की पहली यात्रा पर 2012 में लिखा था और इस पोस्ट के नीचे एक टिप्पणी लिखी थी जो हलन्त की तरह अब तक मन में टँगी हुई है :

> 'इस पोस्ट को लिखने के बाद मैं अचानक लम्बे समय तक अवसाद में घिरा रहा था। नतीजा ये हुआ कि कच्छ कथा के दो खंड अब भी बाक़ी हैं—एक मांडवी और दूसरा धोलावीरा का। चीज़ें दिमाग़ में अब भी ताज़ा हैं, डिटेलिंग भले मिट गई हो। किसी दिन सुर चढ़ने पर लिख डालूँगा।'

छह साल बीत गए, वह सुर दोबारा नहीं चढ़ा। इसकी वजह थी। पहली बार जिस दुख ने जकड़ा था, दूसरी बार में वह और सघन हो गया। गोया सारा दुख लखपत में ही भरा पड़ा हो।

मेरा दूसरी बार लखपत आना हुआ 2018 के विधानसभा चुनाव के वक़्त। तब तक हम भुज में काफ़ी घूम चुके थे। भुज आरकाइव्स के प्रभारी और कच्छ के सबसे अच्छे जानकारों में एक दलपत जी दानिदारिया ने हमें उस्मान अली नोतियार और उनके बेटे लियाक़त का सम्पर्क दिया। दलपत जी भुज के प्रागमहल में एक कमरे में अभिलेखागार चलाते हैं। यहाँ कई दुर्लभ दस्तावेज़, ग्रंथ और जीवाश्म रखे हुए हैं। आमतौर से दलपत जी के पास सामान्य दिनों में कोई नहीं आता। कभी-कभार कोई रिसर्चर पहुँच गया तो उन्हें उससे बात करने में बहुत ख़ुशी मिलती है। उनके एक नियमित मुलाक़ाती आन्ध्र निवासी श्री वेंकट हैं, जो यहाँ 27 साल पहले आए तो यहीं के होकर रह गए। वेंकट से हमारी मुलाक़ात अगली यात्रा में आरकाइव्स में ही हुई।

दिसम्बर-जनवरी के मौसम में हवाएँ तेज़ होती हैं। लखपत की वृत्ताकार चौहद्दी में हवाएँ क़ैद हो जाती हैं। चिल्लाकर बोलना पड़ता है। इस लिहाज़ से यह अजीब बात है कि फ़िल्म 'रिफ़्यूज़ी' की शूटिंग के लिए जब अभिषेक बच्चन और करीना कपूर यहाँ आए थे तो उस वक़्त करीना के बाल उड़ाने के लिए पंखा चलाना पड़ा था। मौसम बिलकुल शान्त था। पता नहीं वह कौन सा मौसम है जब लखपत में हवा नहीं होती। उस्मान भाई हर आने वाले को सबसे पहले 'रिफ़्यूज़ी'

की कहानी सुनाते हैं और उसे पीछे की ओर रण के मैदान में ले जाते हैं जहाँ शूटिंग हुई थी। फिर वहीं से खड़े-खड़े वे हरामी नाला दिखाते हैं जिसके उफनने पर इस मैदान में दरिया का पानी भर आता है।

जमादार फतेह मोहम्मद की यशस्वी गाथाएँ सुनते हुए हम वहीं पहुँचे जहाँ पहुँचने की तलब लेकर मैं यहाँ आया था—पीर ग़ौस का मक़बरा। इस मक़बरे में कुछ ऐसा है जो अपनी ओर खींचता है। मैंने उस्मान भाई को पहली यात्रा में खींची बुज़ुर्ग पीर अली शाह की तस्वीर दिखाई। इधर-उधर देखकर मैंने पूछा वे कहाँ हैं—उस्मान भाई हमें मक़बरे के भीतर ले गए और एक मज़ार की ओर इशारा किया।

पीर अली शाह, पीर ग़ौस की आठवीं पीढ़ी के थे। आज वे उन्हीं के बग़ल में कुबा के भीतर लेटे हुए हैं। यह इज़्ज़त सबको नहीं मिलती। उस्मान भाई बताते हैं कि ज़िन्दगी जीने की कुछ ऐसी शर्तें हैं जिन्हें पूरा करने पर ही पीर ग़ौस के बग़ल में लेटने का कोई हक़दार हो सकता है। मक़बरे के बाहर जितने भी मज़ार हैं वे इसलिए बाहर हैं क्योंकि उन्होंने वैसी ज़िन्दगी नहीं जी जैसी किसी पीर से उम्मीद की जाती है। पीर अली शाह इस मामले में अलहदा निकले, लिहाज़ा डेढ़ सौ साल बाद किसी पीर को मौक़ा मिला कि उसकी मज़ार मक़बरे के भीतर बनाई जाए।

ये हमारी ख़ुशक़िस्मती थी कि हम अपनी पहली यात्रा में उस ज़िन्दा पीर से मिल चुके थे। या बदक़िस्मती कि इस बार उसकी मज़ार पर मत्था टेकना पड़ा। कहना मुश्किल है। हवा तेज़ चल रही थी। हमेशा के जैसी। बाहर वाले मज़ारों पर रखी चादरें रह-रह कर उड़ जा रही थीं। एक ध्वजा थी जो सरसर-फरफर की आवाज़ कर रही थी। पीर अली शाह की तस्वीर रह-रह कर ज़ेहन में कौंध रही थी। लखपत के इस नायाब कुनबे का गार्जियन जा चुका था। जादू टूट चुका था।

या तो अल्लाह जो आसरो या...

पीर-फ़क़ीर, संत-साधु कच्छ के गार्जियन हैं। इस धरती पर सौ किलोमीटर चलते चले जाइए, एक इनसान नहीं मिलेगा लेकिन सैकड़ों मन्दिर, दरगाहें, मज़ार और

इबादतगाह देखने को मिल जाएँगे। ऐतिहासिक तथ्यों के बरक्स और समानान्तर यहाँ जिस तरह की कहानियाँ सुनने को मिलती हैं, ऐसा लगता है कि कभी एक दौर रहा होगा जब यहाँ हर गाँव में एक सिद्धपुरुष रहा होगा। लखपत में अकेले पीर ग़ौस की पीढ़ियाँ ही निगहबान नहीं रहीं। अल्लाह के ऐसे कुछ बन्दे भी थे जिन्हें उनके वक़्त में अल्लाह के बाद दूसरा दरजा बख़्शा जाता था। इस्लाम जैसे एक मोनोलिथ/एकाश्म धर्म में इस तरह की बात कहना या लिखना आज की तारीख़ में कुफ़्र ठहराया जा सकता है, लेकिन आज से दो सौ साल पहले लखपतवासी कहते थे कि या तो उन्हें अल्लाह का आसरा है या आकबानी का।

कौन थे आकबानी? लखपत के भीतर हम जैसे ही अब उजड़ चुके चौक बाज़ार की ओर चलते हैं, बाएँ हाथ पर एक बड़ी सी जर्जर हवेली दिखाई देती है। उसके दरवाज़े पर लिखा है—आकबानी महल। यह हवेली लखपत के सबसे दौलतमंद लोगों में एक आकबानी परिवार की है। इस परिवार की चार और हवेलियाँ यहाँ हैं जो आज पूरी तरह टूट-फूट चुकी हैं। आकबानी दरअसल मेमन समुदाय से आते थे। मेमन सिन्ध के लोहाना थे। कुछ आख्यानों के मुताबिक़ कोई 15वीं सदी की शुरुआत में वहाँ 700 लोहाना परिवारों को जबरन इस्लाम क़बूल करवाया गया और वहाँ से पलायन को मजबूर किया गया। उसके बाद कच्छ के महाराव ने अपने साम्राज्य में उन्हें बसने की मंजूरी दी।

ये व्यापारी कौम थी जो मोटे तौर पर कपड़ों का काम करती थी। सिन्ध, अफ़्रीका और खाड़ी के देशों के साथ इनका व्यापार चलता था। इनके पास बहुत पैसा हुआ करता था। आज इनकी जर्जर इमारतों को देखकर आप अन्दाज़ा लगा सकते हैं कि उस ज़माने में इनकी वास्तुकला और शिल्पकला में कैसी नफ़ासत बरती गई रही होगी। आकबानी महल में पाँच आकबानी भाई रहा करते थे, इसलिए इस महल की पाँच अलग हवेलियाँ अब भी साफ़ दिखती हैं। प्रवेश द्वार एक ही है जो लम्बे से गलियारे में जाकर खुलता है। हर हवेली दोमंज़िला है और हर एक में वर्षाजल के संग्रहण का एक टैंक लगा हुआ है। यहीं से साल भर पानी की आमद होती थी।

भुज संग्रहालय के क्यूरेटर रहे विद्वान इतिहासकार दिलीप भाई वैद्य की आँखों में चमक आ जाती है जब वे आकबानी महल का ज़िक्र सुनते हैं। वे छूटते ही पूछते हैं, "बताओ, इस महल की ख़ासियत क्या है?" हमें उस्मान भाई का बताया

विवरण याद था, कि महल में एक विशिष्ट शैली में निर्मित जनानख़ाना था जिसे आज भी देखा जा सकता है। ये ऐसे कमरे हैं जहाँ औरतें अपनी निजता को बचाते हुए बाहरी दुनिया के साथ संवाद कर सकती हैं। ये कमरे एक क़तार में एक-एक प्लॉट छोड़कर आमने-सामने ऑल्टरनेट पद्धति से बनाए गए हैं, जो डिज़ाइन के लिहाज़ से इस महल की ख़ासियत है।

लखपत में मेमनों और भाटियाओं ने समुद्रपार व्यापार से बहुत पैसा बनाया और 19वीं सदी की शुरुआत में यह शहर इन्हीं समुदायों के चलते अपनी समृद्धि के लिए जाना गया। दूसरे स्रोतों से मेमनों का इतिहास देखने पर पता चलता है कि सिन्ध में इस्लाम धर्मान्तरण और नतीजतन कच्छ पलायन की बात ग़लत भी हो सकती है। यूनाइटेड मेमन जमात ऑफ़ पाकिस्तान के महासचिव इंजीनियर अब्दुल रज़्ज़ाक़ मेमन के मुताबिक़ बुनियादी तौर पर वे लोग अरब के ख़ानाबदोश व्यापारी रहे। अरब सागर से यात्रा करने के दौरान राजा दाहिर ने इन्हें बन्धक बना लिया। इनके मुखिया जुबैर क़ैद से भाग निकले और मदद के लिए हज़ाज़ बिन यूसुफ़ के पास गए, जिसने इन्हें छुड़ाने के लिए मोहम्मद बिन क़ासिम को भेजा। रिहाई के बाद इन्होंने सिन्ध में बसना क़बूल किया क्योंकि सिन्ध काफ़ी हरा-भरा और सम्पन्न प्रदेश था। यहीं से वे सिन्धी मेमन कहलाए। सिन्धी मेमन समुदाय वहाँ इस्लाम का प्रचार करने लगा और सभी मेमन मुस्लिम हो गए। इसी समुदाय के कुछ लोगों ने थोड़े समय बाद भुज/हलार/कच्छ जाने का फ़ैसला किया, जिन्हें बाद में गुजराती/मेमनी/कच्छी/काठियावाड़ी कहा गया। ये मूल में मोमिन थे लेकिन अंग्रेज़ों के राज में इन्हें मेमन कहा जाने लगा।

मेमन की उत्पत्ति के कई स्रोत बताए जाते हैं जिनके मुताबिक़ इनका इतिहास भी तीन संस्करणों में मिलता है :

- एक स्रोत के अनुसार मेमन शब्द मेमनाह से आया है। मेमनाह यानी यमनी फ़ौजों का दक्षिणपंथी धड़ा जो सिन्ध में तैनात रहा। यह बताता है कि मेमन मूलत: अरब थे जो बनु तमिमी कबीले के यमनी मुसलमान रहे।
- दूसरा स्रोत बताता है कि यह नाम मेहमान से निकला, चूँकि वे सिन्ध से निकलकर अलग-अलग जगहों पर गए।
- तीसरा स्रोत कहता है कि इन्हें आरम्भ में मामुन का दरजा दिया

गया—मामुन यानी धर्मान्तरण न करने वालों को मिलने वाले दंड से महफ़ूज़।

- एक और स्रोत कहता है कि इस्लाम ग्रहण करने के बाद सूफ़ी संत पीर यूसुफ़ुद्दीन के प्रभाव में इन्हें मूमिन यानी वफ़ादार कहा जाने लगा।
- आख़िरी स्रोत इन्हें 'माइ-मना' के नाम से बताता है, जो कि सिन्ध में रहने वाला एक बौद्ध समुदाय था। यह समुदाय बाद में मुसलमान बना। यहाँ माइ का अर्थ है मात्रा और मना का अर्थ है क़ीमती पत्थर। इसके समर्थन में एक मौखिक आख्यान भी चलता है—'मेमन हल यो मक्के, शेर सहीमी टक्के' यानी मेमन यदि मक्का भी जाता है तो अपने साथ अपने क़ीमती सामान ले जाना नहीं भूलता।

इन तमाम आख्यानों में एक तथ्य समान है कि मेमन धार्मिक रूप से सुन्नी हैं। केवल बोहरा और खोजा समुदाय शिया हैं। यह बात अलग है कि इनके यहाँ भी मुहर्रम मनाया जाता है लेकिन इसका तरीक़ा थोड़ा अलग है।

इन मेमनों में सबसे मालदार आकबानी के नाम को लेकर भी अलग-अलग राय है। मसलन, आकबानी का एक अर्थ बताया जाता है आग और पानी का मिश्रण। दूसरा स्रोत बताता है कि आकबानी के एक पूर्वज अकाब परिवार से आए इसलिए इन्हें आकबानी कहा गया।

केवल दो सौ साल के वक़्फ़े में इन मुसलमानों की स्थिति काफ़ी बदल चुकी है। जो मालदार मेमन थे, वे क़िस्मत आज़माने विदेश चले गए या देश में ही बम्बई, कोच्चि जैसी जगहों पर पलायन कर गए। आज भी कच्छी मेमनों की जमात कच्छ के अलग-अलग तालुका में मौजूद है लेकिन इनमें आपस में कोई एकता नहीं है। दूसरे, अधिकतर की आर्थिक हालत ख़स्ता है। अंजार और मांडवी में मेमनों की संख्या ठीक-ठाक है। मांडवी में एक कच्छी मेमन मोहल्ला है। मांडवी की जमात अपेक्षया ग़रीब है और कुछ परिवार तो ऐसे हैं जिन्होंने 1988 तक साबुन का मुँह नहीं देखा था।[1]

हमने पहली बार आकबानी महल देखा और कच्छी मेमनों के बारे में सुना तो स्वाभाविक तौर पर यह जिज्ञासा मन में उठी कि जिस एक मेमन को लोग देश के

1. असग़र अली इंजीनियर, इस्लामिक पर्सपेक्टिव, जनवरी 1988

दूसरे हिस्सों में भी जानते हैं—टाइगर मेमन—क्या वह भी कच्छ से ही आया था? यह सवाल पूछने पर उस्मान भाई ने थोड़ा गम्भीर होते हुए जवाब दिया, "जिस बिरादरी का इतना समृद्ध इतिहास रहा है, उसमें ऐसे उदाहरणों को कौन याद रखता है। ऐसे लोगों को भूल जाना चाहिए।"

मेमनों के अलावा लखपत में समुदायों के आधार पर जो रिहाइशें बनी हैं, उनमें मुख्यत: लोहाना, भाटिया, नोतियार, गोसाईं, सत्ती, ब्राह्मण, हरिजन, बडाला और अरब रहे हैं। इन सभी समुदायों का उभार 19वीं सदी के आरम्भ में समुद्र व्यापार के दौर में ही यहाँ हुआ और जमादार फतेह मोहम्मद ने लखपत का परकोटा बनवाया। इससे हालाँकि बहुत पहले यहाँ गुरुनानक के चरण पड़े थे जब वे मक्का यात्रा के दौरान यहाँ ठहरे थे। इसकी निशानी लखपत का गुरुद्वारा है। गुरुनानक पहली बार उदासी[1] के दौरान 1510 में यहाँ आए थे और दस दिन रुके थे। उसके बाद वे 1522 में मक्का जाते वक़्त यहाँ आए और एक सिन्धी मुस्लिम परिवार में रुके। जब वे मक्का के लिए निकले तो उक्त परिवार ने उनसे अनुरोध किया कि वे अपने आने की कोई निशानी छोड़ जाएँ। आज भी उनकी छोड़ी हुई चाखड़ी[2] यहाँ गुरुद्वारे में रखी है।

यह गुरुद्वारा सिख धर्म में उदासी पंथ का है। इसके पीछे गुरुनानक के बेटे बाबा श्रीचन्द की लखपत यात्रा का एक वृत्तान्त मिलता है। श्रीचन्द जी ने उदासी पंथ का प्रवर्तन किया था। वे गुरुनानक के कई साल बाद लखपत आए थे और यहाँ वे अपनी चाखड़ी और बरक्कन छोड़ गए थे। बरक्कन लकड़ी का बना टी-आकृति का एक औज़ार होता है जिस पर इबादत के वक़्त हाथ रखते हैं। श्रीचन्द जी के आने के बाद से ही यह गुरुद्वारा उदासी पंथ के केन्द्र के रूप में माना जाने लगा।

इसी लखपत के भीतर गोसाईं समुदाय का जागेश्वर महादेव मन्दिर भी है, जो लखपत के सूरा दादा की स्मृति में बनवाया गया था। इसके भीतर घोड़े पर सवार सूरा दादा की एक मूर्ति है और उनके हाथ में भाला है। कोई चार सौ साल पहले रण में मुग़लों के ख़िलाफ़ हुई जंग में सूरा दादा ने अपनी शहादत दी थी। कहते हैं कि उनकी शहादत के बाद उनकी पत्नी सती हो गई थीं। इस मन्दिर को कच्छ के महाराज विजयराज जी ने 1795 में बनवाया।

1. तीर्थयात्रा, 2. पादुकाएँ

लखपत सभी आस्थाओं का एक केन्द्र है। यहाँ एक मस्जिद भी है जिसे जुम्मा मस्जिद कहते हैं और साथ में गबनशाह पीर की एक दरगाह है। कहते हैं कि यहाँ दो भाई रहा करते थे और दोनों ही औलिया थे। बड़े भाई गबनशाह पीर के पास भविष्यवाणी करने की ताक़त थी। उन्होंने कहा था कि आने वाले दिनों में लखपत एक क़िले की शक्ल ले लेगा। कुछ साल बाद जब लखपत के शासक ने वास्तव में एलान किया कि लखपत की क़िलेबन्दी की जाएगी तो गबनशाह ने क़िले के परिसर से बाहर रहने का फ़ैसला लिया। इससे उलट उनके छोटे भाई ने तय किया कि वे क़िले के भीतर ही रहेंगे। जब फतेह मोहम्मद ने निर्माण का काम चालू करवाया तो गबनशाह पीर के मकान को भी क़िले की प्राचीर के भीतर ले लिया। जब काम चालू हुआ तो फतेह मोहम्मद ने पाया कि दोनों भाई मिलकर हर रात क़िले को तोड़ दे रहे थे।

आख़िरकार तीनों एक समझौते पर पहुँचे। क़िला दोनों भाइयों की रिहाइश के बीच बनाया गया। गबनशाह पीर का आवास क़िले के बाहर छोड़ दिया गया। आज कहते हैं, जहाँ दरगाह है वह गबनशाह का घर हुआ करता था और जहाँ जुम्मा मस्जिद है वहाँ उनके छोटे भाई रहते थे।

लखपत के भीतर घूमते हुए हम बाज़ार से आगे एक इमारत के सामने ठिठक जाते हैं। इमारत पर लिखा है 'पार्लियामेंट हाउस'। हमारी जिज्ञासा अचानक बढ़ती है। आख़िर यहाँ कैसी पार्लियामेंट? पुरातत्त्व विभाग के लगाए बोर्ड को पढ़ने से पता चलता है कि इस पार्लियामेंट हाउस को पशमवाला हाउस भी कहते हैं। पशमवाला भाटिया समुदाय का एक सम्पन्न परिवार हुआ करता था जो पशमीना का व्यापार करता था। यह मकान इसलिए पार्लियामेंट कहलाता है कि यहाँ समुद्री कारोबार के दौर में कई साल तक कस्टम कलेक्टर के कार्यालय का प्रशासनिक प्रभारी बैठता रहा। इसी दोमंज़िला मकान के कमरों और आँगन में व्यापार वार्ताएँ होती थीं, सौदे पटते थे और पशमवाला परिवार के सामने व्यापार व वित्तीय समझौते किए जाते थे। इस ऐतिहासिक मकान की बालकनी से रण का ख़ूबसूरत नज़ारा देखने को मिलता है।

कच्छी भाटिया 17वीं सदी के मध्य से ही पूर्वी अफ्रीका और फारस की खाड़ी में व्यापार में संलग्न थे। हिन्द महासागर के तमाम बन्दरों पर उनकी मौजूदगी थी। कई सम्पन्न परिवारों के पास अपने मालवाहक जहाज़ तक हुआ करते थे। ये लोग

नियमित रूप से कराची और सिन्ध की यात्राएँ करते थे। व्यापार इनके ख़ून में हुआ करता था। इसी कौम ने आगे चलकर मांडवी और मुंद्रा के बन्दरगाहों को बसाया।

मूसो गयो हज!

लखपत की कहानी की शुरुआत में हमने बताया कि कैसे फतेह मोहम्मद ने मूसा पीर की ग़ैर-मौजूदगी में भाटियाओं की सबसे बड़ी मिल्कियत मोटी बेर को लूटा और उस लूट के पैसे से लखपत का निर्माण करवाया। उस्मान भाई ने यह कहानी सुनाते वक़्त हमें एक ख़लीफ़ा का पता दिया जो मोटी बेर में मूसा पीर की दरगाह की देखभाल करते हैं। लखपत में शाम ढल रही थी और रात को हमें वापस भुज पहुँचना था, लेकिन मोटी बेर जाने का लोभ संवरण नहीं हो सका। हम बिलकुल नहीं जानते थे कि दो तालुकाओं के बीच फैली सबसे बड़ी विधानसभा अब्डासा में एक मामूली से गाँव को अँधेरे में कैसे खोजेंगे, फिर भी हम निकल पड़े।

लखपत से नारायण सरोवर की ओर जाने वाले हाइवे पर चलते हुए नारायण सरोवर से थोड़ा पहले रास्ता बाएँ हाथ मुड़ता है। जीपीएस के सहारे हम समुद्र किनारे उसी रास्ते पर चलते रहे। दाएँ हाथ बड़ा सा सिंदूरी सूरज डूब रहा था और मन ही मन एक भय भी घेरता जा रहा था कि अगर जीपीएस ने काम करना बन्द कर दिया तब क्या होगा? कोई पैंतालीस मिनट लगातार सौ की स्पीड पर चलने के बाद एक मोड़ पर आकर जीपीएस जवाब दे गया। उसके बाद गाँव के भीतर पगडंडी से जाने की सलाह थी, लेकिन हम थोड़ा ठिठके हुए थे।

कच्छ की एक ख़ूबी यह है कि जहाँ आपको कई-कई घंटे और सैकड़ों किलोमीटर के विस्तार में एक भी इनसान की गुंजाइश न समझ में आवे, वहीं अचानक झुटपुटे में से कोई भेड़ या बकरी या गाय या फिर कोई चरवाहा निकलकर सामने आ जाता है। आदमी सोचता रह जाता है कि आख़िर इस निर्जन में कोई इनसान क्या कर रहा होगा और क्योंकर होगा? ऐसी अपेक्षा इस वक़्त तो हमें बिलकुल नहीं थी, लेकिन कच्छ ने अपना रंग दिखाया। अचानक उस वीराने के बीच हाथ में लाठी लिए लम्बी दाढ़ी वाले एक बुज़ुर्ग जाने कहाँ से नमूदार हुए। हमने उनसे चिल्लाकर

मोटी बेर का पता पूछा। वे क़रीब आए और गाड़ी की खिड़की के भीतर झाँकने लगे। हमने कहा—मोटी बेर जाना है। उन्होंने पूछा—क्यों जाना है? इस सवाल का जवाब बेशक यह देना ठीक नहीं होता कि एक मज़ार को देखने जाना है। आख़िर देर शाम इस वीराने में दो शहराती नौजवान कोई मज़ार देखने के लिए मशक़्क़त क्यों करेंगे। अचानक दिमाग़ में उस्मान भाई के बताए ख़लीफ़ा का नाम कौंधा।

"ख़लीफ़ा से मिलने जाना है। भुज से आए हैं।"

बुज़ुर्ग ने बिना कुछ कहे पगडंडी का रास्ता दिखाया और बताया कि सीधे चलते जाना है। दो-एक गाँव के बाद एक हाइवे पर यह रास्ता जाकर मिलेगा। हाइवे के पार बाज़ार है। वही मोटी बेर है। इसका मतलब कि जीपीएस मोटा-मोटी सही बता रहा था। बस पक्का रास्ता उसे नहीं मिल रहा था। हम उनसे विदा लेकर धूल उड़ाते पगडंडी पर निकल लिए। डूबते सूरज के साथ वह रास्ता बहुत लम्बा जान पड़ रहा था। एक पल ऐसा भी आया जब रास्ते के दोनों तरफ़ कँटीली झाड़ियाँ थीं और कहीं-कहीं कुछ खँडहरनुमा दीवारें उनके पीछे से झाँकती थीं। रास्ता चढ़ाई वाला था। चढ़ाई के उस पार कुछ भी नहीं दिखता था।

हम चलते रहे और अन्त में वह रास्ता एक आबादी में जा निकला। हमने वहाँ फिर से मोटी बेर के बारे में पूछा। इस बीच कुछ बच्चे गाड़ी के पीछे दौड़ने लगे। थोड़ी देर बाद वह गाँव का रास्ता एक चौड़े से हाइवे पर जाकर मिला और हम हाइवे पार करके बाज़ार के बीच रुके। बाज़ार भी क्या, एक छोटी-सी पान-बीड़ी की दुकान और बग़ल में एक चाय की अड़ी। दूर मस्जिद से आती अज़ान। पीछे कुछ झोंपड़ानुमा रिहाइश की झलक। कोई दर्जन भर लोग इधर-उधर चहलक़दमी कर रहे थे। हमारे गाड़ी रोकते ही वहाँ मजमा लग गया।

हमने पूछा—मोटी बेर यही है? लोगों ने समवेत स्वर में हाँ कहा। फिर हमने ख़लीफ़ा भाई का ठिकाना पूछा। हाइवे किनारे अँधेरे में एक अनजान आबादी से रूबरू होना, वह भी तब जब आप उनकी भाषा न समझ रहे हों, थोड़ा परेशान करने वाली बात थी। हमारे सारथी मुकेश ऐसे मौक़ों पर बहुत काम आते हैं। उन्होंने अचानक चार्ज लिया और स्थानीय लोगों से संवाद शुरू कर दिया। थोड़ी देर में कोई चाय ला रहा है तो कोई पानी। पान के ठीहे पर बैठे बुज़ुर्गवार थोड़ी-बहुत हिन्दी जानते हैं। वे उतरकर नीचे आए और हाथ जोड़कर बोले, "पहली बार कोई दिल्ली से यहाँ आया है। यहाँ कोई भी नहीं आता। आप लोग कुछ लेंगे?"

सुनकर दिल भर आया। इतने में एक लड़का किसी व्यक्ति को बुलाकर ले आया। वह भागा-भागा आया और अपनी टूटी-फूटी हिन्दी में बताने लगा कि वह ख़लीफ़ा का छोटा भाई है। ख़लीफ़ा अभी नमाज़ पढ़ने मस्जिद गए हैं। उसने उनको बुलवाने के लिए किसी को भेजा। फिर कोई दर्जन भर लोग हमें घेरकर वहाँ बैठ गए और उत्सुकता से बात करने लगे। हमने उन्हें बताया कि हम लखपत गए थे, वहाँ उस्मान भाई ने यहाँ पीर मूसा का मज़ार देखने को भेजा है। सबके चेहरे पर आश्चर्य मिश्रित आश्वस्ति का भाव था।

थोड़ी देर में ख़लीफ़ा भी आ गए। वे एक ट्रायसाइकिल पर थे। पता चला कि बचपन से ही उनके पैर पोलियो से ख़राब थे। वे ट्रायसाइकिल से ही आवाजाही करते थे। वे हमें मूसा पीर के यहाँ ले जाने को तैयार हो गए और हमारी गाड़ी उनके पीछे-पीछे चलने लगी।

गाँव के पीछे एक पतली सड़क पर कुछ दूर चलने के बाद हम जंगल की पगडंडी पर चलने लगे। दूर चल रही एक विशाल पवनचक्की की आवाज़ माहौल को भारी कर रही थी। उस पवनचक्की के ऊपर लगा एक छोटा सा लाल बल्ब शायद कुतुबनुमे का काम कर रहा था कि बिलकुल उसी की सीध में चलते हुए हम उसके काफ़ी क़रीब पहुँच गए। अब पवनचक्की की हवा साफ़ महसूस हो रही थी। झाड़ियाँ हिल रही थीं और घों-घों-घों की आवाज़ करते हुए घूम रही सुजलॉन की विशाल पवनचक्की बीच-बीच में चों-चों की आवाज़ भी किए दे रही थी।

जहाँ से आगे जाने का कोई रास्ता नहीं सूझता था, ख़लीफ़ा ने वहीं पहुँचकर अपनी ट्रायसाइकिल रोकी। पीछे-पीछे हम भी रुके। उसने उतरने को आवाज़ लगाई। फिर अपने भाई की मदद से नीचे उतरकर ख़लीफ़ा ज़मीन पर हाथों के बल तेज़ी से आगे घिसटने लगे। उनके दोनों पैरों की शक्ल अब जाकर दिखाई दी। जाने कितनी तकलीफ़ होती होगी उन्हें इस तरह से चलने में, यही सोचते हुए हम अचानक ठिठके, जब एक झाड़ हटाकर ख़लीफ़ा ने एक टीन का बक्सा जाने कहाँ से निकाल लिया।

काफी देर से हमारे मन में यह बात चल रही थी कि हम जा तो रहे थे मूसा पीर के मज़ार पर, लेकिन गाड़ी से उतरने के बाद भी दूर-दूर तक कहीं किसी दरगाह या मज़ार या किसी परिसर को देख पाना मुमकिन नहीं था। मन में एक शंका तो बेशक थी कि ये कहाँ हमें ले आए, लेकिन जाने कैसा विश्वास था कि सूरज डूबने

के बाद सर्दियों के उस घुप्प अँधेरे में एक अनजान जंगल के बीचोबीच हम कुछ मिनट पहले मिले दो अजनबियों के साथ बढ़ते ही जा रहे थे। मैंने बक्से के बारे में पूछा तो ख़लीफ़ा के भाई ने आगे की ओर टॉर्च जला दी।

ठीक सामने झाड़ियों के बीच खुली ज़मीन पर हरे रंग की लम्बी सी चादर ओढ़े कोई सो रहा था। उसे देखने के लिए मैं आगे बढ़ा। क़ब्र का एक सिरा तो हमारी ओर था लेकिन दूसरा? ये कैसी क़ब्र है? अव्वल तो हमने बिना किसी परिसर के जंगल के बीचोबीच ऐसी क़ब्र कभी देखी नहीं थी। दूसरे, इसकी लम्बाई देखकर थोड़ा हैरत और थोड़ा डर मन में हो आया। इतने में घिसटते हुए ख़लीफ़ा हमारे क़रीब आ गए और मज़ार के बग़ल में उन्होंने एक मुट्ठी मोमबत्ती जलाकर खोंस दी।

ये मूसा पीर थे। वही मूसा पीर, जिनकी वजह से लखपत आज जैसा है, वैसा है। मैंने मज़ार की लम्बाई का अन्दाज़ा लगाने के लिए उसका चक्कर मारना शुरू किया। एक जगह से चलकर चक्कर लगाते हुए वापस वहीं पहुँचने में क़रीब तीन मिनट का वक़्त लगा। यह कोई सत्तर या पचहत्तर फुट लम्बा मज़ार था। ऐसा मज़ार हमने न पहले कभी देखा और न उसके बाद कभी कहीं भी देखा।

ख़लीफ़ा की इबादत के बाद हम वहीं धूल-काँटे साफ़ करके ज़मीन पर बैठ गए। ख़लीफ़ा के भाई ने बताया कि कई लोग इस मज़ार की लम्बाई नापने आए। हर बार लम्बाई अलग निकली। किन्हीं दो व्यक्तियों को मज़ार की लम्बाई एक सी नहीं मिली। यह हैरतनाक बात थी।

बाद में हमने कई लोगों से मूसा पीर का ज़िक्र किया लेकिन बहुत कुछ हाथ नहीं लगा। फतेह मोहम्मद से जुड़े ऐतिहासिक दस्तावेज़ों में भी मूसा पीर का नाम कहीं नहीं आता, केवल किंवदंतियों में यह दर्ज है। भुज आरकाइव्स के दलपत दानिदारिया से जब हमने मूसा पीर के बारे में पूछा और मज़ार की लम्बाई-चौड़ाई का ज़िक्र किया तो उन्होंने बताया कि ऐसे पीरों को असहाबी पीर कहते हैं। ख़लीफ़ा के भाई ने भी मूसा पीर का वर्णन करते हुए उन्हें असहाबी पीर कहा था।

इस्लामिक इतिहास के हिसाब से देखें तो असहाब उन लोगों को कहते हैं जिन्होंने मोहम्मद साहब का साथ दिया था। मोहम्मद साहब के साथी यानी सहाबा। सम्मान से उन्हें असहाबे रसूल कहा जाता है। अब दिक़्क़त यह है कि लोक में मूसा पीर की स्मृति कोई दो सौ साल पुरानी ही है क्योंकि उनके हज पर जाते ही फतेह मोहम्मद ने मोटी बेर में भाटियाओं की मिल्कियत को लूटा था और उस

लूट से लखपत को खड़ा किया था। जब मूसा पीर वापस आए तो उन्होंने शाप दिया। इसके बाद इलाक़े में महामारी फैल गई और आख़िरकार बीमार होकर फतेह मोहम्मद मर गया।

लखपत के पतन और फतेह मोहम्मद की मौत से जुड़े जितने भी ऐतिहासिक दस्तावेज़ हैं उन सब में इस लोककथा के साथ एक बात समान है कि उसकी मौत बीमारी से ही हुई थी। बहुत पुराने दस्तावेज़ों में न जाते हुए बॉम्बे प्रेसिडेंसी के गज़ेटियर को देखें तो पता लगता है कि 1811 में कच्छ और उत्तरी गुजरात के कुछ इलाक़ों में टिड्डों का आतंक फैला जिसके चलते फ़सलें नष्ट हो गईं। फिर अगले साल कोई बारिश नहीं हुई और सूखा पड़ा। इसके ठीक बाद यहाँ महामारी फैलती है। पहले ही सूखे से तबाह आधी जनता को यह महामारी लील जाती है।

उस दौरान फतेह मोहम्मद वागड़ के कंठकोट पर चढ़ाई करने गया हुआ था। उसकी फ़ौज को महामारी से इतना नुक़सान हुआ कि फतेह मोहम्मद को वापस भुज आना पड़ा जहाँ 5 अक्टूबर, 1813 को उसकी बीमारी से मौत हो गई। इसके ठीक 25 दिन बाद 30 अक्टूबर, 1813 को इसी महामारी के चलते फैले हैजा से महाराव रायधन की भी मौत हो गई।

इन दोनों की मौत के साथ कच्छ के इतिहास का सबसे रोमांचक और घटनाप्रद अध्याय समाप्त हो गया, जिसने कच्छ में अंग्रेज़ों के व्यवस्थित क़ब्ज़े की राह आसान की।

दरिया पीर से स्वामीनारायण तक

अंग्रेज़ों के बसाए खाराघोड़ा गाँव में एक प्राचीन और दुर्लभ लाइब्रेरी है। गाँव के बीचोबीच स्थित अंग्रेज़ी शैली की झोंपड़ेनुमा इमारत में मौजूद इस लाइब्रेरी का संरक्षण हिन्दुस्तान सॉल्ट के प्रबन्धन के पास है। सार्वजनिक रूप से इस लाइब्रेरी के बारे में ख़ास सूचना नहीं मिलती क्योंकि आमतौर से कच्छ पर्यटन के सर्किट में यह गाँव नहीं आता। अभी बहुत दिन नहीं हुए जब खाराघोड़ा को भी पर्यटन विभाग के रण महोत्सव का हिस्सा बनाया गया।

सबसे क़रीबी बाज़ार पाटड़ी में सात साल पहले जहाँ धूल उड़ा करती थी, वहाँ देखते-देखते होटल खुल गए और हाइवे से जोड़ने वाली एक पक्की सड़क बन गई। पाटड़ी से खाराघोड़ा की सड़क भी पहले कच्ची हुआ करती थी। हम जून 2018 में जब यहाँ पहुँचे तो इलाक़ा पहचान में नहीं आ रहा था। एक अन्दाज़े से हमने रण में गाड़ी से प्रवेश किया, इस उम्मीद में कि कहीं न कहीं लालजी का झोंपड़ा ज़रूर नज़र आ जाएगा। हमारी उम्मीद मूर्खता से ज़्यादा कुछ नहीं थी। भीतर दसेक किलोमीटर जाकर हम लौट आए। कहीं किसी का कोई निशान नहीं मिला।

वापस खाराघोड़ा गाँव में जाकर हमने पड़ताल की। गाँव के बीचोबीच एक चौपाल पर जुटे कुछ लोगों से हमने लालजी और लाइब्रेरी का पता पूछा। लाइब्रेरी तो मिल गई लेकिन लालजी के बारे में लोगों का कहना था कि इस नाम से तो गाँव में बहुत से लोग हैं। उसके पिता का नाम जाने बग़ैर पहचान करना मुश्किल था। हम गाड़ी छोड़कर भीतर चल दिए। लाइब्रेरी ऐसे खड़ी थी जैसे बरसों से किसी ने उसका ताला न खोला हो। पास में एक नौजवान दिखा। हमने उससे लाइब्रेरी और लालजी के बारे में पूछा। कुछ सवाल करने के बाद उसने हमें पानी पिलाया। वह हिन्दुस्तान सॉल्ट का कर्मचारी था। उसने कम्पनी के प्रबन्धन में किसी अफ़सर को फ़ोन लगाकर बात करवाई। पता चला कि जिस अफ़सर के पास लाइब्रेरी का चार्ज था, वह छुट्टी पर है।

लालजी से मिलने की उम्मीद अब भी बच रही थी। समस्या उसके पिता के नाम की थी। अचानक याद आया कि उसके पिता की तस्वीरें शायद मेरे ब्लॉग पर हों। मैंने खोजा तो तस्वीर मिल गई। कम्पनी के एक कर्मचारी ने उसे पहचान लिया, "ये तो प्रह्लाद भाई है... मर गया तीन साल पहले।" सुनकर झटका लगा, फिर हमने उससे मिलवाने का आग्रह किया। उसने बताया कि लालजी ने पिता के मरने के बाद नमक बनाने का काम छोड़ दिया था। वह खाराघोड़ा में नहीं बल्कि पास के जूनागाँव में रहता है।

जूनागाँव के बाहर ही एक परचून की दुकान पर हम रुके। दुकानदार को हमने प्रह्लाद भाई की तस्वीर दिखाई और घर का पता पूछा। उसने अपने बच्चे को हमारे साथ लगा दिया। थोड़ी शंका और थोड़े संकोच के साथ हम बच्चे के पीछे-पीछे चलने लगे। कुछ गलियाँ पार करके वह एक गली के अन्त में नीले रंग के मकान के सामने जा रुका। "यही है...," उसने इशारा किया।

मैंने संकोच से उस घर के बाहर वाले दरवाज़े पर लगा परदा उठाकर आवाज़ लगाई, "लालजी हैं...?" भीतर के बिस्तर पर एक लड़की और एक लड़का सो रहे थे। बाहर मुर्ग़े पर बैठी एक देवी की तस्वीर दीवार की टाइलों पर लगी थी। भीतर की दीवार पर प्रह्लाद भाई की तस्वीर लगी थी। उस पर माला टँगी हुई थी। हम सही घर में थे।

भीतर से एक महिला बाहर निकलकर आई। उसने प्रश्नवाचक दृष्टि के साथ गुजराती में कुछ पूछा। यहाँ की गुजराती सामान्य शहरी गुजराती से थोड़ा भिन्न है इसलिए समझ में नहीं आती। इसके बावजूद आश्चर्य है कि डेढ़ साल तक मैं और लालजी फ़ोन पर इसी भाषा में एक-दूसरे का हालचाल लेते रहे थे। मैंने उसे आसान हिन्दी में याद दिलाया कि हम लोग कुछ साल पहले उनके यहाँ रण में रुके थे और इस बार सबसे मिलने आए हैं। महिला की स्मृति तेज़ थी। वह लालजी की पत्नी थी। उसके चेहरे पर बरबस मुस्कान फैल गई और अपने सोये हुए बच्चों को वह उठाने में लग गई।

मोहल्ले में हल्ला हुआ। चार-पाँच महिलाएँ उसके घर के बाहर जुट गईं। लालजी की पत्नी बाहर निकल आई और सबको अपनी भाषा में बताने लगी कि हम कौन हैं और एक रात हम रण में खो गए थे तो इन्होंने अपने यहाँ रोका था। ऐसा लगा गोया कोई उत्सव जैसा माहौल हो। कोई चाय पूछने लगा, कोई बैठने को कहने लगा। अचानक नींद से जागी उसकी बड़ी वाली बिटिया ने मुझे पहचानते हुए मुस्कराकर अभिवादन किया। छोटा वाला बेटा हमें देखकर हतप्रभ था।

लालजी कहाँ हैं? पूछने पर बच्चों ने टूटी-फूटी हिन्दी में बताया कि वह काम करने शहर गया है। फिर बात आगे बढ़ी तो पता चला कि पिता की मौत के बाद उसने नमक बनाने का ख़ानदानी काम छोड़ दिया था। अब वह निर्माण स्थलों पर मिस्त्री का काम करता है। बच्चों ने लालजी का फ़ोन नम्बर और ठिकाना दिया। वह पास में बन रहे स्वामीनारायण मन्दिर में मज़दूरी कर रहा था। बिना वक़्त गँवाए हम पाटड़ी की ओर निकल लिए। वहाँ पूछने पर पता चला कि कुछ दूरी पर वर्णीन्द्रधाम नाम का एक स्वामीनारायण मन्दिर बन रहा है। हमें वहीं जाना था। लालजी से मिलने की उम्मीद क़ायम थी।

लालजी अकेला नहीं था जिसने नमक बनाने का काम छोड़ दिया। उस गाँव में बसे कई और लोग थे जो पीढ़ियों पुराना यह धन्धा छोड़कर मज़दूरी-बेलदारी में

लग गए थे। दरअसल, नमक मज़दूरों की ज़िन्दगी में भी 'विकास' ने कई रास्तों से जगह बना ली थी। इसका पता हमें अपनी अगली यात्रा में चला जब रण के काफ़ी भीतर हम कुछ मज़दूरों से मिलने गए। रण के उस दिशाहीन विस्तार में बिलकुल सटीकता के साथ हमें ले जाने वाला और कोई नहीं, बल्कि एक नमक मज़दूर का ही लड़का था विक्रम।

विक्रम भी नमक की खेती नहीं करता। वह पाटड़ी से कुछ दूरी पर स्थित गणतर नाम के एक एनजीओ में नौकरी करता है। गणतर वह संस्था है जिसने पहली बार नमक मज़दूरों की बदहाली की तस्वीर अपने अध्ययनों से दुनिया के सामने रखी और इन मज़दूरों के बच्चों के लिए मुफ़्त स्कूल खोले। विक्रम ऐसे ही स्कूल से पढ़-लिखकर संस्था के साथ जुड़ गया और अपने समुदाय के लिए काम करने लगा। उसे इस निर्जन विस्तार में सब जानते-पहचानते हैं। वह भी बिना लीक के रण के मैदान में दिशाओं को बख़ूबी पहचानता है।

हम जब विक्रम के साथ रण के भीतर पहुँचे, तब नये खेत बनाने का सीज़न चल रहा था। विक्रम के परिवार का खेत रण में कोई पचास किलोमीटर भीतर था। वहाँ जाने में बहुत देर हो जाती, सो हम सबसे पहले दिख रहे झोंपड़े के सामने आकर रुके जो भरत भाई सोंढा भाई का था। वे काम में व्यस्त थे। हमें देखकर मुस्कराते हुए बाहर आए।

जिन्होंने रण में नमक के खेत नहीं देखे, उनके लिए इसका थोड़ा विवरण ज़रूरी है। आमतौर से कच्छ के छोटे रण में नमक मज़दूरों की रिहाइश एक जैसी ही दिखती है। कोई दो झोंपड़े पास में नहीं होते, काफ़ी दूर-दूर होते हैं। एक झोंपड़े की पहचान दूर से आपको एक लहराती हुई रंगीन ध्वजा से हो जाएगी। यह ध्वजा एक रंग या दो-तीन रंगों की हो सकती है जो नमक मज़दूर के बसावट की पहचान है। इसे दरिया पीर के प्रतीक के तौर पर अगड़िया समुदाय अपने घरों के बाहर लगाते हैं। दरिया पीर यानी दरिया का देवता यानी समुद्र का देवता। अगर आप मुंद्रा या मांडवी की ओर जाएँ तो आमतौर से दरिया पीर का इस्तेमाल मुंद्रा स्थित पीर शाह बुख़ारी की दरगाह के लिए होता है। कच्छ के अलग-अलग इलाक़ों में हालाँकि दरिया पीर एक सामान्य मान्यता है जो समुद्र के पीर के लिए प्रयोग में लाया जाता है।

दरिया पीर की ध्वजा नमक मज़दूर की बसावट की निशानी है। बसावट मतलब

केवल एक परिवार। उस परिवार का एक झोंपड़ा जो आमतौर से आयताकार होता है। एक प्रवेश द्वार। उसके भीतर सोने-बैठने की खटिया। बीच में एक छोटा सा विभाजन हो सकता है या कोई दूसरा आयताकार हिस्सा, जो रसोई के काम लाया जाता है। बाहर आपको चार से छह चौकोर खेतनुमा कटानें दिख सकती हैं जिनमें पानी भरा होगा और मेंड़ों पर नमक जमा होगा। किसी खेत में नमक हो सकता है तो किसी में पानी। यह इस पर निर्भर करता है कि पानी कहाँ से फिल्टर होकर कहाँ जा रहा है। इसके अलावा खेतों के बग़ल में या कुछ दूरी पर एक या दो कुएँ होंगे जिनमें मोटर लगी होगी। एक जेनरेटर सेट होगा जिससे पानी बाहर खींचा जाता है। कुछ बड़े-छोटे पाइप भी होंगे। इन सबके अलावा एक मोटरसाइकिल ज़रूर खड़ी होगी जिससे नमक मज़दूर पास गाँव और बाज़ार तक ज़रूरी सौदा-सुलुफ लाने के लिए आवाजाही करता है। एक और लक्षण इन बसावटों का यह होता है कि घर के बाहर गृहस्थी के सामान, बरतन, चूल्हा, राख, सब मौजूद होते हैं। घर के भीतर मनोरंजन के नाम पर केवल एक रेडियो।

यह एक टिपिकल दृश्य था जब हम लालजी के यहाँ सात साल पहले आए थे। इस दृश्य में अब थोड़ा बदलाव आ चुका है। यह 'थोड़ा' ही वह मर्ज है जिसने लालजी सहित कई को पुश्तैनी काम छोड़ने पर मजबूर कर दिया। भरत भाई के झोंपड़े के बाहर सबसे पहले जिस नई चीज़ पर नज़र पड़ती है वह है विशाल सोलर पैनल। ये सोलर पैनल पिछले दो-तीन साल की उपज हैं। दूसरी नई चीज़ है डिश टीवी का एंटीना। यह हाल तक नहीं होता था क्योंकि यहाँ नेटवर्क नहीं आता था। बिजली भी नहीं आती थी। लालजी के पास जो मोबाइल था वह चिप से गाने सुनने के काम आता था। उसे चार्ज कराने के लिए भी लालजी को खाराघोड़ा जाना पड़ता था।

अब सोलर पैनल है तो बिजली भी है। बिजली है तो मोबाइल चार्जिंग की सुविधा है। टीवी अलग से। रेडियो भी है, लेकिन कहीं कोने में पड़ा हुआ है। साथ में जियो फ़ोन का नेटवर्क है जिसने ज़िन्दगी को थोड़ा आसान कर दिया है। अब भरत भाई के बच्चों को अकेलापन नहीं लगता। 'विकास' के रास्ते आई इन सुविधाओं की क़ीमत बहुत भारी है क्योंकि नमक का रेट आज भी ख़ास नहीं बढ़ा है। सारा कारोबार सेठियों के रहमोकरम पर चल रहा है। आज भी 100 किलो नमक की क़ीमत 22 रुपए है जिससे एक सीज़न में एक अगड़िये की कमाई पचासेक हज़ार

तक जा सकती है, लेकिन सोलर पैनल, मोबाइल और डिश टीवी घर की थाली का एक हिस्सा ले जाते हैं।

महिलाओं के स्वयंसेवी संगठन 'सेवा' इंटरनेशनल ने यहाँ सोलर पैनल लगाने का काम किया है। 'सेवा' इंटरनेशनल विश्व हिन्दू संघ नामक के अन्तरराष्ट्रीय संगठन का अनुसंगी है। यहाँ आख़िरी बार आने से पहले हमने सुरेन्द्रनगर में 'सेवा' इंटरनेशनल की प्रतिनिधि हिना बेन से सम्पर्क किया था कि वे नमक मज़दूरों के बीच सोलर पैनल की आर्थिकी को थोड़ा दिखाएँ-समझाएँ। अहमदाबाद में सेवा के कार्यालय में भी हमने गुज़ारिश भेजी थी, लेकिन उनका आधिकारिक जवाब कभी नहीं आया। हिना बेन ने कहा कि आप यह बताइए कि हमारी संस्था को आपके 'विज़िट' से क्या लाभ होगा? इसका जवाब हमारे पास वास्तव में नहीं था।

'सेवा' के लगवाए ये सोलर पैनल आज नमक मज़दूरों के जी का जंजाल बन गए हैं। भरत भाई बताते हैं कि सीज़न के अन्त में सोलर पैनल लगाते वक़्त 'सेवा' ने उनसे छह हज़ार रुपए लिए थे। चूँकि सीज़न का अन्त था तो दो हफ़्ते में उनसे बारह हज़ार रुपए ले लिए गए। हर महीने छह हज़ार रुपए उनसे लिए जाते हैं। वे बताते हैं कि पूरे रण में हर नमक मज़दूर के यहाँ ये पैनल लगा दिए गए हैं। दिलचस्प है कि भरत भाई से संवाद करने में हमें भाषा की ज़्यादा दिक़्क़त नहीं आती। इससे पता लगता है कि 'विकास' ने भाषा की समस्या को थोड़ा-बहुत हल कर दिया है। भरत भाई हमें सारे जवाब हिन्दी में ही देते हैं।

इससे फ़ायदा होता है? लाइट आती है?
दिन में आता है, रात में नहीं आता।

क्यों? ये तो बिजली स्टोर कर लेता है न?
नहीं, केवल दिन में आता है। रात में सूरज नहीं होता न।

ये डिश एंटीना से कौन-कौन-सा चैनल आता है?
केवल दूरदर्शन।

और कोई नहीं?
आता है, भरवाना पड़ता है।

इधर सीज़न कितने दिन चलता है?
छह महीना।

फिर ख़ाली समय में क्या करेगा?
खेती करेगा।

क्या पैदा करता है?
बाजरा।

आजकल क्या रेट चल रहा है नमक मज़दूरी का?
22 रुपया बोरा।

एक बोरा में कितना?
पाँच मन।

इतना कम क्यों?
व्यापारी इतना ही देता है।

इधर से कितना मन नमक निकलता है एक सीज़न में?
हज़ार टन।

एक सीज़न में कितना कमा लेते हैं?
चालीस-पचास हज़ार कमा लेते हैं... ख़र्चा बहुत ज़्यादा पड़ जाता है।

कैसे?
छह हज़ार सोलर का, फिर डीजल का बारह हज़ार।

महीना कि सालाना?
महीना में...।

और?
मोटरसाइकिल का तेल, टीवी, मोबाइल... फिर खाने का हर महीना पाँच-छह हज़ार।

तो बचता क्या है बाक़ी सीज़न के लिए?
इस सवाल पर भरत भाई हँस देता है

अपने लड़कों से यही काम करवाइएगा कि कोई और?
एक लड़का करेगा।

भरत भाई के तीन लड़के हैं। वह एक लड़के को नमक मज़दूरी करवाने की बात कहता है। बाक़ी दोनों बेटे पढ़ रहे हैं। हो सकता है कि भरत भाई अपने बेटे को इस खेती में टिका सकें लेकिन उसकी अगली पीढ़ी नमक बनाएगी या नहीं, इस पर सवाल है।

एक और संकट यहाँ पानी का है जिसकी ओर हमारा ध्यान विक्रम के बड़े पिता का परिवार दिलवाता है। हम जब उनके यहाँ पहुँचे तो वे लोग भी अपने खेत बना रहे थे। नमक के सबसे छोटे खेत को गामड़ी कहते हैं। यहाँ कुएँ से नीचे का पानी आता है और फिल्टर होकर एक बड़े खेत में जाता है। बड़े खेत को पाटा कहते हैं। दो गामड़ी मिलाकर एक पाटा बनता है। वे बताते हैं कि पहले एक कुआँ खोदने से दो पाटा में नमक बन सकता था। आज पानी का स्तर इतना नीचे चला गया है कि एक पाटा के लिए तीन कुएँ खोदने पड़ते हैं। यही वजह है कि अब खाराघोड़ा की आबादी के क़रीब कोई अगड़िया खेती करता नहीं दिखता। वे रण में जितना भीतर सम्भव होता है, अपनी रिहाइश बनाते हैं ताकि पानी पचासेक फुट पर आसानी से मिल सके।

इन्हीं संकटों के चलते पिता के मरने के बाद लालजी ने नमक का काम छोड़ दिया और शहर में जाकर मज़दूरी करने लगा। उसके बच्चों के बताए ठिकाने पर जब हम उसे खोजने पहुँचे तो वहाँ की छटा देखकर अवाक् रह गए। तेज़ दोपहर में उस भयंकर सूखे इलाक़े और अकाल के बीचोबीच बड़े-बड़े फव्वारे पानी छोड़ रहे थे। क्या हरियाली थी, जैसे रेगिस्तान में कोई मरीचिका। यह स्वामीनारायण मन्दिरों की श्रृंखला के सबसे नये निर्माणाधीन मन्दिरों में एक था। बाहर सड़क पर कोई डेढ़ किलोमीटर तक दोनों तरफ़ कारों की क़तार थी और भीतर भक्तों का हुजूम। गेट पर कई सिक्योरिटी गार्ड तैनात थे। हमारा वहाँ आना उन्हें असामान्य ही लगना था क्योंकि हमने किसी श्रद्धालु की तरह प्रवेश करने के बजाय एक निर्माण मज़दूर का नाम पूछ लिया। एक गार्ड हमें मन्दिर के कार्यालय ले गया। कार्यालय

के बाहर जूते-चप्पलें उतरी देख हमने भी वैसा ही किया। बयालीस डिग्री के पारे में भीतर का कमरा आध्यात्मिक रूप से शान्त और शीतल था। उसमें तीन बड़े-बड़े एसी लगे थे। बिलकुल साफ़-सुथरी धज और फर्निशिंग।

कमरे की ही तरह झक सफ़ेद कपड़े पहने स्वामीनारायण सम्प्रदाय के कई लोग भीतर मिले। एक से हमने आने की वजह बताई तो वे पहली बार में समझ नहीं पाए कि हम क्यों किसी मज़दूर से मिलना चाहेंगे। फिर हमें बताना पड़ा कि हम दिल्ली से आए हैं और कुछ ज़रूरी काम है, वे लालजी को साइट से बुलवा लें या हमें बताएँ वह कहाँ है। उन्होंने बैठने को कहा और किसी को साइट पर वायरलेस किया। वे केवल अंग्रेज़ी या गुजराती बोल रहे थे। कोई आधा घंटा हम वहाँ बैठे रहे। बीच-बीच में एक क्लर्क हमसे बार-बार लालजी का नाम, गाँव पूछता रहा। काफ़ी देर बाद एक लड़का नमूदार हुआ। वह अपराधभाव में लग रहा था। हमने उससे लालजी के बारे में पूछा। उसने कहा—मैं ही हूँ लालजी। वह कोई और था। किसी और गाँव का। हमने उसे जाने दिया।

इसी बीच कोई और श्वेत वस्त्रधारी नौजवान भीतर आया और उसने अंग्रेज़ी में हमारे आने का सबब पूछा। उसकी आवाज़ में तल्ख़ी थी। ऐसा लगा कि उसे कुछ सन्देह हो रहा है। उसने सीधे इनकार कर दिया कि इस नाम का कोई भी व्यक्ति वहाँ काम नहीं करता है। हम पलटे और उलटे पैर बाहर निकल आए। उस जगह की भव्यता ऐसी थी कि आतंकित करती थी। वहाँ एक पल भी ठहरना मुमकिन नहीं था।

घर बनवाया, मन्दिर बिठाया

पिछले गुजरात विधानसभा चुनाव 2017 के दौरान स्वामीनारायण सम्प्रदाय के एक संत को जूनागढ़ में कुछ लोगों ने पीट दिया था। जूनागढ़ के कोटड़ा गाँव में स्वामी भक्तिप्रसाद 8 दिसम्बर को भारतीय जनता पार्टी का प्रचार कर रहे थे। इसी बीच लोहे की छड़ों से कुछ लोगों ने उनके ऊपर हमला किया। यह ख़बर मीडिया में ठीक-ठाक चली थी। घटना पर प्रतिक्रिया देते हुए महन्त ने कहा था कि उन्हें इसलिए

मारा गया क्योंकि वे 'हिन्दुत्व' और 'राष्ट्रवाद' की बातें कर रहे थे।

समाचार एजेंसी एएनआई द्वारा अस्पताल में ली गई उनकी प्रतिक्रिया में बताया गया, "हमलावर इसलिए आक्रोशित थे क्योंकि मैं राष्ट्रवाद और हिन्दुत्व का प्रचार-प्रसार कर रहा था। हम लोग संत हैं। हम राष्ट्रवाद पर बात नहीं करेंगे तो क्या पाकिस्तान पर करेंगे? यह हमला मेरे ऊपर नहीं बल्कि पूरे सनातन धर्म पर है।"

ऐसी घटनाएँ नई नहीं हैं। एक बार हम शरद पूर्णिमा के ठीक एक दिन पहले सुरेन्द्रनगर में थे। वहाँ से कोई सौ किलोमीटर की दूरी पर गढाड़ा नाम का क़स्बा पड़ता है जहाँ स्वामीनारायण सम्प्रदाय का एक भव्य मन्दिर है। ख़बर आई कि मन्दिर के प्रमुख महन्त ने एक बुज़ुर्ग दर्शनार्थी को पीट दिया। यह घटना बाक़ायदा वीडियो में क़ैद कर ली गई, जिसमें दिखाया गया है कि महन्त एसपी स्वामी हरसूर खचर नाम के एक दर्शनार्थी की गरदन पर लात से मार रहे हैं। घटना पर स्वामी का कहना था कि उक्त व्यक्ति एक प्रतिनिधिमंडल लेकर मन्दिर के प्रमुख महन्त को एक ज्ञापन देने आया था और ख़राब भाषा में बात कर रहा था, जिसके लिए उसे चेतावनी दी गई थी। हरसूर खचर का कहना था कि मन्दिर ट्रस्ट में हुई वित्तीय अनियमितताओं को लेकर उसने हाईकोर्ट में एक मुक़दमा किया हुआ है, इसी बात पर उसे मारा गया।

इससे कहीं ज़्यादा ख़तरनाक मामला एक बलात्कार का था जो आगे नहीं बढ़ सका। मारपीट की घटना के अगले ही दिन शरद पूर्णिमा को ख़बर आई कि दाभोली स्थित स्वामीनारायण मन्दिर के एक महन्त निकुंज स्वामी को एक महिला से मन्दिर परिसर में बलात्कार करने के आरोप में गिरफ़्तार कर लिया गया है। यह बेहद संगीन मामला था जिसमें महिला ने आरोप लगाया था कि अपनी बीमार माँ के ऑपरेशन के लिए वह स्वामी के पास मदद माँगने गई थी जब स्वामी ने मदद के बदले उसका बलात्कार किया और बिना पैसे दिए लौटा दिया। महिला जब दूसरे दिन मदद माँगने गई तो एक बार फिर उसके साथ बलात्कार हुआ। पीड़ित महिला के माता-पिता की एफ.आई.आर. पर स्वामी को गिरफ़्तार कर लिया गया।

इसके बाद का प्रकरण दिलचस्प और चौंकाने वाला है। स्वामी ने अपनी गिरफ़्तारी को चुनौती देते हुए एफ.आई.आर. को रद्द करने की याचिका हाईकोर्ट में लगाई। इस सुनवाई के दौरान पीड़ित महिला भी मौजूद थी। आश्चर्यजनक रूप से उक्त महिला ने हलफ़नामे पर लिखकर दिया कि उसे एफ.आई.आर. रद्द करने

पर कोई आपत्ति नहीं है और वह मामले को आगे नहीं बढ़ाना चाहती। इसके बाद एफ.आई.आर. रद्द कर दी गई और स्वामी क़ैद से मुक्त हो गए। यह गिरफ़्तारी के महज़ सातवें दिन की बात है।

स्वामीनारायण सम्प्रदाय ने जिस तेज़ी से गुजरात में अपना जाल फैलाया है वह चौंकाने वाला है। आप गुजरात नहीं जाएँगे तो इन मन्दिरों के तंत्र के बारे में दूर से समझ पाना मुश्किल होगा। हमारे ज़ेहन में आज तक स्वामीनारायण सम्प्रदाय के केवल दो मन्दिर अलग-अलग कारणों से हुआ करते थे—एक दिल्ली का अक्षरधाम मन्दिर, जो 2005 में बना। दूसरा गांधीनगर का अक्षरधाम मन्दिर, जिसमें गोली चली थी और पकड़े गए सभी कथित आतंकियों को अदालत ने 16 मई, 2014 को बरी कर दिया था—ठीक उसी दिन जिस दिन लोकसभा चुनाव का जनादेश आया था और नरेन्द्र मोदी के हाथ में इस देश की क़िस्मत 31 फ़ीसदी आबादी ने सौंप दी थी। ये दोनों मन्दिर तो दो महानगरों में स्थित हैं, लेकिन वर्णीन्द्रधाम—जहाँ लालजी को मज़दूरी करता बताया गया था और जहाँ हम उसे खोजने गए थे—जैसे स्वामीनारायण सम्प्रदाय के तमाम मन्दिर हैं जो बेहद सुदूर गाँव-गिराँव में पिछले कुछ वर्षों के दौरान निर्मित किए गए हैं। यह भी जानना दिलचस्प है कि औपचारिक रूप से स्वामीनारायण सम्प्रदाय के गठन के कई साल पहले ही भुज में इस सम्प्रदाय का मन्दिर बनाया जा चुका था।

इन मन्दिरों को बनाने और चलाने का काम करने वाली संस्था का नाम है बीएपीएस (बोचासनवासी श्री अक्षरपुरुषोत्तम स्वामीनारायण संस्था)। यह संस्था एक एनजीओ है जो दुनिया भर की कई संस्थाओं और सरकारों के साथ मिलकर काम करती है। कच्छ में आए 2001 के भूकम्प के बाद जिस बड़े पैमाने पर अन्तरराष्ट्रीय विकास संस्थाओं, बैंकों, वित्तीय संस्थानों, बीमा कम्पनियों, सरकारों, निजी कम्पनियों आदि की ओर से यहाँ पुनर्निर्माण में निवेश किया गया, उसका दूसरा आयाम हमें बीएपीएस और विश्व हिन्दू परिषद जैसी धार्मिक संस्थाओं के धर्मार्थ कार्यों में दिखता है। इस लिहाज़ से बीएपीएस का काम बहुत अहम रहा क्योंकि उसने कच्छ के रण से सटे सबसे ज़्यादा प्रभावित क्षेत्र खावड़ा के गाँवों को पुनर्विकास के लिए गोद लिया।

भूकम्प के बाद गुजरात में किए गए कार्यों पर स्वामीनारायण मन्दिर की अपनी रिपोर्ट आँखें खोलने वाली है। 'गुजरात अर्थक्वेक: रीहैबिलिटेशन एंड रिलीफ़ वर्क

रिपोर्ट' नाम के 43 पन्ने के इस दस्तावेज़ को देखकर स्वामीनारायण सम्प्रदाय और उसे चलाने वाले एनजीओ बीएपीएस का भव्य मायाजाल समझ में आता है। इसमें कोई शक नहीं कि इस सम्प्रदाय ने भूकम्प के बाद सेवा के बहुत से काम किए जिसके लिए इसकी सराहना की जानी चाहिए, लेकिन इस क्रम में इसने कच्छ की अस्मिता के साथ जो खिलवाड़ किया है उसे भी नज़रअन्दाज़ नहीं किया जा सकता।

26 जनवरी, 2001 को यहाँ भूकम्प आया था। तब से लेकर अगले डेढ़ महीने तक बीएपीएस ने कुल 11 स्थानों पर रसोइयों का परिचालन किया जहाँ भुज, अहमदाबाद, अंजार, भचाऊ, भद्रा, गांधीधाम, जामनगर, खावड़ा, मोर्बी, रापर और सुरेन्द्रनगर में कुल 37000 लोगों को रोज़ खाना मिलता रहा। इनके अलावा बीएपीएस ने 8,78,299 खाने के पैकेट भी बाँटे, कोई 3000 लोगों को अपने राहत शिविरों में जगह दी और अस्थायी अस्पतालों में हज़ारों लोगों का इलाज किया। भूकम्प के दूसरे हफ़्ते में 7 फरवरी को बीएपीएस ने भुज के जुबली मैदान में एक मास मेमोरियल रखा जहाँ मृतकों के कई हज़ार परिजन और दोस्त उन्हें श्रद्धांजलि देने के लिए आए।

असली काम तब शुरू हुआ जब गुजरात सरकार ने बीएपीएस से कच्छ के गाँवों को गोद लेने का आग्रह किया। इसके बाद पुनर्वास के लिए बीएपीएस ने 11 गाँवों और 4 कॉलोनियों को गोद लिया। रिपोर्ट के मुताबिक़ दूसरे चरण में नये गाँवों की योजना बनाने से पहले बीएपीएस के इंजीनियरों ने समूचे कच्छ का सर्वे किया और स्थायी निर्माण हो जाने तक 655 अस्थायी मकान 3480 लोगों को दिलवाए। शानदार भूकम्परोधी मकान बनवाए गए और गाँवों को दोबारा बसा दिया गया।

जिन गाँवों को गोद लिया गया था, उनका बीएपीएस द्वारा दिलचस्प नामकरण किया गया और हर एक गाँव में संस्कारधाम व स्वामीनारायण मन्दिर बनवा दिए गए। जो नाम बदले गए वे कुछ यूँ हैं :

पुराना नाम	नया नाम
ध्रांगावाड़ी	गुणातीतपुर
उखड़मोरा	योगीनगर
नानी मऊ	श्रीजीनगर

कुकमा कॉलोनी, भुज	प्रमुख स्वामी नगर
गाड़िया, वांकानेर	यज्ञपुरुषनगर
माधापार कॉलोनी	कनाडा नगर
भुज कॉलोनी	प्रमुख स्वामी नगर
भुज कॉलोनी	टोरंटो नगर
मोरजार	सनातन नगर
जियापार	नारायण नगर
खावड़ा कॉलोनी	प्रमुख स्वामी नगर
मोड़पार	गुणातीत नगर

कनाडा और टोरंटो नगर जैसे नाम इसलिए रखे गए क्योंकि इन परियोजनाओं में पुनर्वास का फ़ंड कनाडा से आया था। बाक़ी, रिपोर्ट देखने पर पता चलता है कि इस समूची परियोजना के लिए फ़ंड ज़्यादातर अन्तरराष्ट्रीय वित्तीय संस्थानों व हिन्दू हितरक्षक संस्थानों से आया था।

बीएपीएस पर प्रामाणिक पुस्तक[1] लिख चुके रेमंड बी. विलियम्स लिखते हैं, "धार्मिक सहिष्णुता पर ज़ोर देने के बावजूद गुजरात में इस पंथ में नये सदस्यों को लाने के समन्वित प्रयास किए जाते हैं।" भूकम्प की विभीषिका से तबाह हो चुके गाँवों के पुनर्वास की प्रक्रिया में हर गाँव में अपने पंथ का एक मन्दिर बनाने की बात इससे समझ आती है, जबकि इन मन्दिरों को कोई राजकीय मंजूरी नहीं थी। जियापार पुनर्वास परियोजना के लोकार्पण पर तत्कालीन मुख्यमंत्री नरेन्द्र मोदी द्वारा बीएपीएस के काम को जो स्वीकार्यता प्रदान की गई, वह भी इसका एक कारण हो सकता है। हालाँकि इसकी जगह अगर कोई मस्जिद या गिरजाघर बनाया जाता तब भी क्या ऐसी ही स्वीकार्यता होती? यह एक ऐसा सवाल है जिस पर बहस हो सकती है।

हुनरशाला फाउंडेशन, मांडवी के निदेशक संदीप विरमानी के हवाले से सिम्पसन बीएपीएस के बारे में लिखते हैं, "इन्होंने विनाश और उसके बाद जुटाए पैसे का इस्तेमाल अपनी धार्मिक मान्यताओं को आगे बढ़ाने में किया है। ज़ाहिर है वे सीधे तौर पर धर्मान्तरण नहीं कर सकते थे चूँकि उस पर प्रतिबंध आयद हो

1. A New Face of Hinduism : The Swami Narayan Religion

जाने का ख़तरा होता, लेकिन उन्होंने 'कल्याणकारी' काम करने वाले की छवि की आड़ में अपनी सांगठनिक पहचान का प्रसार किया। इन्होंने गाँवों के नाम बदल दिए और अपने संतों के नाम पर किए गए नामकरण के भव्य बोर्ड लगा डाले, जिनमें से अधिकतर के बारे में स्थानीय लोग कुछ नहीं जानते।"

एडवर्ड सिम्पसन ने पुनर्निर्माण के बाद ऐसे कई गाँवों का दौरा किया था। नानी मऊ के बारे में वे लिखते हैं कि वहाँ लोग परम्परागत रूप से एक-दूसरे को 'राम-राम' या 'जय माताजी' कहकर अभिवादन करते थे। जब उन्हें नये मकान मिले तो बाक़ायदा उन्हें निर्देश दिया गया कि वे अब 'जय स्वामीनारायण' कहकर सामने वाले का अभिवादन करेंगे और साथ ही दोनों हाथों को आपस में जोड़कर छाती से चिपकाए रखने की मुद्रा बनाएँगे।

ज़ाहिर है, ऐसी मुद्रा या सम्बोधन से लोगों के पारम्परिक धार्मिक आचार-व्यवहार और मान्यताओं पर ज़्यादा असर नहीं पड़ता होगा, लेकिन सतह पर एक ख़ास पंथ के विस्तार का पता तो चलता ही है। इसका राजनीतिक विस्तार यदि देखना हो तो अंजार चले आइए। यहाँ नये अंजार की पार्षद एक बुज़ुर्ग मुस्लिम महिला हैं। वे भारतीय जनता पार्टी से पार्षद हैं। यहाँ तो घर के नाम पर भी टूटी-फूटी दीवारें ही मिलती हैं लेकिन भाजपा के प्रति मन में आस्था क़ायम है। इसकी चाहे जो भी वजह हो लेकिन सियासी विपक्ष के लिए इससे बड़ी चुनौती और नहीं हो सकती।

सिम्पसन बताते हैं कि 2012 में नरेन्द्र मोदी पुनर्वास के बाद बने नये जियापार में सेवा इंटरनेशनल का उद्‌घाटन करने आए थे। सेवा ने बीएपीएस के मन्दिर के ठीक सामने अपना नया दफ़्तर खोला था। मोदी वहाँ आए तो उन्होंने डॉ. हेडगेवार को श्रद्धांजलि दी और अपने भाषण में उन्होंने 'जियापार' की जगह 'प्रमुख स्वामी नगर' कह दिया।

सिम्पसन ने नवनिर्मित नारायण नगर में दिलीप, विश्राम, विसन जी और एक बुज़ुर्ग के साथ हुए लम्बे संवाद को जस का तस अपनी किताब[1] में छापा है। उस बातचीत को पढ़कर दिल दहल जाता है कि कैसे एक मकान के नाम पर लोगों से उनकी परम्परागत धार्मिक आस्थाओं को छीना जा रहा है और सारी पहचान को 'हिन्दू' की ओर ले जाया जा रहा है।

1. The Political Biography of an Earthquake : Aftermath and Amnesia in Gujrat, India

यह प्रक्रिया अब तक़रीबन पूरी हो चुकी है। बीते डेढ़ दशक के दौरान कच्छ के लोग अब स्वामीनारायण सम्प्रदाय के मन्दिरों और चेहरों को पहचानने लगे हैं और स्वेच्छा से 'जय स्वामीनारायण' बोलते हैं।

क्या लालजी भी मिलने पर हमें ऐसे ही अभिवादन करेगा?

इतिहास और मिथक

पाटड़ी के वर्णीन्द्रधाम में लालजी की तलाश बेकार चली गई। लालजी नहीं मिला। क्या वह कहीं ऐसी जगह काम कर रहा है जहाँ परिवार को बताकर नहीं जा सकता? या फिर उसने परिवार को सही बताया था लेकिन स्वामीनारायण मन्दिर के लोगों ने हमसे झूठ कहा कि वहाँ इस नाम का कोई मज़दूर नहीं है। कई सारे सवाल दिमाग़ में चल रहे थे और हम चिलचिलाती धूप में भुज की ओर वापस बढ़े जा रहे थे।

एक आदमी का अपनी रिहाइश से इस तरह ग़ायब हो जाना कि किसी को ख़बर तक न हो, कच्छ वैसा समाज नहीं है, था भी नहीं। कच्छ की तमाम यात्राओं के दौरान कई बार मेरे साथ कई ऐसी घटनाएँ हुईं जहाँ मैं अलग-अलग तालुका के किन्हीं व्यक्तियों से अलग-अलग कामों के सिलसिले में सम्पर्क में था, लेकिन मेरे जाने बग़ैर वे तीनों ख़ुद आपस में सम्पर्क में थे और मिलकर मेरी मदद कर रहे थे। ऐसा आतिथ्यप्रेमी और मददगार समाज, जो किसी बाहरी को बिना नाम-गाँव जाने सहर्ष गले लगा लेता हो, उसके ठगे जाने का ख़तरा भी बराबर बना रहता है।

लालजी से नहीं मिल पाने के बाद मैंने तय किया कि अपनी सबसे पहली कच्छ यात्रा के रूट को एक बार फिर से पकड़ा जाए और उन पड़ावों की पड़ताल की जाए जिनका ज़िक्र मैंने अपने ब्लॉग में 2012 में किया था। इससे एक बात तो समझ आएगी कि—हिन्दी के एक कवि से उधार लेकर कहूँ तो—कच्छ में कच्छ कितना बचा है और कितना ग़ायब हो चुका है। इसके अलावा कुछ और जगहें तो थीं ही जिनका दीदार अब तक बाक़ी था। जिनके बारे में लिखा जाना अब तक बाक़ी था। जहाँ आमतौर से लोग घूमने के लिए नहीं जाते हैं। जहाँ बरसों

की स्मृतियाँ अपने जीवंत रूप में आज भी मौजूद हैं, जो एक आह्वान करने पर सजीव उपस्थित हो जाती हैं।

सोच लेने के बावजूद यह काम इतना भी आसान नहीं था। अव्वल तो भुज का नक़्शा ही बदला हुआ नज़र आता था। इसके बावजूद धोरडो यानी रण की तरफ़ जाने वाले हाइवे का अन्दाज़ा मुझे बेशक था। वहाँ संयोग से हमें जाना भी था। उस्मान भाई गनी ने बताया था कि सरपट गेट के पास हाज़ी हाशिम के नाम से एक शख़्स मिलेंगे जिन्होंने कच्छ के औलियाओं पर एक मुकम्मल रिसर्च करके किताब लिखी है। उनके नम्बर पर हमने फ़ोन लगाया तो उन्होंने अपनी दुकान का नाम भेजा और बताया कि पुरुषोत्तम पार्क के ठीक सामने फ़िरदौस के नाम से उनकी दुकान है। दिलचस्प यह रहा कि हम सरपट गेट तो पहुँच गए लेकिन वहाँ इस पार्क का नाम बताने को कोई तैयार नहीं हुआ। ऑटोवाले ने बताया कि इस नाम का पार्क धोरडो रोड पर दस किलोमीटर आगे है। ऐसा कैसे हो सकता था? हम थोड़ी देर वहाँ गन्ने के रस की दुकान पर सुस्ताने लगे और रस का ऑर्डर दिया। गन्ने का रस पीते दुकान के पीछे की तरफ़ निगाह गई। वहाँ एक उजड़ा हुआ पार्क सा कुछ था। हम उसके किनारे-किनारे चलकर पीछे की ओर दाहिने घूमे तो सामने ही फ़िरदौस नाम से कपड़ों की एक दुकान दिखाई दी। हाशिम भाई सामने ही गद्दी पर बैठे थे।

चाय-पानी के साथ हल्की-फुल्की बातचीत शुरू हुई तो उन्होंने कच्छ के औलियाओं पर लिखी अपनी किताब हमें भेंट की। दुकान पर बैठे-बैठे मेरी नज़र सड़क की ओर गई। यहाँ से मोड़ पर दाहिने हाथ को कुछ रेस्तराँ पहचाने हुए से जान पड़ते थे। इस इलाक़े से पुरानी पहचान अब ताज़ा हो रही थी। एक रेस्तराँ पर नज़र पड़ी। उम्मीद तो थी मदीना होटल की, लेकिन नाम बदला हुआ था। रेस्तराँ बन्द भी था। हमने हाशिम भाई से पूछा कि यहाँ एक मदीना होटल हुआ करता था, क्या उसने नाम बदल लिया या फिर ग़ायब हो गया? उन्होंने एक सहयोगी से पूछा तो पता चला वह होटल कब का बन्द हो चुका है। याद आया कि चौराहे पर ही एक बड़ी सी पान की दुकान भी हुआ करती थी। खोजने पर कुछ साफ़ नहीं हो सका कि वो अब भी थी या नहीं।

दरअसल, चीज़ें अपनी गति से बदलती भी हैं और समान भी रहती हैं। हमारी तलाश के ठिकाने और नज़रिये बस बदल जाते हैं। इसीलिए हर किसी को एक

ही सच नहीं दिखता, अलग-अलग दिखता है। हाशिम भाई ने जिन मज़ारों और दरगाहों का ज़िक्र अपनी किताब में किया है उनमें से कई हमारे देखे हुए हैं, लेकिन हमने उनसे जिन दरगाहों और मज़ारों के बारे में पूछा, उनके बारे में वे ख़ुद नहीं जानते थे। कितना कुछ है कच्छ में देखने और जानने को, कि एक आदमी के बस की बात नहीं। उस पर से इतिहास और मिथकों का आपस में गुँथा होना एक और संकट है जिसके कारण कच्छ को अब तक क़ायदे से समझा नहीं जा सका।

भारत विशेषज्ञ विदेशी विद्वान डायना एल. ऐक ने बनारस पर लिखी अपनी मशहूर किताब 'सिटी ऑफ़ लाइट्स' में कहा है कि दुनिया में बनारस के अलावा जेरूसलम और पेकिंग ही ऐसे दो शहर हैं जहाँ का इतिहास और भूगोल आपस में एक हैं। बनारस से होते हुए भी इस बात को समझने में मुझे बहुत वक़्त लग गया। जहाँ भूगोल और इतिहास आपस में मिल जाते हैं, वहाँ दो बातें होती हैं। एक तो भूगोल का एक-एक खंड अपने आप में इतिहास का एक अध्याय बन जाता है। दूजे, इतिहास में वर्णित एक-एक घटना को मौजूदा भौगोलिक संरचनाओं में लक्षित किया जा सकता है। इसका मतलब यह नहीं है कि बनारस, पेकिंग या जेरूसलम का सारा का सारा इतिहास ज्ञात है। मतलब केवल इतना है कि इतिहास हो या मिथक, उसकी पुष्टि करने वाले सारे भौगोलिक साक्ष्य यहाँ अब भी मौजूद हैं। ठीक वैसे ही यहाँ जितनी भी भौगोलिक संरचनाएँ मौजूद हैं, उनका इतिहास अथवा मिथक में किसी न किसी अध्याय के साथ कोई न कोई लेना-देना है।

अकादमिक नज़रिये से यह एक अजीब बात हो सकती है लेकिन इन शहरों को जानने वालों के लिए यही सच है। बनारस आने वाले को वहाँ की दिव्यता 'लग' जाती है। उसी तरह जेरूसलम जाने वाले को कहते हैं कि 'जेरूसलम सिंड्रोम' हो जाता है। भुज आरकाइव्स के दलपत जी ने हमें जब पहली बार कच्छ को समझने का एक ब्लूप्रिंट अपने हाथों से बनाकर दिया था तो उसके ऊपर दो पंक्तियाँ लिखी थीं :

कच्छ देखा तो बदल गया देखने का अन्दाज़
अब हर मिट्टी से ख़ुशबू-ए-वतन आती है

मतलब यह कि कच्छ को देखने वालों का नज़रिया बदल जाता है। अपने यात्रानुभवों के सन्दर्भ में इस बात को डायना के सूत्र के दायरे में मैंने समझने की कोशिश की।

चीनी यात्री ह्वेन सांग से लेकर फाहियान, सिकन्दर से लेकर मोहम्मद बिन तुग़लक़, गुरुनानक से लेकर गुरु धोरमनाथ, अंग्रेज़, अरबी, अफ्रीकी, ग्रीक, रोमन, यहूदी, तुर्की, व्यापारी और सैलानी सब अलग-अलग समय पर यहाँ आए। सबके यहाँ आने और होने के निशान आज तक मौजूद हैं। जखाउ के पास समुंदर किनारे एक पुराना क़ब्रिस्तान है। वहाँ की क़ब्रें देखकर आपको अन्दाज़ा लगेगा कि यहाँ कौन ऐसा है जो नहीं आया रहा होगा। कुल दो हज़ार साल के वक़्फ़े में दक्षिण एशिया के इस भूखंड का बाहरी दुनिया के साथ जितना समृद्ध सम्पर्क रहा उतना भारत में होते हुए भी भारत के साथ आज तक नहीं है। अकेले धोलावीरा को छोड़ दें तो ज़्यादातर कच्छ को विदेशियों ने ही खँगाला है। वे यहाँ से जो नज़रिया लेकर गए, उसे उन्होंने अपनी किताबों में दर्ज किया। भारत के भीतरी हिस्से से लोग यहाँ नहीं आए तो उन्हें कच्छ के नज़रिये का पता तक नहीं। उन्होंने बल्कि ठीक उलट अपने देखने के अन्दाज़ को कच्छ पर थोपा।

पिछले दो सौ साल में विदेशियों द्वारा लिखी गई तमाम किताबों में आपको एक समानता मिलेगी कि उनमें धोलावीरा का विवरण नहीं है। अधिकतर पाठ केवल इतना ही बताते हैं कि कच्छ के रण के बीच में जो खड़ीर बेट का इलाक़ा है वहाँ कोई दर्जन भर टापू हुआ करते थे। पाँचेक टापुओं के नाम भी वे गिनाते हैं, लेकिन धोलावीरा के बारे में अलग से नहीं बता पाते क्योंकि यहाँ का उत्खनन बहुत हाल का है।

सिन्धु घाटी सभ्यता के इस हड़प्पाकालीन शहर को एक बार में देखकर कोई समझ बनाना बहुत मुश्किल है। मैं जब यहाँ तीसरी बार आया तब एक अहसास सघन हुआ कि काश, अंग्रेज़ों के वक़्त इसका उत्खनन हो गया होता तो यह जगह शायद वैसी ही रहती जैसी थी और इसका महत्त्व कम से कम दस्तावेज़ों में क़ैद तो हो जाता।

यह एक अजीब अहसास है, लेकिन सच है। कच्छ के अतीत का सबसे पुराना सिरा, कच्छ के लोक का सबसे आदिम अंश, अगर कहीं है तो वह धोलावीरा में है। डायना के मुहावरे में देखें तो धोलावीरा वह जगह है जहाँ इतिहास और भूगोल मिलकर एक क्षितिज बनाते हैं। धोलावीरा के खँडहर ख़ुद में इतिहास हैं और ख़ुद ही भूगोल भी गोकि कहते हैं खुदाई अभी बमुश्किल पाँच से दस प्रतिशत ही हुई है।

बन्नी के मैदान में घूम रहे मुसाफ़िर वाली उस्मान भाई की सुनाई कहानी को

याद करें तो अभी केवल घड़ा बाहर आया है, आदमी का सिर नीचे दबा पड़ा है। वह आदमी ऊँट पर बैठा है कि किसी अलग ग्रह पर, इसकी केवल कल्पना ही की जा सकती है। धोलावीरा का जितना भी अब तक बाहर आ सका है, सब का सब विशुद्ध प्राक्-इतिहास है। विज्ञान जिन जगहों को ख़ाली छोड़ता है वहाँ आप जबरन मिथक नहीं भर सकते। हाँ, विज्ञान जहाँ पहुँचा ही नहीं है, वहाँ मिथकों से काम चलाना पड़ता है। समूचे कच्छ और अकेले धोलावीरा का यही एक फ़र्क़ है। यह बड़ा फ़र्क़ है।

दलपत जी ने हमें कच्छ के अन्वेषण का जो ब्लूप्रिंट थमाया था, उसमें कुल 20 बिन्दु थे। पहला बिन्दु है—कच्छ की लोककथाएँ। सोचने वाली बात है कि एक ऐतिहासिक अभिलेखागार के प्रमुख और कच्छ पर प्रामाणिक जानकारी रखने वाले मुट्ठी भर व्यक्तियों में एक जानकार इतिहासकार आपको जब कच्छ को जानने-समझने का एक ख़ाका देता है तो उसमें पहला बिन्दु 'लोककथाएँ' क्यों रखता है और उसकी सूची में सिन्धु घाटी सभ्यता के अवशेष 15वें स्थान पर क्यों आते हैं?

तीन महीने का 'विकास'

धोलावीरा एक ठोस प्रागैतिहासिक स्थल है जो खुदाई में प्राप्त हुआ है। सभ्यतागत नज़रिये से इसका विशिष्ट अकादमिक महत्त्व बेशक है लेकिन सामाजिक विकास की दृष्टि से यह एक 'वेजिटेटिव' संज्ञा है। कच्छ, कच्छ के लोग, कच्छ की संस्कृति, कच्छ का नज़रिया और कच्छ की 'ख़ुशबू' यहाँ कहीं नहीं है। ऐतिहासिक टाइमलाइन पर कच्छ और धोलावीरा इतने अलहदा हैं कि यदि पुरातात्त्विक इतिहास और मिथक के बीच दो स्पष्ट विभाजनकारी रेखाएँ खींची जाएँ तो पहली श्रेणी में धोलावीरा और गुजरात में अलग-अलग जगहों पर पाए गए सिन्धु घाटी सभ्यता के कोई चार दर्जन सुरागों को रखा जाएगा और दूसरी श्रेणी में आप बाक़ी कच्छ को रख देंगे।

इसका अर्थ यह भी नहीं कि बाक़ी कच्छ केवल मिथक है। केवल इतना आशय है कि बग़ैर मिथकों और लोक-सन्दर्भों के कच्छ का समकालीन इतिहास हम नहीं

समझ सकते। यह एक ऐसा विषय है जिसे कुछेक अहम घटनाओं से समझा जा सकता है। इस पर हम बाद में विस्तार से आएँगे।

फ़िलहाल, हम धोलावीरा में हैं। गुजरात विधानसभा चुनाव 2017 के दूसरे चरण के प्रचार के दौरान प्रधानमंत्री नरेन्द्र मोदी जिस दिन मतदाताओं से भावनात्मक अपील कर रहे थे, उस दिन मैं अहमदाबाद से कोई 360 किलोमीटर दूर हड़प्पाकालीन पुरातात्त्विक स्थल धोलावीरा के भारतीय पुरातत्त्व सर्वेक्षण के संग्रहालय में था और मेरे ठीक सामने हड़प्पाकालीन प्रीस्ट-किंग की तस्वीर थी। यह तस्वीर दरअसल वॉट्सऐप पर चल रहे कुछ लतीफ़ों के साथ वायरल हो गई थी। ऐसे लतीफ़े भले ख़ुराफ़ाती होते हों लेकिन इनका बेशक एक तात्कालिक अर्थ होता है। आप मुहावरों को नज़रअन्दाज़ नहीं कर सकते।

यहाँ की आबादी कोई 3500 की है। नब्बे के दशक के उत्तरार्द्ध तक यह स्थापित किया जा चुका था कि इस स्थल पर सिन्धु घाटी सभ्यता के अवशेष मौजूद हैं और उस सभ्यता के भव्यतम शहरों में यह माना गया था। धोलावीरा के इर्द-गिर्द जो जीवाश्म पार्क है वहाँ 18000 करोड़ वर्ष पुराने जीवाश्म हैं, ऐसा हमें एएसआइ के गाइड ने बताया। यहाँ 2005 तक कुल 13 बार उत्खनन किया गया जिसने सिन्धु घाटी सभ्यता के स्थापित सिद्धान्त और समयानुक्रम को चुनौती दी।

इनमें से एक सबसे अहम खोज शहर के उत्तरी दरवाज़े पर स्थित एक साइडरूम में की गई जहाँ एक साइनबोर्ड मिला है। इसे धोलावीरा का साइनबोर्ड कहा जाता है। हड़प्पावासियों ने जिप्सम खनिज के टुकड़ों के माध्यम से दस विशाल अक्षर एक बड़े से लकड़ी के तख़्त पर उकेरे थे। यह तख़्त समय के साथ जीर्ण होता गया। लकड़ी पुरानी पड़ती रही लेकिन अक्षरों का मूल संयोजन बचा रह गया। इस साइनबोर्ड पर दर्ज अक्षरों की तुलना आसपास की दीवारों में लगी विशाल ईंटों से की जा सकती है।

अब तक धोलावीरा के साइनबोर्ड पर लिखे को पढ़ा नहीं जा सका है। फ़िल्मकार आशुतोष गोवारिकर ने अपनी फ़िल्म 'मोहेंजो दारो' में इसी का इस्तेमाल किया है। यहाँ उत्खनन रोका जा चुका है, इसके लिए आने वाला अनुदान बन्द हो चुका है और धोलावीरा के प्रधान पुरातत्त्वविद् आरएस बिष्ट आज भी बारह साल से बन्द पड़ी इस ऐतिहासिक सुरंग के दूसरे छोर से प्रकाश आने की उम्मीद पाले बैठे हैं।

धोलावीरा में मिला यह साइनबोर्ड सिन्धु घाटी की लिखावट में अब तक ज्ञात

सबसे लम्बा लेख है। इसका भव्य आकार और सार्वजनिक प्रकृति इस बात का साक्ष्य है कि यहाँ पूर्ण साक्षरता हुआ करती थी, जैसा कि कुछ विद्वानों ने दावा किया है। अब यहाँ समानताएँ देखना ज़रूरी है। कच्छ की साक्षरता दर गुजरात की औसत साक्षरता दर से कहीं ज़्यादा है और 100 फ़ीसदी के क़रीब पहुँच रही है। यहाँ के कई शहरों में तो साक्षरता दर 100 फ़ीसदी कब की हो चुकी है। कोई दशक भर हुआ जब धोलावीरा को एक अहम पर्यटन स्थल के रूप में रण महोत्सव में शामिल किया गया। मैं इस सुदूर जगह पर पहली बार 2012 में आया था। उस वक़्त यहाँ कोई गाड़ी नहीं दिखती थी। यहाँ तक आवाजाही का कोई सार्वजनिक साधन और नेटवर्क भी नहीं था। उस वक़्त यहाँ आदिवासी और अहीर चरवाहों को खुले में अपने पशु चराते देखा जा सकता था। रहने के लिए केवल एक सुविधा थी जिसका नाम था तोरण रिसॉर्ट, जो अब बन्द हो चुका है। उसकी जगह आज एक विशाल पर्यटक रिसॉर्ट बनाया जा रहा है।

विकास के महज़ दस वर्ष हुए और धोलावीरा का जादू जा चुका है। इस टापू को मुख्यभूमि से जोड़ने के लिए कच्छ के रण के बीचोबीच से निकाली गई एक सड़क पर आज दर्जनों जेसीबी मशीनें दिन-रात दहाड़ती दिखती हैं। पहले जो वन्यजीव सहज ही दिख जाते थे, सब जाने कहाँ छुप गए हैं।

हमारे एएसआई के गाइड मंजुभाई बताते हैं : "हम लोग यहाँ रण उत्सव के दौरान केवल तीन महीने काम करते हैं जब यहाँ पर्यटकों की आवाजाही रहती है। बाक़ी के नौ महीने जीने के लिए हमें काफ़ी संघर्ष करना पड़ता है।" यहाँ मनरेगा नाम की कोई चीज़ नहीं है। आजीविका से जुड़ी कोई योजना भी नहीं है जबकि मतदाताओं की संख्या कुल 3500 की आबादी में 3000 है।

ये लोग वोट किसे देते हैं?

हमारे सारथी लालजी भाई इसका जवाब देते हैं, "और कौन? नरेन्द्र भाई को। लोग इस बात से ख़ुश हैं कि उन्होंने इस बंजर सूखे इलाक़े को नर्मदा की नहरों से जोड़ दिया है। अब यहाँ पानी आएगा और कम से कम बीएसएफ के उन जवानों की प्यास बुझाएगा जो कच्छ के सरहदी पोस्टों की सुरक्षा कर रहे हैं।"

गुजरात मॉडल पर बात करते वक़्त धोलावीरा को एक स्पेशल केस की तरह पढ़ा जाना चाहिए। एक ऐसा हड़प्पाकालीन पुरातत्त्विक स्थल जो महज़ 10 फ़ीसदी के आसपास ही उत्खनित है, उसे उसकी खोज के कुछ दशकों के भीतर ही तीन

महीने के एक उत्सव के नाम पर पर्यटन स्थल में तब्दील किया जा रहा है। ऐसा लगता है गोया सारा इतिहासबोध ही विकृत हो गया हो। लोग जब इतिहासबोध से वंचित हो जाते हैं तो वे मुहावरे और लतीफ़े गढ़ने लग जाते हैं। यह कोई इत्तेफ़ाक़ नहीं है कि दाढ़ी वाले प्रीस्ट किंग की हड़प्पाकालीन तस्वीर की तुक सोशल मीडिया पर नरेन्द्र मोदी के चेहरे से बैठाई जा रही है।

मैं धोलावीरा नाम की जिस धरती से बोल रहा हूँ, वहाँ के शासक से मौजूदा शासक का चेहरा मिलता है। शासित भी एक जैसे दिखते हैं। ऐसा लगता है कि इस समूची सभ्यता को ही घेरकर मार दिया गया हो और इसका सभ्यतागत विकास जलकर ख़ाक हो चुका हो।

हमारे ड्राइवर साहब ने जिस नर्मदा नहर का ज़िक्र किया था, अपनी अगली यात्रा में उसे हमने रास्ते में देखा। कोई साढ़े तीन सौ किलोमीटर लम्बी नहर की कच्छ शाखा (केबीसी) बनासकांठा से शुरू होती है और इसे मांडवी तक ले जाया जाना है। रास्ते में रापर, भुज, भचाऊ, गांधीधाम, मुंद्रा और अंजार पड़ते हैं। अंजार का टप्पर बाँध नहर के स्रोत से कोई 250 किलोमीटर आगे पड़ता है। 2017 की गर्मियों में जब बारिश न के बराबर हुई और कच्छ के पेयजल को सुनिश्चित करने का संकट खड़ा हुआ तो इस नहर के आसपास पुलिस की तैनाती कर दी गई ताकि किसान अवैध तरीक़े से यहाँ से पानी न निकाल सकें। जितना पानी छोड़ा जाना था, उसका आधा केवल इसलिए छोड़ा गया ताकि अंजार का टप्पर बाँध भरा जा सके। उसमें भी अगस्त में इतना ही पानी रहा जो महीने भर के बाद ख़त्म हो जाता। साल के अन्त तक जब बारिश की उम्मीदें ख़त्म हो गईं तो नर्मदा नहर की कच्छ शाखा भी सूख गई।

इसी सूखे के बीच हम नहर से होते हुए तीसरी बार धोलावीरा गए थे।

सड़क के महन्त

धोलावीरा के पुरातात्त्विक अवशेषों से काफ़ी आगे खड़ीर के आख़िरी छोर पर जहाँ बीएसएफ का कैंप है, वहाँ से कच्छ के रण की झील शुरू होती है। हम एकदम

खड़ीर के छोर पर बने करणी माता के मन्दिर के बाहर सुस्ता रहे हैं। सामने भंजड़ा की पहाड़ियाँ दिखती हैं। यहाँ से बाईं ओर देखने पर रण के बीच एकल माता का मन्दिर पड़ेगा। अगर वहाँ से यहाँ तक एक सीधी सड़क बनी तो वह सीधे घंटे भर में धोलावीरा ले आएगी। फ़िलहाल यहाँ पहुँचने का केवल एक रास्ता है। शायद भविष्य में तीन हों।

धोलावीरा में तैनात फ़ौजी लम्बे समय से एक सड़क बनाने की बात हमसे कहते रहे हैं जिससे मुख्यभूमि और इस द्वीप के बीच की दूरी आधी हो जाएगी। यह सड़क खावड़ा के काला डूँगर से सीधे धोलावीरा तक आएगी और कुल 75 किलोमीटर लम्बी होगी। ज़ाहिर है, रण के बीच से निकलने वाले इस रास्ते में जैव-विविधता के तमाम ठिकानों को ख़तरा पैदा हो जाएगा। इस सड़क को बनवाने की माँग और आन्दोलन का नेतृत्व एकल माता धाम के महन्त योगी देवनाथ कर रहे हैं। वही महन्त, जिनके ट्विटर हैंडल को लेकर हल्ला हुआ था कि उन्होंने एक महिला मिताली शाह के नाम से खाता बनाकर पहले साढ़े आठ लाख फॉलोवर जुटाए, फिर उसका नाम बदल दिया। जब बवाल हुआ तो उन्होंने 12000 ट्वीट डीलिट करके अकाउंट के हैक हो जाने का आरोप लगा दिया।

एकल माता को आप इधर की माँ काली का एक स्थानीय संस्करण मान सकते हैं। इनके बारे में बहुत कुछ ज्ञात नहीं है, सिवाय इसके कि स्थानीय गाँवों खराई और भरंडियारा आदि में कुछ लोगों के लिए ये कुलदेवी हैं। रापर से धोलावीरा आते हुए जो आख़िरी बसावट मिलती है, वहाँ एक रेस्तराँ है जिसका नाम एकल माता रेस्तराँ है। हमने उसके मालिक से पूछा था कि एकल माता कौन हैं? वे नहीं जानते थे। हमने पूछा कि क्या वे वहाँ गए हैं? उन्होंने 'न' में जवाब दिया। उस इलाक़े में सौ किलोमीटर के दायरे में लोग एकल माता के धाम से अपरिचित हैं। इस अपरिचित धाम से कुछ साल पहले तक अपरिचित रहे महन्त देवनाथ ख़ुद को योगी आदित्यनाथ का गुरुभाई बताते हैं।

'अहमदाबाद मिरर' में चुनाव से पहले कच्छ की वरिष्ठ पत्रकार कुलसुम यूसुफ़ ने एक स्टोरी[1] की थी देवनाथ पर, जिसके चलते मैं वहाँ जाने को प्रेरित हुआ। हम जब एकल धाम पहुँचे तो नमक के सपाट मैदानों के बीच साँय-साँय करती हवा में सूना सा वह रंगीन मन्दिर किसी भयावहता का आभास दे रहा था।

1. 12 नवम्बर, 2017

एक आदमी आसपास नहीं। न महन्त, न भक्त। महन्त के कमरे में ताला लगा था। हाँ, एक बुझा हुआ दीपक ज़रूर रखा था जो इस बात का पता देता था कि वहाँ कुछ दिन पहले पूजा हुई है।

महन्त देवनाथ कोई दो दशक से कच्छ में भारतीय जनता पार्टी का काम देख रहे हैं। काम का मतलब है धर्म प्रचार आदि। अपने गुरुभाई यानी योगी आदित्यनाथ के यूपी का मुख्यमंत्री बनने के बाद देवनाथ की महत्त्वाकांक्षा ज़ोर मारने लगी। उन्होंने रापर से बीजेपी का टिकट लेने के लिए पूरी जान झोंक दी और 2017 के विधानसभा चुनाव से महीने भर पहले भुज में 300 साधु-संतों के साथ उन्होंने टिकट की माँग पर एक भव्य प्रेस कॉन्फ्रेंस कर डाली। ऐसे लोगों को राष्ट्रीय मीडिया 'फ्रिंज' यानी हाशिए का भी नहीं मानता, सो ख़बर आई और गई। उसके बाद से देवनाथ का लम्बे समय तक अता-पता नहीं था।

मैंने एकल धाम पहुँचते ही देवनाथ से फ़ोन पर बात करने की कोशिश की थी, लेकिन फ़ोन नहीं उठा। कुलसुम से इस बारे में बात हुई। वे बताती हैं कि "मामला बहुत शेडी है।" कुछ साल पहले कच्छ से एक महन्त पकड़ा गया था। वह किसी छोटे से धाम की आड़ में नशीले पदार्थों की तस्करी करता था। ऐसा हमें स्थानीय लोगों से बात करने पर पता चलता है, हालाँकि सदियों पुराने एकल धाम के अचानक महन्त बने देवनाथ के बारे में किसी को कोई जानकारी नहीं है।

एक दिलचस्प घटनाक्रम में पिछले विधानसभा चुनाव के नतीजे आने के बाद केन्द्रीय पर्यावरण एवं वन मंत्रालय ने काला डूँगर से धोलावीरा की सड़क बनाने को मंजूरी दे डाली। संयोग देखिए कि यह सड़क योगी देवनाथ के एकल धाम से ही बननी है। एकल से लेकर खड़ीर के बंभानका तक ये सड़क जाएगी जिसकी 18 किलोमीटर लम्बाई सफ़ेद रण से होकर गुज़रेगी। इस सड़क के बन जाने के बाद पर्यटकों को रापर जाने की ज़रूरत नहीं होगी। वे सीधे भचाऊ से धोलावीरा जा सकेंगे। इसके अलावा इस सड़क का कोई ज़ाहिर उपयोग नहीं दिखता।

एक और दिलचस्प बात ये है कि एकल से धोलावीरा के लिए प्रस्तावित यह सड़क सरकार की परियोजना नहीं है। यह किसी कम्पनी की भी परियोजना नहीं है। इसकी माँग महन्त देवनाथ ने की और स्थानीय लोगों को इसके पीछे गोलबन्द किया था। टाइम्स ऑफ़ इंडिया (13 मार्च, 2018) इस आशय की

एक ख़बर में लिखता है कि देवनाथ बापू की अगुवाई में स्थानीय लोगों की एक कमेटी इस सड़क की माँग के लिए बनाई गई थी। योगी देवनाथ को उद्धृत करते हुए अख़बार लिखता है, "कई साल से यह हमारी माँग रही है। जब 2008 में नरेन्द्र मोदी मुख्यमंत्री थे, उन्होंने 42 करोड़ रुपए इस सड़क को बनाने के लिए मंजूर किए थे, लेकिन पर्यावरण एवं वन मंत्रालय ने मंजूरी नहीं दी। अब चूँकि हमें अनुमति मिल गई है तो हमारा प्रतिनिधिमंडल मुख्यमंत्री विजय रूपाणी से मिलेगा और हम उनसे अनुरोध करेंगे कि निर्माण कार्य जल्द से जल्द शुरू किया जाए।"

यह जानते हुए कि 18 किलोमीटर के दायरे में पड़ने वाली ज़मीन पारिस्थितिकी के लिहाज़ से नाज़ुक और संरक्षित है, यह मंजूरी दे दी गई। इसका वन्यजीवन और जैव विविधता पर क्या असर पड़ेगा, इसके बारे में केन्द्र की भाजपा सरकार ने एक बार भी नहीं सोचा। केन्द्रीय पर्यावरण एवं वन मंत्रालय ने 7 फरवरी, 2018 को एक पत्र भेजकर सभी पक्षों को अपने इस फ़ैसले से अवगत कराया था। इससे पहले राष्ट्रीय वन्यजीव बोर्ड ने 25 जनवरी को हुई अपनी स्थायी समिति की 47वीं बैठक में मामले का संज्ञान लिया था। ध्यान देने वाली बात है कि इस सड़क परियोजना के लिए कच्छ के सफ़ेद रण वाले अभयारण्य की 23.40 हेक्टेयर भूमि का भू-उपयोग बदलना होगा और यह क्षेत्र 1986 में ही वन्यजीव अभयारण्य के रूप में संरक्षित कर दिया गया था जहाँ आज भी फ्लेमिंगो, ब्लैक बक और प्राणियों की अन्य दुर्लभ जातियाँ पाई जाती हैं।

आजकल आप कच्छ जाएँ तो लम्बे ड्राइव के दौरान हाइवे किनारे आपको फलों की खेती देखने को ख़ूब मिलेगी। कच्छ का भूस्थलीय परिदृश्य जो स्थायी रूप से गाढ़ा भूरा होता है, आपको बीच-बीच में कहीं-कहीं हरा दिखाई देगा। इसकी वजह सैकड़ों एकड़ भूमि पर ड्रैगनफ्रूट जैसे फलों की बागबानी है। पिछले एक दशक के दौरान इस ऊसर ज़मीन को सींचकर उपजाऊ बना दिया गया है, लिहाज़ा स्थानीय किसान परम्परागत फ़सलें छोड़कर अब किसिम-किसिम के फल उगा रहे हैं। इससे उनके मुनाफ़े के मार्जिन में तो तगड़ी बढ़त हुई है लेकिन एक बात जो इस सबके बीच कहीं छुप गई है या छुपा दी गई है वो है इन फ़सलों के लिए इस्तेमाल किए जाने वाले कीटनाशकों की मात्रा में लगातार वृद्धि, जिसके चलते स्थानीय पक्षियों की आबादी पर बुरा प्रभाव पड़ रहा है। इनमें राजस्थान का

राजकीय पक्षी गोदावन या ग्रेट इंडियन बस्टर्ड भी है, जिसे जैसलमेर के रेगिस्तान में 2017 में देखा गया था।

कच्छ में पक्षियों की कोई 375 प्रजातियाँ पाई जाती हैं। लुप्तप्राय गोदावन भी इनमें से एक है। ये सारे पक्षी कीड़े-मकोड़ों को अपना भोजन बनाते हैं। 2007 से 2017 के बीच दस साल की अवधि में कच्छ में बागबानी की ज़मीन का रकबा 59,000 एकड़ से बढ़कर एक लाख एकड़ पर आ गया। इस बंजर और सूखी ज़मीन पर पपीता, अनार, आम और यहाँ तक कि केला पैदा किया जाने लगा जबकि परम्परागत रूप से यहाँ का स्थानीय फल अकेले खजूर ही हुआ करता था, हालाँकि दो सौ साल पहले वह भी तुर्की से आया था। बागबानी का रकबा बढ़ने का नतीजा यह हुआ है कि कीटनाशकों के प्रयोग में बहुत तेज़ी आई है जिसके चलते यहाँ के स्थानीय कीड़े-मकोड़ों के लुप्त होने का ख़तरा पैदा हो गया है। जब भोजन नहीं मिलेगा तो पक्षी यहाँ क्यों आएँगे? प्राकृतिक भोजन चक्र का सन्तुलन बिगड़ने के कारण यहाँ की पारिस्थितिकी को ज़बरदस्त नुक़सान पहुँचा है और गोदावन जैसे ख़ूबसूरत पक्षी अब डोडो की तरह लुप्त होने के कगार पर पहुँच चुके हैं।

रण की झील के किनारे पाँच सौ साल पुराने करणी माता के मन्दिर के बाहर यही सब सोचते देर तक बैठे हुए हम फ्लेमिंगो की तस्वीरें उतारते रहे और एकल धाम से आने वाली भविष्य की नई सड़क का नक़्शा अपने मन में बनाते रहे। सूरज ढलान पर था और पड़ोस में एक और मन्दिर हमारे इन्तज़ार में खड़ा था। यहीं तट पर दत्तात्रेय का एक मन्दिर भी है जो वास्तव में भंजड़ा देव का मन्दिर है। भंजड़ा देव यानी सामने खड़ी भंजड़ा पहाड़ी के देवता। इस मन्दिर के बारे में फ़ौजियों को बहुत कुछ नहीं पता है।

करणी माता वाली सड़क से काफ़ी पहले एक रास्ता दाहिनी ओर कटा है जो फ़ॉसिल पार्क तक ले जाता है। फ़ॉसिल देखने के लिए ज़रूरी नहीं कि वहाँ तक जाया जाए। यहाँ की धरती पर फ़ॉसिल और पुरातात्त्विक अवशेष वैसे ही बिखरे पड़े हैं। अतीत का कोई भी टुकड़ा आप कहीं से भी उठा लीजिए, वह इस धरती की उम्र बता सकता है। अफ़सोस की बात है कि बग़ल में एएसआई का संग्रहालय होने के बावजूद ऐसे तमाम नायाब टुकड़े बेपरवाह बिखरे पड़े हुए हैं। करणी माता मन्दिर के ठीक बाहर एक पेड़ के सहारे एक अतिप्राचीन शिल्प रखा है। उसे कोई भगवान समझकर किसी ने उसका धड़ लाल चुनरी से बाँध दिया है लेकिन उसका

रहस्यमय सिर बाहर झाँक रहा है। संग्रहालय की मूर्तियों से तुलना करें तो लगता है कि यह कोई बुद्धकालीन मामला होगा।

हमारी दिलचस्पी करणी माता के मन्दिर में ज़्यादा थी लेकिन यहाँ उसके बारे में बताने वाला कोई न था। बीएसएफ के जवान देश के अलग-अलग हिस्सों से थे जिन्हें इस बारे में कोई जानकारी नहीं थी। खोजने पर पता चलता है कि गुजरात में क़ायदे से करणी माता के दो ही मन्दिर हैं—एक द्वारका के पास और दूसरा निद्राण में। धोलावीरा के करणी माता का पता तो नक़्शे पर दिखता है लेकिन इसके बारे में कोई और जानकारी उपलब्ध नहीं है। हमारे गाइड दीपक भाई बताते हैं कि बहुत सम्भव है यहाँ के राजा ने कभी इस मन्दिर को बनवाया हो। कच्छ के जडेजा शासक ख़ुद को राजपूत मानते आए हैं और करणी माता की आराधना राजस्थान के राजपूत करते हैं। करणी माता का इतिहास बताता है कि वैसे तो वह चारण परिवार में पैदा हुई थीं लेकिन राजपूत राजा उन्हें देवी दुर्गा का अवतार मानकर पूजते हैं। राजपूतों ने करणी माता के नाम पर ही करणी सेना का गठन किया है जिसने फ़िल्मकार संजय लीला भंसाली की फ़िल्म 'पद्मावती' को लेकर देश भर में बवाल काटा था।

कच्छ का नाम संजय लीला भंसाली के साथ विशिष्ट रूप से जुड़ता है क्योंकि उनकी फ़िल्मों में आपको कच्छ का कुछ न कुछ दिखाई ज़रूर देगा। फ़िल्म 'रामलीला' में उन्होंने नखतराणा को दिखाया है तो 'लगान' की शूटिंग प्रागमहल में हुई है और 'हम दिल दे चुके सनम' को उन्होंने मांडवी के विजयविलास पैलेस में शूट किया है। कच्छ से उनका प्रेम ख़ास है क्योंकि उनकी माँ लीलादेवी यहीं की रहने वाली थीं। आज भी संजय की बहन अंजार में रहती हैं। कई लोग यहाँ के भानुशाली समुदाय से उन्हें जोड़ते हैं। अंजार के जानकार बुज़ुर्ग एल.वी. वोरा के मुताबिक़ यह बात तथ्यात्मक रूप से ग़लत है। भंसाली का भानुशाली के साथ कोई लेना-देना नहीं है।

धोलावीरा अभी जितना ज़ाहिर है उससे कहीं ज़्यादा दफ़्न, फिर भी उत्खनित हिस्से की मुकम्मल व्याख्या करना अब तक सम्भव नहीं हो सका है। यह अपने आप में स्वायत्त काम नहीं है क्योंकि धोलावीरा कच्छ के रण में मौजूद तमाम द्वीपों में महज़ एक खड़ीर बेट का अंग है। ऐसी हज़ारों रिहाइशें सम्भव है कि सिन्धु घाटी सभ्यता का हिस्सा रही होंगी। भारत की आज़ादी और पाकिस्तान के बनने के बाद साठ के दशक में जब पुरातात्त्विक स्थलों का उत्खनन शुरू हुआ तो मोहनजोदड़ो,

हड़प्पा, गनेरीवाला (सभी पाकिस्तान में), हरियाणा के राखीगढ़ी के अलावा जो पाँचवाँ सबसे विकसित शहर खोजा गया वह धोलावीरा था। वैसे तो कच्छ में सिन्धु घाटी सभ्यता की तमाम कॉलोनियों का पता लगा है लेकिन धोलावीरा की विशिष्टता यह है कि यह इकलौता सम्पूर्ण शहर है। इसका अब तक जितना भी इतिहास ज्ञात है, वह उसी बीमारी से ग्रस्त है जिससे आमतौर से सारा इतिहास लेखन होता है।

इस बीमारी का हमें पता चलता है भुज में दिलीप भाई वैद्य से मिलने के बाद, जो धोलावीरा का ज़िक्र आते ही पूछते हैं, "शम्भुदान गढ़वी से मिले?"

फ़ॉसिल के डॉक्टर

कच्छ में मेरे साथ ऐसा अकसर होता है। हर बार कोई नया नाम सामने आता है और मैं उसे खोजने में लग जाता हूँ। मुख्यधारा के लेखन और दस्तावेज़ीकरण की दिक़्क़त यही है कि इसमें सबसे अहम और शुरुआती नाम छूट जाते हैं। कच्छ में इस नाइंसाफ़ी का सबसे बड़ा शिकार हुए हैं दो लोग—शम्भुदान गढ़वी और डॉ. पुलिन वसा। शम्भुदान गढ़वी के साथ तो एक संयोग हुआ था जिसके चलते एक नई सभ्यता का दरवाज़ा दुनिया के सामने खुल सका।

डॉ. पुलिन के साथ ऐसा कोई संयोग नहीं हुआ। उनसे मिलने के लिए हमें दलपत जी ने ही कहा था। उनका पैतृक घर मांडवी में है लेकिन उनकी पैमाइश और पढ़ाई-लिखाई मुंबई में हुई। बाद में वे मांडवी लौट आए। पिछले चालीस साल से वे यहाँ अपना क्लीनिक चला रहे हैं और अपनी डॉक्टरी से इतर उन्होंने जो भी काम किया है, सब शौक़िया है। वे चार दशक से मांडवी के इर्द-गिर्द के इलाक़ों में सिन्धु घाटी की सभ्यता के निशान खोजकर इकट्ठा कर रहे हैं और इसके एवज में मुक़दमे झेल रहे हैं।

मांडवी की सब्ज़ी मंडी में उनका क्लीनिक खोजते हुए हम एक-एक करके दुकानदारों से उनका ठिकाना पूछते रहे और लोग हमें दिशा बताते रहे। आख़िरकार काफ़ी लम्बा चलने के बाद एक छोटे से दरवाज़े के बाहर हम पहुँचे जहाँ डॉक्टर का नाम लिखा था। हम भीतर घुसे तो बाहर के कमरे में मरीज़ों की भीड़ लगी हुई

थी और भीतर के कमरे से एक टाईधारी अभिजात पुरुष झाँकते हुए मिले। वे किसी मरीज़ को कोई निर्देश दे रहे थे। हमने उनके पास जाकर अपना परिचय दिया। उन्होंने कहा, "मैं ही हूँ डॉ. पुलिन वसा।"

उन्होंने अपना कार्ड पकड़ाया और क्लीनिक के बाद शाम तीन बजे घर आने को कहा। शहर के बाहर एक कॉलोनी में उनका मकान था। हम वक़्त पर वहाँ पहुँच गए। वे घर में अकेले थे। बातचीत शुरू हुई तो सबसे पहला सवाल हमारे दिमाग़ में यही था कि आख़िर एक एमबीबीएस डॉक्टर मांडवी जैसी जगह पर क्यों लौटकर आया और क्या कर रहा है। उनके काफ़ी देर तक बोलते रहने के बाद मैंने उनसे यह सवाल बिना सन्दर्भ के पूछ दिया : "आपने मांडवी आकर रहना क्यों चुना?"

"नियति है सर! अपनी इंटर्नशिप के दौरान मैंने अपने पिता के साथ यहाँ आना चुना क्योंकि यह जगह काफ़ी शान्त थी। मुझे यहाँ का तट पसन्द आया। अब तो मुझे यह जगह पसन्द नहीं। पहले केवल 20 एम्बेसडर होती थी यहाँ, एक भी ऑटोरिक्शा नहीं था, कोई 200 टूव्हीलर थे पूरे मांडवी में और 300 टेलिफ़ोन। डायल करने की सुविधा नहीं थी। एक्सचेंज को फ़ोन मिलाने को बोलना पड़ता था। आज तो हालत ये है कि मांडवी में 600 ऑटोरिक्शा हैं, इतनी ही टैक्सियाँ हैं, तीस हज़ार टूव्हीलर हैं, इससे भी ज़्यादा मोबाइल फ़ोन हैं। दूसरी बात, मांडवी का जुड़ाव अब्डासा की सबसे बड़ी सीमेंट फ़ैक्ट्री सांघी के साथ है।"

डॉ. पुलिन के चेहरे पर पसरी शान्ति का भाव देखकर लगता है कि बिना स्वार्थ और महत्त्वाकांक्षा के कैसे कोई शख़्स हज़ारों साल पुरानी एक सभ्यता का अन्वेषण करने में ज़िन्दगी खपा सकता है। सिन्धु घाटी सभ्यता के जिस हिस्से पर डॉ. वसा ने काम किया है, उसका नाम है नानी रायण। डॉ. पुलिन अपने काम को लेकर बहुत विनम्र हैं। वे परिचय देते हुए कहते हैं, "यहाँ एक गाँव है, उसका नाम है नानी रायण। यह रुकमावती नदी से कोई पाँच किलोमीटर पीछे है। यह नदी मांडवी में आकर सागर से मिलती है। नानी रायण में मैंने पिछले पाँच हज़ार साल की मानव सभ्यता के साक्ष्य जुटाए हैं। ये साक्ष्य बेहद सभ्य और सांस्कृतिक लोगों के हैं जिनका समाज बहुधार्मिक था और जिनके व्यापार सम्बन्ध रोम और योरप से हुआ करते थे।"

वे बताते हैं कि पहला साक्ष्य उन्हें संयोग से मिला था, लेकिन बाद में उन्होंने इन साक्ष्यों पर काम किया तो एक अहम कहानी बनती गई। हुआ यों कि वे नानी

रायण के जुते हुए खेतों में एक दिन कुछ लड़कों के साथ टहल रहे थे। अचानक उनका पैर रोमन शैली में बनी एक सुराही पर पड़ा। उसका भीतरी हिस्सा किसी द्रव्य के जमा होकर सूख जाने से गहरा गया था। अपनी किताब 'नानी रायण' में वे लिखते हैं कि उस सुराही को हाथ में लेते ही उनका मस्तिष्क कल्पना की लम्बी उड़ान भरता है और वे उसमें खो जाते हैं, "वर्ष 100 ईसवी की एक शान्त शाम, एक नाव रुकमावती नदी से होते हुए नानी रायण के तट पर आकर रुकती है। नाव में लदी रोमन सुराहियों में वाइन भरी है और कुछ दूसरे सामान भी रखे हैं।"

इस ख़याल के आने के बाद वे ख़ुद से पूछते हैं कि जो सुराही उनके हाथों में अभी है, क्या वही है?

डॉ. पुलिन के यहाँ बीते चार दशक में कई शोधार्थी आए। उनसे माँगकर उनका काम देखा। उनके जुटाए पुरातात्त्विक साक्ष्यों की तस्वीरें खींचीं। वे सब लेकर चले गए और अपने नाम से उन्होंने छपवा लिया। वे बताते हैं, "इसके बाद मेरी शिक्षक कल्पना जी ने मुझे कहा कि जब सारा काम तुम्हारा किया हुआ है तो इसे अपने नाम से छपवा क्यों नहीं लेते?"

एक पेशेवर चिकित्सक के लिए पुरातत्त्व पर पुस्तक लिखना बहुत जटिल काम हो सकता था। उन्होंने दो साल मेहनत करके नानी रायण में की हुई खोजों पर आख़िरकार अपनी पुस्तक तैयार की और छपवा ली—'नानी रायण : द मिस्ट्री अनवील्ड'। पुस्तक उन्होंने अपनी शिक्षक और संरक्षक कल्पना बेन देसाई को समर्पित की है, जो मुंबई स्थित प्रिंस ऑफ़ वेल्स संग्रहालय की निदेशक हुआ करती थीं।

डॉ. पुलिन 1979 में पहली बार नानी रायण गाँव में गए थे। वे पास के एक गाँव में उस वक़्त डॉक्टरी करते थे। संयोग था कि नानी रायण में कोई व्यक्ति बहुत बीमार पड़ा तो उसे देखने इन्हें जाना पड़ा। मरीज़ को देखने के बाद वे लौट रहे थे कि एक लड़का उनके पास आया और मिट्टी का एक मनका दिखाते हुआ बोला, "ये देखिए डॉक्टर, मिट्टी का मनका। यह कभी सोने का मनका रहा होगा और दादा धोरमनाथ के शाप के चलते मिट्टी का हो गया।" उसने दादा धोरमनाथ की मिथकीय कथा डॉक्टर को सुना डाली।

डॉ. वसा ने ध्यान से उसे देखा। वह पकाई हुई मिट्टी का बना मनका था। उन्होंने स्कूली दिनों में पढ़ा था कि प्राचीनकाल में लोग पकी हुई मिट्टी के गहने

पहनते थे। उनकी दिलचस्पी बढ़ी तो बच्चों से उन्होंने पूछा कि क्या कुछ और सामान मिला है। बच्चों ने उन्हें बताया कि उन्हें कुछ ठीकरे, कुछ चूड़ियाँ आदि मिली हैं। वह डॉक्टर को अपने खेत में लेकर गया जहाँ ये सब कुछ पड़ा हुआ था।

वो दिन और आज का दिन, पेशे से चिकित्सक डॉ. पुलिन ने कभी पीछे मुड़कर नहीं देखा। वे अकेले दम पर धरती को खोद-खोद कर पुरानी सभ्यता के ख़ज़ाने निकालते रहे।

आज नानी रायण बमुश्किल 300 की आबादी वाला एक छोटा सा गाँव है और जो रुकमावती नदी उसे मांडवी से जोड़ती थी, वह भी सूख गई है। भुज से मांडवी आते वक़्त जब आप विंडफार्म बीच की ओर बढ़ते हैं तो एक विशाल पुल को पार करना होता है। उस पुल के नीचे रुकमावती बहा करती थी, जहाँ आज कुछ टूटे-फूटे और अधबने जहाज़ खड़े दिखाई दे जाएँगे। मांडवी के बुज़ुर्ग जहाज़ी शिवजी भुडा बताते हैं कि यह पुल बहुत पुराना है और रुकमावती की धार इतनी तेज़ व भीषण हुआ करती थी कि इस पुल को निगलते हुए ऊपर से निकल जाया करती थी।

वक़्त के साथ रुकमावती सूखी तो नानी रायण का तट भी इतिहास का हिस्सा बन गया और बन्दरगाह मांडवी तक चार किलोमीटर आगे खिसक आया। डॉ. वसा बताते हैं कि इस गाँव के लोगों को इतना तो पता है कि वे किसी भारी-भरकम पुरातात्त्विक ख़ज़ाने के ऊपर बैठे हैं, लेकिन वे इसका महत्त्व नहीं जानते। लोगों को क्या कहें, जब आज तक कई बार गुजारिश करने के बावजूद सरकारी विभागों ने इस ओर देखने की ज़हमत नहीं उठाई।

वे बताते हैं कि उनके काम की सबसे बड़ी कमज़ोरी यह रही कि उन्होंने कभी भी नानी रायण में व्यवस्थित उत्खनन नहीं करवाया। या तो सतह पर मिलने वाली चीज़ों को वे इकट्ठा करते रहे या फिर किसी प्रयोजन से जब ज़मीन खोदी जाती, तब वे वहाँ पहुँच जाते और अपना काम करते थे। एक मौक़ा बेशक आया जब नर्मदा नहर के लिए कुछ वर्ष पहले यहाँ खुदाई की गई। उस खुदाई में उन्हें नानी रायण की पूरी लम्बाई में मिट्टी का एक क्रॉस सेक्शन हाथ लग गया। वहाँ बुलडोज़रों की मदद से दस फुट गहरा और दो फुट चौड़ा गड्ढा किया गया था।

डॉक्टर ने नानी रायण की मिट्टी के उस नमूने का गहन अध्ययन किया तो पाया कि धरती की मौजूदा सतह के केवल चार फुट नीचे पकी हुई मिट्टी की ईंटों

की दीवारें हैं जिन्हें मिट्टी के मोर्टार से लीपा गया है। उन्हें उस मिट्टी में कई घड़े और मृद्भांड बरामद हुए, जिससे यह समझ में आया कि नानी रायण के नीचे एक ऐसी सभ्यता दबी पड़ी है जहाँ शिल्पकारी अपनी विकसित अवस्था में थी। इसी गड्ढे के सुदूर छोर पर उन्हें लोहा गलाने वाली एक इकाई भी मिली। यह गड्ढा एक प्राचीन क़ब्रिस्तान से होकर गुज़रता था। उस छोर पर उन्हें 9 फुट की गहराई में दो कंकाल भी मिले।

अपने एक दोस्त की मदद से उन्होंने इस समूची सामग्री की डिजिटल तस्वीर निकलवाई। उनका दुर्भाग्य ही था कि जिस हार्ड डिस्क में ये सारी तस्वीरें जमा थीं, वह ख़राब हो गई और तीन सौ नायाब तस्वीरें ग़ायब हो गईं। दोबारा यह श्रमसाध्य काम वे बेशक कर सकते थे, लेकिन तब तक नहर के लिए खोदा गया गड्ढा भरा जा चुका था।

अब जो कुछ भी बचा है उनके पास, या तो अपनी किताब की शक्ल में है या फिर अपने घर की छत पर एक कमरे के भीतर बनाए निजी संग्रहालय में क़ैद है। वे बड़े शौक़ से हमें उस संग्रहालय में ले जाते हैं। ऐसा लगता है कि हड़प्पाकालीन वस्तुएँ रखने वाले किसी वास्तविक संग्रहालय में आप आ गए हों। वे एक-एक करके मनकों से लेकर मृद्भांड तक और कंकाल से लेकर डायनासोर के अंडे तक सब कुछ समझाते हैं।

उनके ख़ज़ाने में देखने लायक़ सबसे दिलचस्प चीज़ है डायनासोर के अंडे का फ़ॉसिल। उन्हें जब यह अंडा मिला तो अपनी जेब से पैसे ख़र्च करके उन्होंने इसका सीटी स्कैन करवाया। सीटी की तस्वीरों में बिलकुल साफ़ डायनासोर का भ्रूण दिखाई दे रहा है। वैसे भी यदि अंडे के जीवाश्म को ध्यान से देखें तो उसके भीतर डायनासोर का भ्रूण दिखता है। यह काफ़ी डरावना है लेकिन कुतूहल पैदा करता है। इस तरह के कई अंडे बाद में समूचे कच्छ में पाए गए। दुख इस बात का है कि कच्छ के जीवाश्मों को खोजने वालों में डॉ. पुलिन का नाम सरकारी रिकॉर्ड में नहीं मिलता। मांडवी जैसे सुदूर शहर के एक भीड़ भरे बाज़ार में छोटा-सा क्लीनिक चलाने वाला यह डॉक्टर अपनी खोजी सभ्यताओं के बोझ से दबा पड़ा है और तीस साल से इनके काम की सुध लेने वाला कोई नहीं। दलपत जी जैसे इनके कुछ मुरीद बेशक हैं, लेकिन समूचे कच्छ में ऐसा काम करने वालों का एक छोटा सा गोल है जिसमें हर कोई हर किसी को जानता और सराहता है। बाक़ी कच्छ,

कल भी भारत से कटा हुआ था और आज भारत में होते हुए भी उतना ही कटा हुआ है, बल्कि यह कहना अतिशयोक्ति नहीं होगा कि गुजराती संस्कृति ने कच्छ के कन्धे पर चढ़कर उसे ज़मीन में और भीतर दबा दिया है।

'मुकाम' में धड़कती क़ब्र

डॉ. पुलिन वसा से अगली यात्रा में भी मिलने का वादा था। सुबह भुज से निकलने के पहले हमने उन्हें कह दिया था कि दो बजे तक हम उनके आवास पर होंगे। हमें अन्दाज़ा था कि घंटे भर में मुंद्रा पहुँचकर वहाँ इब्राहिम भाई के साथ भद्रेश्वर होते हुए वापस मांडवी की ओर निकल लेंगे तो दो बजे आसानी से वहाँ पहुँच जाएँगे। भुज से मुंद्रा और मांडवी मिलकर एक ऐसा त्रिकोण बनाते हैं जिसकी दोनों भुजाएँ तक़रीबन बराबर हैं। यानी भुज से मांडवी जाएँ या मुंद्रा, समय तक़रीबन बराबर लगता है। हम शहर से बाहर एकदम मुंद्रा रोड पर स्थित बीएसएफ के मेस में ठहरे हुए थे, इसलिए ट्रैफ़िक आदि की भी चिन्ता नहीं थी। निकलते-निकलते ही दस बज गया और मुंद्रा पहुँचते-पहुँचते ग्यारह। हम लोग आशीर्वाद टावर के नीचे बैठकर चाय पीने लगे कि इब्राहिम भाई भी दस मिनट में अपनी मोटरसाइकिल से आ ही गए।

इब्राहिम तुर्क का सम्पर्क हमें उस्मान भाई गनी से मिला था। पिछली रात ही फ़ोन पर इनसे मिलना तय हो गया था। इब्राहिम भाई पेशे से पत्रकार हैं और बीबीसी लन्दन तक जाकर काम कर चुके हैं। इस इलाक़े की नब्ज़ को वे समझते हैं। इब्राहिम भाई के पूर्वज तुर्किस्तान से यहाँ आए थे और सभी तुर्क थे। इब्राहिम के गाँव का नाम है ध्रब, जो मुंद्रा से कुछ दूरी पर स्थित है। इस गाँव में यहाँ के सारे तुर्क बसे हुए हैं। वे बताते हैं कि ध्रब दरअसल धरा और आब से मिलकर बना है। धरा मतलब धरती और आब मतलब पानी। तुर्कों की ही तरह बाक़ी तमाम समुदाय भी हिजरत करके इधर आ बसे। मेघवाल जैसे कुछेक समुदाय ही ऐसे हैं जो यहाँ के मूल हैं। इब्राहिम के पूर्वजों की क़तार दरिया पीर तक जाती है। दरिया पीर के बग़ैर मुंद्रा का कोई भी ज़िक्र अधूरा और निरर्थक होगा।

मुंद्रा की स्थापना सत्रहवीं सदी में राव भोजराज जी प्रथम ने की थी। इसे बनाने का काम एक धनी और रसूखदार व्यापारी को सौंपा गया था जिसका नाम था वर्धमान सेठ। वर्धमान सेठ के व्यापार के बारे में कहीं भी बहुत ज़्यादा विवरण नहीं मिलता लेकिन माना जाता है कि वे कई पानी के जहाज़ों के मालिक थे। मुंद्रा में एक पीर हुआ करते थे। नाम था पीर हज़रत शाह मुराद बुख़ारी, जो बताया जाता है कि 1660 में बुख़ारा से यहाँ आए थे। हुआ यों कि एक बार वर्धमान सेठ का एक जहाज़ किसी गड़बड़ी के चलते दरिया में डूबने के कगार पर पहुँच गया। उसमें बहुमूल्य माल लदा था। कोई चारा न देख सेठ ने पीर से मदद माँगने का फ़ैसला किया। वे पीर के पास गए। पीर ने ऐसा चमत्कार किया कि जहाज़ डूबने से बच गया और सारा माल लेकर तट तक सुरक्षित आ गया। पीर ने अपनी जगह पर बैठे-बैठे ही अपनी धोती खोलकर इतनी लम्बी कर दी कि उसके सहारे जहाज़ के भीतर समुद्र का पानी घुसने से रोक लिया।

उस वक़्त मुंद्रा का नाम डुमरा हुआ करता था। वर्धमान सेठ पीर से इतना ख़ुश हुआ कि उसने पीर के नाम पर शहर का नाम मुरादाबाद रखने की बात उनसे कही। पीर ने साफ़ मना कर दिया। इसके बजाय उन्होंने कहा कि शहर का नाम मुनहरा रख दिया जाए—मुनहरा का अर्थ होता है नदी किनारे बसा एक ख़ूबसूरत गाँव। मुनहरा ही बिगड़कर आज की तारीख़ में मुंद्रा कहलाता है। यहाँ दरिया पीर मुराद बुख़ारी की ऐसी मान्यता रही है कि सैलानी और समुद्र-यात्री अपनी यात्रा पर निकलने से पहले पीर की दरगाह पर आते रहे हैं। उनकी दरगाह मुंद्रा की सबसे पवित्र जगहों में से एक है।

शाह मुराद बुख़ारी बुख़ारा से यहाँ आए थे। आज बुख़ारा उजबेकिस्तान का हिस्सा है। यहाँ आकर वे कुछ समय के लिए दिल्ली चले गए और निजामुद्दीन औलिया की दरगाह पर कुछ वक़्त उन्होंने बिताया। फिर कुछ दूसरे पीरों की दरगाह से होते हुए वे वापस कच्छ आए जहाँ राव तमाची ने उनका भव्य स्वागत किया। वे 1670 तक आठ साल कच्छ में रहे। औरंगज़ेब ने उनके सम्मान में एक विशाल दरवाज़ा मुंद्रा में बनवाया जिसे मुग़ल गेट कहा जाता है। पीर बुख़ारी अपने साथ चार अन्य व्यक्तियों को लेकर यहाँ आए थे। उन्हीं चारों के जो वंशज हुए, उन्होंने अपने नाम के आगे तुर्क लगाया। इब्राहिम भाई उन्हीं चारों में से एक के वंशज हैं। वे बताते हैं कि चारों बाद में औलिया हो गए और उनकी दरगाहें कच्छ में

अलग-अलग जगहों पर हैं। यह जानना दिलचस्प था कि हम जिस शख़्स के साथ घूम रहे थे उसका इतिहास पीर बुख़ारी तक जाता था।

इब्राहिम भाई के साथ तेज़ धूप में हम भद्रेश्वर पहुँचे। यह एक छोटा सा गाँव है लेकिन यहाँ अवशेषों के जैसे ख़ज़ाने पड़े हैं, वैसे किसी एक गाँव में हमने नहीं देखे। सबसे पहले गाँव के प्रवेश पर ही नौखम्बी मस्जिद के अवशेष हैं। देखने में ढाँचा परम्परागत मस्जिद जैसा नहीं लगता। आधे से ज़्यादा ढाँचा रेत के भीतर गड़ा हुआ है और कुछ खम्बे बाहर निकले हुए हैं। पड़ोस में एक और मस्जिद है जिसे खिमली मस्जिद या सिमली मस्जिद कहते हैं (सिमली का मतलब है इस्माइली समुदाय की मस्जिद)। बताते हैं कि यह 12वीं सदी की मस्जिद है और भारत में बनी सबसे पुरानी मस्जिदों में एक है।

गाँव के बीचोबीच लाल शाहबाज़ कलन्दर की दरगाह है। वही लाल शाहबाज़ कलन्दर, जिनके नाम की कव्वाली 'दमादम मस्त कलन्दर' आज भी दुनिया भर में शौक़ से गाई जाती है और जिनकी मूल दरगाह सिन्ध में है। इस तथ्य को लेकर कुछ मतभेद हैं कि सिन्ध वाले लाल शाहबाज़ कलन्दर की ही दरगाह यहाँ भद्रेश्वर में है, लेकिन इब्राहिम भाई बताते हैं कि उनके नाम से कुल चार दरगाहें हैं। इस दरगाह में प्रवेश करते ही एक बड़ी सी मज़ार है। भीतर एक मस्जिद है जिसे इब्राहिमशाह मस्जिद कहते हैं।

बाहर से देखने पर लाल शाहबाज़ कलन्दर की दरगाह एक साधारण से मकान जैसी दिखती है जिसके दाएँ और बाएँ तरफ़ दो प्रवेश द्वार हैं। मोटे तौर पर यह ढाँचा एक इबादतगाह-सा लगता है। इसमें अरबी वास्तुकला का कोई अंश नहीं है। अरब का प्रभाव आने से पहले भारत की पुरानी दरगाहें और मस्जिदें ऐसी ही होती होंगी, ऐसा यहाँ के ढाँचे देखने पर पता लगता है।

थोड़ी दूरी पर एक मैदान है जिसमें पुरानी क़ब्रें बिखरी पड़ी हैं। इस क़ब्रिस्तान में जाने के लिए झाड़ और लकड़ी से घेरकर बनाया गया एक दरवाज़ा खोलना पड़ता है। वहाँ काफ़ी देर से एक गाय फँसी हुई थी। उसे बाहर निकलने का रास्ता नहीं मिल रहा था। इब्राहिम भाई ने आगे बढ़कर झाड़ हटाई और लकड़ी का बैरीकेड हटाकर दरवाज़ा खोला और उस पार हो लिए। बेचैन गाय ने हमें मौक़ा नहीं दिया और उनके ठीक बाद छटपटाकर उस दरवाज़े से बाहर निकली। फिर हम एक-एक करके उसे पार करके क़ब्रिस्तान में दाख़िल हुए।

यह एक बहुत पुरानी क़ब्रगाह थी। अधिकतर टूटी-फूटी हुई थीं। ऐसी पुरानी क़ब्रगाहें कच्छ में आम हैं। भुज में बताते हैं कि एक ऐसी क़ब्रगाह है जहाँ यहूदियों की क़ब्रें हैं। इस किताब में पहले जखाउ का ज़िक्र आया था। जखाउ के उस क़ब्रिस्तान पर डॉ. पुलिन ने काफ़ी काम किया है। वे बताते हैं कि जखाउ वाला 'मुकाम' कोई दस हज़ार साल पुराना है। वहाँ कैसे पहुँचना होगा? हमने जब उनसे यह सवाल पूछा था तो उनका जवाब था कि जखाउ जाकर किसी लोकल आदमी से पूछा जाए कि पुराना वाला 'मुकाम' किधर है। क्या ख़ूबसूरत बात लगी थी उस वक़्त! क़ब्रिस्तान के लिए 'शहर-ए-खमोशां' जैसे प्रयोग तो हमने पहले सुन रखे थे, वास्तव में गुजरात के ही ऊना में एक ऐसा क़ब्रिस्तान हमने देखा था जिसके बाहर 'शहर-ए-खमोशां' लिखा हुआ था। उसकी तस्वीर आज भी ज़ेहन में है। पहली बार क़ब्रिस्तान के लिए 'मुकाम' का प्रयोग डॉ. पुलिन की ज़बान से सुना। इसका क़ायदे से सटीक अर्थ बनता है। हर ज़िन्दगी का मुकाम आख़िर छह गज़ ज़मीन ही तो है।

यही सोचते हुए हम उस उजाड़ क़ब्रिस्तान के दूसरे छोर पर चमकती हुई एक दरगाह में शामिल हुए। यह उमर शरीफ़ की दरगाह है। दरवाज़े पर इब्राहिम भाई रुके और बताने लगे, "चार साल पहले रमज़ान में यहीं एक मज़ार का दिल धड़का था।" मतलब? बीस साल तक पत्रकारिता कर चुका एक पत्रकार ऐसी बात कहे तो एक बार में समझ नहीं आता कि आशय क्या है। वे बताने लगे कि चार साल पहले रमज़ान के दौरान कुछ लोगों ने देखा कि एक मज़ार के ऊपर रखी चादर छाती की जगह से ऐसे उठ-उठ जा रही थी गोया कोई साँस ले रहा हो। उस चादर के ऊपर रखा पत्थर भी साँस की गति के जैसे ऊपर-नीचे हो रहा था। जब यह बात फैली तो पत्रकारों का मजमा जुट गया।

यह कहानी सुनते ही हमारे साथी अजीत को याद आया कि वाक़ई ऐसा कोई फुटेज उनके रिपोर्टर ने दिल्ली भेजा था। उस वक़्त अजीत 'सहारा समय' के गुजरात चैनल में होते थे। बात की पुष्टि होता देख मैं थोड़ा सहमा। हम भीतर गए। एक कक्ष में कोई छह मज़ारें अग़ल-बग़ल थीं। "कौन सी वाली थी इब्राहिम भाई?" इब्राहिम भाई ने इशारा किया, उसके पास गए और उस पर पड़ी हरी चादर को छाती के पास से उठाकर डेमो देने लगे। वे बताते हैं कि मज़ार के दिल की धड़कन कोई तीन दिन तक जारी रही, फिर अपने आप बन्द हो गई। गाँव के गाँव

लोग उस बीच यहाँ आए। तमाम पत्रकार आए। बाहर से लोग आए। सबने देखा कि मज़ार की छाती धड़क रही है।

कक्ष से बाहर निकलते ही पीछे की दीवार पर एक अख़बार की कटिंग फ्रेम में मढ़वाकर टाँगी हुई है। वह इब्राहिम तुर्क की बाइलाइन से लिखी उसी घटना की ख़बर है जो गुजराती 'सन्देश' में छपी थी। इब्राहिम भाई उस वक़्त 'सन्देश' में हुआ करते थे, अब 'दिव्य भास्कर' में हैं। इस घटना के बाद गाँव के लोगों ने मिलकर पैसा जुटाया और दरगाह की कच्ची मज़ारों को पक्का करवा दिया। ऊपर अरबी शैली का एक भव्य झाड़-फ़ानूस लगवाया गया और समूचे दरगाह की चमकदार रंग-रोगन करा दी गई।

मुंद्रा से भद्रेश्वर जाने और वापस आने के बीच कोई पचास किलोमीटर के इस सफ़र में इब्राहिम ने मुंद्रा में अडानी कम्पनी के क़ब्ज़े की आँखों देखी कहानी भी हमें सुनाई। वह कहते हैं कि जब से यहाँ के तट पर अडानी ने अपना निजी पोर्ट बनाया है, तट पर जाने के लिए अडानी से अनुमति लेनी पड़ती है। जो मछुआरे वहाँ मछली मारने जाते हैं, उनके लिए गाँवों के हिसाब से अडानी ने अलग-अलग जेटी बना दी है। मुंद्रा की मछलियाँ सबसे बेहतरीन हुआ करती थीं लेकिन अडानी के आने के बाद बीते सात-आठ साल में वे मछलियाँ दुर्लभ हो गई हैं। वैसे भी 2001 के भूकम्प के बाद क्रीक में जो बदलाव आए, उससे मछलियाँ दूर होती चली गईं।

आज से कोई बारह साल पहले गुजरात के मुंद्रा पोर्ट को अडानी कम्पनी को बेच दिया गया था। उसके बाद ने अडानी से वहाँ मछुआरों का जीना मुहाल कर दिया था। मुंद्रा का बन्दरगाह निजी हाथों में दिए जाने से न केवल मछलीपालन पर असर पड़ा, बल्कि वहाँ कालान्तर में टाटा और अडानी ने कोयला चालित दो थर्मल पावर प्लांट लगा दिए। इन संयंत्रों को लगाने में विश्वबैंक की एजेंसी आईएफसी से पैसे उधार लिए गए और उसके बदले में ग़लत तरीक़े से दर्शाया गया कि ये कम्पनियाँ किसी भी मानक का उल्लंघन नहीं कर रही हैं। टाटा और अडानी ने न केवल पर्यावरणीय मानकों का उल्लंघन किया, बल्कि इनके परिचालन से मुंद्रा पोर्ट पर पाई जाने वाली बेहतरीन मछलियाँ नष्ट हो गईं और आजीविका के लिए समुद्र तट पर निर्भर रहने वाले समुदायों के सामने खाने-पीने तक का संकट खड़ा हो गया।

क़रीब दस साल पहले यहाँ अडानी द्वारा पारिस्थितिकी में बदलाव के ख़िलाफ़ संघर्ष के लिए बने मच्छीमार अधिकार संघर्ष संगठन (मास) ने मुंद्रा के मछलीपाल-कों की लड़ाई शुरू की और अडानी व टाटा द्वारा किए गए उल्लंघनों को चुनौती दी थी। इब्राहिम भाई बताते हैं कि अडानी ने इस खड़े होते आन्दोलन में पैसे और प्रलोभन से फूट डाल दी। उनके मुताबिक़ आज की तारीख़ में अडानी के ख़िलाफ़ मुंद्रा में कोई आन्दोलन नहीं है।

यह बात पूरी तरह सही नहीं है। फूट पड़ने के बाद आन्दोलन ने बस संघर्ष की दिशा बदल ली थी। पिछले दिनों (फरवरी 2019) आई एक ख़बर इसकी ताकीद करती है। इस ख़बर का ज़िक्र करना यहाँ ज़रूरी जान पड़ता है :

> इंटरनेशनल फ़ाइनेंस कॉरपोरेशन के भीतर एक आन्तरिक शिकायत प्रणाली होती है जिसका नाम है कम्पलायंस एडवाइज़री ओम्बड्समैन (सीएओ)। संगठन ने इसी के माध्यम से लड़ाई की शुरुआत की। जब आईएफसी के नेतृत्व ने संगठन की चिन्ताओं को ख़ारिज कर दिया, तब जाकर संगठन ने यह मामला अमेरिका की सर्वोच्च अदालत में उठाया। वहाँ की अदालत में मुंद्रा के ग्रामीणों की पैरवी की अर्थराइट्स इंटरनेशनल नाम की संस्था ने, जिसे इस काम में स्टेनफोर्ड लॉ स्कूल सुप्रीम कोर्ट लिटिगेशन क्लीनिक ने मदद दी।
>
> इसी मामले की सुनवाई करते हुए अमेरिकी सुप्रीम कोर्ट ने विश्वबैंक को उसकी औकात बताते हुए फ़ैसला दिया है कि विश्वबैंक जैसी अन्तरराष्ट्रीय संस्थाएँ क़ानून से बड़ी नहीं हैं और इनके ऊपर अमेरिकी अदालतों में मुक़दमा क़ायम किया जा सकता है।
>
> यह फ़ैसला इसलिए ऐतिहासिक है क्योंकि विश्वबैंक की दानदाता एजेंसी आईएफसी हमेशा से ख़ुद को क़ानून से ऊपर मानती रही है और दूसरे देशों में अपने परिचालन में वहाँ के क़ानून से ख़ुद को 'अप्रभावित' यानी इम्यून भी मानती रही है। इस मामले में आई फसी ख़ुद को एक स्वतंत्र राष्ट्र के तौर पर देखती रही है जिसके ऊपर कोई मुक़दमा नहीं चल सकता क्योंकि उसका अस्तित्व स्वायत्त है।

अमेरिकी सुप्रीम कोर्ट ने इसी कथित स्वायत्तता को तोड़ते हुए मुंद्रा के मछुआरों के हक़ में फ़ैसला सुनाते हुए कहा, "इंटरनेशनल फ़ाइनेंस कॉरपोरेशन मुक़दमों से निरपेक्ष रूप से इम्यून नहीं है।" इस फ़ैसले के साथ अब यह तय हो गया है कि मुंद्रा का संगठन अपने लोगों के हक़ के लिए भारत में कॉरपोरेट कम्पनियों को ग़लत तरीक़े से उधारी देने वाले विश्वबैंक पर मुक़दमा चला सकेगा।

मच्छीमार अधिकार संगठन के महासचिव डॉ. भारत पटेल ने मीडियाविजिल से बात[1] करते हुए इस फ़ैसले पर ख़ुशी ज़ाहिर की। उन्होंने बताया कि लम्बे समय से मुंद्रा के इलाक़े में ग्रामीणों का जीना मुहाल हो रखा है लेकिन अडानी जैसी कम्पनियों को कोई कहने वाला नहीं है। वे बताते हैं, "हमने 2007 में संगठन बनाकर संघर्ष शुरू किया। पहले हमने सीएओ के ज़रिये अपनी चुनौती रखी। वहाँ जब हम नाकाम रहे तो हमें अमेरिका की अदालत में जाना पड़ा।"

वे बताते हैं कि कम से कम इस मामले से इतना तो तय हो गया है कि विश्वबैंक अपराजेय नहीं है और उसके ख़िलाफ़ कोई मामूली से मामूली संगठन भी मुक़दमा कर सकता है। "अब हम लोग निचली अदालत में जाएँगे और यहाँ के ग्रामीणों को जितना नुक़सान हुआ है उसके मुआवज़े की माँग करेंगे।"

मुआवज़े की राशि के बारे में पूछने पर उन्होंने कहा, "अभी इसका दावा तय नहीं हुआ है। यह कुछ भी हो सकता है। यहाँ की आजीविका, पीने का पानी, रहवास, सब कुछ नष्ट हो चुका है। मछलियाँ पलायन कर गई हैं। लोगों का काम-धन्धा बन्द हो गया है। अडानी ने पूरे तट पर क़ब्ज़ा कर लिया है। पहले हमारा केस शुरू हो, उसके बाद मुआवज़े की राशि देखी जाएगी।"

इब्राहिम भाई के साथ अपने सफ़र के पाँच महीने बाद आई इस ख़बर की सूचना मैंने उन्हें दिल्ली से फ़ोन पर दी तो वे काफ़ी ख़ुश दिखे। उन्होंने इस बात पर सन्तोष जताया कि इतने बरसों की लड़ाई के बाद अमेरिका की अदालत में जो फ़ैसला आया है, वह दुनिया भर में कॉरपोरेट को अनुदान देने वाले विश्वबैंक की कारस्तानियों को जनता द्वारा चुनौती देने की राह खोलेगा।

---

1. अमेरिकी सुप्रीम कोर्ट में मुंद्रा के मछुआरों के एक संगठन ने कैसे विश्वबैंक को दिखा दी औकात; मीडियाविजिल डॉट कॉम; 28 फरवरी, 2019

जगड़ूशाहचरित

भद्रेश्वर में दिखी धड़कने वाली क़ब्र की चर्चा करते हुए इब्राहिम बताते हैं कि भद्रेश्वर की यह घटना अपने आप में इकलौती नहीं थी। उससे पहले और बाद में भी मज़ारों के दिल धड़कने की ख़बरें सुनने में आई हैं। कच्छ में ऐसी बातें आम हैं जिन पर एकबारगी किसी को भरोसा न हो। दिक़्क़त यह है कि इन कहानियों को कहीं आज तक न दर्ज किया गया, न इनकी कोई पड़ताल की गई। ऐसी ही एक दिलचस्प कहानी पास के सवई जैन मन्दिर से जुड़ी है जिसका जीर्णोद्धार और पुनर्निर्माण जगड़ूशाह दातार नाम के एक जैन सेठ ने करवाया था। उस मन्दिर के परिसर में एक बड़ी-सी बावड़ी है जो आज एकदम सूखी हुई है। इसमें कभी पानी भरा होता था। इस बावड़ी को भी जगड़ू सेठ ने ही बनवाया था।

जगड़ूशाह का नाम तेरहवीं सदी के मुंद्रा के बड़े धर्मार्थ चरित्र के रूप में सामने आता है। इस जैन सेठ ने इतने धर्मादा काम करवाए कि सर्वानंद सूरी नाम के लेखक ने संस्कृत में इसका एक जीवन चरित्र लिख डाला जिसका नाम है जगड़ूचरित। यह किताब वैसे तो ऐतिहासिक दस्तावेज़ के लिहाज़ से उतनी सटीक नहीं है, लेकिन उस दौर के समुद्री व्यापार और व्यापारियों के बारे में इससे काफ़ी सूचनाएँ मिल सकती हैं। जगड़ूशाह ने वसई जैन मन्दिर के अलावा भद्रेश्वर की खिमली मस्जिद भी बनवाई थी जिसका ज़िक्र हमने ऊपर किया। इस तथ्य को लेकर कई किंवदंतियाँ हैं कि जगड़ूशाह के पास इतना पैसा कहाँ से आया, लेकिन जो सबसे दिलचस्प कहानी है वो जैन मन्दिर परिसर में उसकी बनवाई बावड़ी से जुड़ी है। यह कहानी हमें अंजार के बुज़ुर्ग वोरा साहब ने सुनाई थी।

हुआ यों कि बावड़ी बनवाने के बाद एक दिन उधर घूमते हुए जगड़ूशाह की नज़र अपने एक कारिंदे पर पड़ गई। वह बावड़ी देखने के एवज में हर व्यक्ति से एक दोकड़ा माँग रहा था। दोकड़ा उस समय की मुद्रा का नाम था। जगड़ू ने तो बावड़ी विशुद्ध धर्मादा उद्‌देश्य से बनवाई थी लेकिन अपने आदमी को इससे कमाई करता देख उसे काफ़ी ठेस पहुँची। वोरा साहब काफ़ी दिलचस्प तरीक़े से इस कहानी को सुनाते हैं, "जगड़ूशाह ने जब इसे देखा कि ऐसा है तो सोचा कि मैं कभी कुछ बनाऊँगा तो मेरे कोई वंश-वारिस होंगे और इसके बदले टैक्स माँगेंगे तो ये अच्छा नहीं होगा।"

इसके बाद वोरा साहब कहानी को पूरी विनम्रता के साथ सीधे पोरबन्दर ले जाते हुए कहते हैं, "इसके साथ दूसरी एक बात जुड़ी हुई है। आप पोरबन्दर शायद नहीं गए होंगे...उनके बाजू में माताजी का मन्दिर है टेकरी पर... हरसिद्धि माताजी। वो उज्जैन से उनकी बात जुड़ी हुई है कि वो सुबह में आरती होती है उज्जैन में... माताजी का निवास सुबह में उज्जैन में होता है और शाम की आरती होती है पोरबन्दर के पास में। उसके बाजू में समंदर लगता है। ऐसा बोलते हैं...ये वास्तव में मैं नहीं मानता कि कोई भी भगवान या कोई भी शक्ति ऐसा काम कर सकते हैं। बोलते थे कि वो माताजी की मूर्ति दरिया की ओर पड़ती थी...तो जिस नाव या जहाज़ के ऊपर उनकी दृष्टि पड़ती थी वो डूब जाता था...कभी कोई माताजी या कोई शक्ति ऐसा तो नहीं कर सकती...जो भी हो...अपन मान लें कि बात सही है। तो मामला ये है कि माताजी को थोड़ा नीचे उतारना है ताकि उनकी दृष्टि जहाज़ पर नहीं पड़े। जगड़ूशाह दातार माताजी का परम भक्त था। माताजी ने बोला कि जितने सीढ़ी मैं नीचे उतरूँ हर एक सीढ़ी पर मुझे मानव बलि चाहिए।"

वोरा साहब हाथ जोड़कर कहते हैं, "वास्तव में इसमें विश्वास नहीं करता... ये भी मैं नहीं मानता कि माताजी ऐसा करेंगी...मगर समझ लें अपन कि वो सही बात थी। तो जगड़ूशाह ने एक-एक करके अपने घर के लोगों को हर क़दम पर रख दिया। अन्त में उसकी ख़ुद की बारी आई। उसने कहा कि माताजी अब तो मैं ही बचा हूँ। तो माताजी ने बोला कि मैं तेरे से प्रसन्न हूँ...तू माँग। फिर एक कहानी आती है कि माताजी ने उससे ख़ुश होकर सबको ज़िन्दा कर दिया होगा... कहानी ऐसे-वैसे चलती है। लेकिन असली कहानी ये है कि जगड़ूशाह ने माताजी से क्या माँगा।

"जगड़ूशाह ने माताजी से माँगा कि उसे कोई वंश न हो। गुजराती में इसको नखोद कहते हैं, जिसे हिन्दी में निर्वंश कहते हैं। जगड़ूशाह को इस बात की चिन्ता थी कि अगर उसका कोई वंश हुआ और उसके बनवाए किसी काम के बदले में जनता से मुद्रा माँगे तो उसका किया सब डूब जाएगा। उसने माताजी से तीन बार कहा—नखोद, नखोद, नखोद। माताजी ने उससे कहा—एक बार फिर से सोच ले, मैं तुझे वक़्त देती हूँ। उसने सीधे कहा—माताजी मुझे नखोद चाहिए...मेरे पीछे निकले कोई ऐसा, वो नहीं चाहिए। उसकी मनोकामना पूरी हुई।"

इस कहानी का एक और संस्करण है जिसमें जगड़ूशाह से देवी हर एक क़दम

नीचे उतरने पर भैंसे की बलि माँगती हैं। जगड़ू जैन था, अहिंसा में विश्वास करता था, लेकिन माता को उसने वचन दे दिया था। उसने भैंसों की बलि दी लेकिन मन्दिर के नये स्थल तक उतरते-उतरते भैंसे कम पड़ गए, तब जाकर उसने ख़ुद को और अपने परिवार को वहाँ देवी के समक्ष प्रस्तुत कर दिया।

पोरबन्दर से द्वारका जाते वक़्त 30 किलोमीटर आगे गढ़वी गाँव में कोयला डूंगर पर हरसिद्धि माता का मूल मन्दिर है जिसे कहते हैं, कृष्ण ने ख़ुद बनवाया था। राक्षसों के ऊपर विजय प्राप्त करने के लिए कृष्ण ने इस डूंगर पर अम्बा माता की तपस्या की थी जिससे ख़ुश होकर माता ने कृष्ण को वरदान दिया और कृष्ण ने जरासंध को हरा दिया। जरासंध के मारे जाने के बाद यादव काफ़ी 'हर्षित' हुए और उन्होंने कोयला डूंगर पर जीत का जश्न मनाया। यहीं कृष्ण ने अम्बा माता का मन्दिर बनवाया जिसे हर्षद अम्बा या हरसिद्धि देवी कहा गया। तेरहवीं सदी में जगड़ूशाह ने जो मन्दिर बनवाया वह भी कोयला डूंगर पर ही था लेकिन पोरबन्दर के क़रीब मियानी में था। माता की मूर्ति के बग़ल में आज भी जगड़ूशाह की एक मूर्ति लगी हुई है। इसी मन्दिर में सम्राट विक्रमादित्य दर्शन करने आया था और उसने माता से उज्जैन चलने को कहा था ताकि वह रोज़ उनकी आराधना कर सके। उज्जैन में जो मन्दिर उसने बनवाया, उसे वाहनवती देवी के नाम से जाना जाता है।

वोरा साहब की सुनाई कहानी कितनी सच है, इसका पता भौगोलिक साक्ष्यों से चलता है। आज वे सारे साक्ष्य जस के तस हैं। जहाँ तक लिखित इतिहास का सवाल है तो जगड़ूशाह का सशक्त ज़िक्र दो विदेशियों की लिखी एक पुस्तक में मिलता है। 'अकॉर्डिंग टु ट्रेडिशन : हेगियोग्राफ़िकल राइटिंग इन इंडिया' के नाम से विनांड एम. कॉलेवार्ट और रूपर्ट स्नेल की लिखी एक महत्त्वपूर्ण पुस्तक है। इस पुस्तक में साधु-संतों और दरवेशों की प्रचलित भारतीय कहानियाँ और उनकी व्याख्या दर्ज है। इन कहानियों का महत्त्व इसलिए बढ़ जाता है क्योंकि कच्छ में जनता का इतिहास आज तक नहीं लिखा गया। मारियान पोस्तांस से लेकर एल.एफ. रशब्रुक विलियम्स तक जितने भी अंग्रेज़ों ने कच्छ पर लिखा वे सभी अनिवार्यत: कच्छ के राजा के मेहमान रहे। यहाँ तक कि 2001 के भूकम्प के बाद आए एडवर्ड सिम्पसन तक ने महाराव प्रागमल का आतिथ्य स्वीकार किया था, हालाँकि उनकी पुस्तक का विषय भूकम्प के तुरन्त बाद के पुनर्निर्माण और पुनर्वास पर है लिहाज़ा उसका फ्रेम बहुत विस्तृत नहीं हो पाता।

देखने वाली बात है कि अगर जगड़ूशाह ने जैन होते हुए इस्माइलियों की मस्जिद और शैव मन्दिर का निर्माण करवाया तो आज भी भद्रेश्वर का समूचा गाँव मिलकर वहाँ की दरगाहों और मस्जिदों की देखभाल करता है। इस गाँव में हिन्दू और मुसलमान मिलकर रहते हैं और धर्मस्थलों की देखभाल करते हैं। यह विरासत दरअसल जगड़ूशाह से भी काफ़ी पहले से चली आ रही है जब बारहवीं सदी में यहाँ शैव, जैन और इस्माइली तीनों का प्रभाव हुआ करता था। चूँकि कच्छ के इन तटों पर मुख्य काम व्यापार का था, लिहाज़ा व्यापारियों को शासकों सहित जनता से बनाकर चलना पड़ता था। जगड़ूशाह का चरित इसी मामले में इस समय के समाज को समझने के लिए काफ़ी अहम दस्तावेज़ बन पड़ता है कि आख़िर एक मामूली से व्यापारी ने कैसे अपने वक़्त में शासकों समेत व्यापारियों और आम जन के विभिन्न धार्मिक समुदायों को एक साथ साधा और इतिहास में इतना बड़ा आदमी बन गया। जगड़ू की जब मौत हुई तो दिल्ली के सुलतान ने अपनी पगड़ी उतार दी थी और लोगों के घरों में दो दिन तक चूल्हा नहीं जला था।

मरद पीर, औरत पुजारी

कच्छ की संस्कृति के ऐसे ही निशान हमें हज़ार साल या उससे भी पीछे जाने पर मिलते हैं, जो कमोबेश आज तक क़ायम हैं। अंजार के 82 वर्ष के वोरा साहब बताते हैं कि उनके जन्म से भी काफ़ी पहले कच्छ में मुहर्रम और होली के जुलूस निकलते थे, जो आज भी निकलते हैं। होता यह था कि रास्ते के बहाने कभी-कभार दोनों जुलूसों में भिड़ंत हो जाती थी। वे ऐसे एकाधिक उदाहरण देते हैं जब मुहर्रम का ताजिया गुज़रने पर मन्दिरों के कपाट बन्द कर दिए जाते और होली की घेर निकलने पर मस्जिदों में नमाज बन्द हो जाती। अंजार से भुज का सम्पर्क मार्ग तब वैसा नहीं था जैसा आज है। वे बताते हैं कि इन मौक़ों पर प्रजा को सँभालने या अमन-चैन बनाए रखने के लिए राजा तो ख़ुद भौतिक रूप से उपस्थित हो नहीं सकता था। उस वक़्त कच्छ की रानी गंगा बा अमन-चैन के लिए व्रत रखती थीं। जब तक ताजिया और घेर शान्तिपूर्ण तरीक़े से गुज़र नहीं जाते और रानी तक ख़बर

नहीं पहुँच जाती कि सब कुछ ठीक-ठाक से सम्पन्न हो गया है, तब तक वे अन्न नहीं ग्रहण करती थीं।

वे बताते हैं कि जब समूचे गुजरात में 2002 में दंगे हुए, उस वक़्त कच्छ बिलकुल शान्त रहा। यहाँ एक भी साम्प्रदायिक घटना देखने-सुनने में नहीं आई। इसके पीछे विरासत और कच्छ की अलहदा संस्कृति का मामला तो है ही, लेकिन समीरा शेख अपने अध्ययन में इसका बेहतरीन विश्लेषण करते हुए मामले को गुजरात में वैष्णव पंथ के प्रसार तक ले जाती हैं और ब्राह्मणवाद के बरक्स एक क्षेत्र के बतौर गुजरात व कच्छ को देखने का प्रयास करती हैं।

'फोर्जिंग अ रीजन' नाम की अपनी पुस्तक में 12वीं से 15वीं सदी के बीच गुजरात के सुलतानों, व्यापारियों और तीर्थस्थलों पर समीरा शेख ने अहम शोध किया है। वे लिखती हैं कि आज के दौर में गुजरात का लेना-देना मोटे तौर से हिन्दू धर्म की वैष्णव धारा से हो, लेकिन इस बात के साक्ष्य कम हैं कि पन्द्रहवीं सदी से पहले यहाँ वैष्णव परम्पराएँ रही होंगी। पन्द्रहवीं सदी में पहली बार द्वारका और कृष्ण से जुड़े स्थलों को क्षेत्रीय तीर्थ परिपथ के अंश के बतौर गिना जाने लगा वरना पश्चिमी भारत और सिन्ध में बाहर से आई इस्माइली मिशनरियों का शैव और जैन पंथों के साथ सह-अस्तित्व का सम्बन्ध रहा।

वे लिखती हैं, "चौदहवीं सदी और पन्द्रहवीं सदी के आरम्भ में धार्मिक विविधता को दरकिनार करना तो दूर, सल्तनत के राज ने अभूतपूर्व तरीक़े से धार्मिक विकल्पों का एक समूचा संसार ही खोल दिया, एक तरीक़े से जिसे धर्म का बाज़ार कहा जा सकता है, जहाँ नवधनाढ्यों को पनाह मिली।" जगड़ूशाह दातार जैसे नवधनाढ्य अगर अपने वक़्त में अपने पंथ की सीमाओं को लाँघकर मस्जिद और शैव मन्दिर बनवा सके तो इसका श्रेय मोटे तौर से इस्माइली सल्तनत को जाता है। यात्रानुभव से बाहर निकलते हुए, इसे समझने के लिए थोड़ा इतिहास में चलना होगा। गुजरात में कौमी एकता की जड़ों को समझने के लिए यह ज़रूरी है।

दरअसल, मुंद्रा और मांडवी के तटों से होने वाला समुद्री व्यापार अनिवार्यत: अफ़्रीका और अरब तक फैला हुआ था। शिया मुसलमानों की सबसे बड़ी कौम रहे इस्माइली उत्तरी अफ़्रीका से आए थे जहाँ मोहम्मद साहब की बेटी फातिमा के चलाए हुए फातिमद ख़िलाफ़त का राज होता था। इस्माइली इज्तिहाद यानी तर्क में विश्वास करते थे और सबसे बड़ी बात कि वे बहुलतावादी थे। इस्माइली

पंथ में कई तरीक़े (सिलसिले) थे जिनमें सबसे बड़ा तरीक़ा हुआ निज़ारी। निज़ारी आज भी शिया समुदाय में दूसरा सबसे बड़ा पंथ है जिसके इमाम आगा ख़ान (चतुर्थ) माने जाते हैं।

मुंद्रा में पीर बुख़ारी की दरगाह से निकलते हुए मुग़ल गेट के रास्ते में आपको कुछेक दुकानें अब भी मिलेंगी जहाँ प्रिंस आगा ख़ान की तस्वीर लगी होगी। ऐसी ही एक दुकान पर हम नींबू सोडा पीने के लिए रुके तो हमारे आश्चर्य की सीमा न रही कि प्रिंस आगा ख़ान की तस्वीर के बग़ल में उत्तर प्रदेश के शाहजहाँपुर के एक लोकप्रिय आध्यात्मिक बाबा की भी तस्वीर लगी थी। हमने दुकान वाले सज्जन से इस बाबत पूछा तो उन्होंने बताया कि वे उक्त संत के समुदाय का हिस्सा हैं और जहाँ कहीं भी सत्संग होता है, वे वहाँ जाते हैं।

यह इत्तेफ़ाक़ नहीं है। कच्छ को समझने के लिए हिन्दू और मुसलमान के इस समन्वय को समझना ज़रूरी है। दरअसल, ग़ैर-इस्माइली ऐतिहासिक दस्तावेज़ों में इस्माइली शियाओं के प्रभाव को कहीं दर्ज ही नहीं किया गया है। इसका इकलौता प्रामाणिक स्रोत है दक्षिण एशिया में इस्माइलियों की प्रार्थनाएँ, जिन्हें जिनान कहते हैं। इस्माइली पंथ का प्रभाव हालाँकि ग्यारहवीं और बारहवीं सदी में गुजरात और ख़ासकर कच्छ में इतना व्यापक रहा कि बिश्नोई, मेघवाल और अहीर जैसे पशुपालक समूहों ने इस समुदाय को अपना लिया। यहाँ तक कि राजपूतों और रबारियों के भी इस्माइली बनने की बात अलग-अलग दस्तावेज़ों में मिल जाती है। सतह पर जो आध्यात्मिक पंथ हिन्दू धर्म का हिस्सा जान पड़ते हैं—मसलन रामदेव का पंथ, जाम्भा, आई माता, इत्यादि—ये सब भारतीय उपमहाद्वीप में पहले निज़ारी दावे का हिस्सा हुआ करते थे। आज भी इनके तीर्थस्थल, इनकी परम्पराएँ और इनकी प्रार्थनाएँ आपको एक सी मिलेंगी। ये निज़ारी ख़ुद को सतपंथी भी कहते हैं। निज़ारी दावे और सतपंथियों के बीच केवल एक फ़र्क़ है कि सतपंथी आगा ख़ान को अपना इमाम नहीं मानते।

मसलन, शाहजहाँपुर के जिस बाबा की तस्वीर हमने मुंद्रा के उस पानवाले के पास देखी, उसके बारे अनुयायी कहते हैं कि बाबा 'भौतिक' स्वरूप में जीवित नहीं हैं, आध्यात्मिक स्वरूप में जीवित हैं। उस बाबा को मैं इसलिए पहचान सका क्योंकि मेरे अपने विस्तारित परिवार में भी इस बाबा के कुछ अनुयायी मौजूद हैं जिन्होंने बाक़ायदा दीक्षा ली हुई है। यह एक दिलचस्प बात है कि सतपंथी और

निज़ारी हिन्दू भी हैं और मुसलमान भी। कोई 700 से 900 साल पहले बताया जाता है कि भारतीय उपमहाद्वीप में हिन्दुओं ने बड़े पैमाने पर इस्माइली पंथ को अपनाया, लेकिन यह धर्म परिवर्तन वैसा नहीं था जैसा बाद में सुन्नी मुसलमानों ने किया। यह व्यावहारिक और आध्यात्मिक जीवन की विवशताओं और श्रद्धा से उपजा परिवर्तन रहा, जहाँ इस्माइली बनने के बाद व्यावहारिक जीवन में कुछ ख़ास नहीं अपनाना होता था। बस हिजाब और साड़ी का ही फ़र्क़ है, बाक़ी सतपंथियों की दरगाहें आज भी एक हैं। यह एक ऐसा धार्मिक समन्वयवाद है जहाँ आपको ओम भी मिलेगा, स्वास्तिक भी मिलेगा, हिन्दू नाम और पहचान भी मिलेगी लेकिन प्रार्थनाओं में फ़ारसी और अरबी की दुआएँ भी मिलेंगी।

मुंद्रा से मांडवी की ओर बढ़ते हुए हमें ऐसी ही एक दरगाह की तलाश थी जिसका नाम है मरद पीर। इब्राहिम भाई ने अन्दाज़े से एक गाँव का नाम बताया था और वहाँ पूछने को कहा था। मुख्य मार्ग पर ही गाँव की चौपाल थी। वहाँ हमने एकाध लोगों से पूछा तो उन्होंने भीतर के रास्ते पर जाने की सलाह दी। कोई आठ-दस किलोमीटर तक चलने के बाद जंगल आ गया तो हम अन्दाज़े से पीछे लौटे और एक पेड़ के नीचे रुके जहाँ छोटे से जँगले के भीतर एक मूर्ति रखी हुई थी और सामने की ओर एक मन्दिर था। पेड़ के नीचे रखी छोटी-सी मूर्ति के बाहर लिखा था क्षेत्रपाल। बेशक यह परम्परा के हिसाब से किसी स्थानीय कुलदेवता की मूर्ति होगी, ऐसा हमें समझ आया। फिर हम मन्दिर का दरवाज़ा खोलकर भीतर गए। वहाँ कोई नहीं था।

पीछे की ओर कुछ गायें बँधी थीं। वहाँ एक नौजवान बैठा हुआ था। हमने उसे आवाज़ दी। वह क़रीब आया तो हमने उससे पूछा कि क्या यही मरद पीर है। उसने हाँ में जवाब दिया। हमने पूछा, यह मन्दिर है कि दरगाह। उसने कहा, मन्दिर है। यह अजीब बात थी क्योंकि हमारे अनुभव की ज़मीन उत्तर भारत में पीर का सामान्य अर्थ मज़ार या दरगाह से ही लगाया जाता है। मन्दिर के गर्भगृह में कुल पाँच मूर्तियाँ थीं। पाँचों अलग-अलग आकार के घोड़े थे और सबके ऊपर गेरुआ रंग पुता हुआ था। दाहिनी तरफ़ मोरपंखियों से बना एक पंखा रखा हुआ था। बाएँ से चारों घोड़े ख़ाली थे। केवल पाँचवें यानी दाहिने से पहले घोड़े के ऊपर एक मानव सिर जैसा दिख रहा था। लड़के ने बताया कि एक घोड़े के ऊपर ही सिर होता है। वही मरद पीर का है।

मुंद्रा और मांडवी के बीच मरद पीर के कई मन्दिर और दरगाहें हैं। कहानी तक़रीबन सभी की एक जैसी है, जैसा हमें विक्रम ने रामदेव पीर के बारे में बताई थी या जो रण के मशहूर हाजी पीर के बारे में प्रसिद्ध है। ऐसी हर कहानी में एक लाचार बूढ़ी औरत होती है और उसकी गायें होती हैं। गायों को डकैत उठा ले जाते हैं और उसकी मालकिन फ़रियाद लेकर पीर के पास पहुँचती है। पीर घोड़े पर बैठकर जाते हैं और औरत की गायों को बचाने के चक्कर में शहीद हो जाते हैं।

हाजी पीर की कहानी में औरत हिन्दू है। रामदेव पीर की कहानी में औरत मुसलमान है। दोनों में ही गायों को लूटने वाले डकैत मुसलमान हैं। ऐसी कथाएँ आपको समूचे कच्छ में सुनने को मिलेंगी। इनके पीछे जो समानता दिखती है, वह यहाँ की मूल पशुपालक कौम की ज़िन्दगी की रोज़मर्रा की दिक़्क़तों से जुड़ी है। एक पशुपालक की दैनिक ज़िन्दगी में सबसे बुरी घटना यही हो सकती है कि उसके मवेशी लूट लिए जाएँ। मवेशियों को वही बचा पाएगा जिसे उनका पता मालूम हो और जिसके पास लुटेरों का पीछा करने के लिए घोड़ा हो। हाजी पीर ने बीस साल की उम्र में एक हिन्दू औरत की गाय को बचाने के चक्कर में अपनी जान दे दी। ऐसी शहादतों की यहाँ लम्बी सूची है। इन्हीं शहादतों ने यहाँ साहसी और आध्यात्मिक व्यक्तियों को अपने दौर में पीर और औलिया बना दिया है। मन्दिर में मिला नौजवान थोड़ा संकोच के साथ कहता है, "वो क्या है, आप जो पूछ रहे हो ये सब धर्म का मामला है। इस मामले में मेरे मुँह से थोड़ा भी कुछ ग़लत निकल गया तो...।"

मुंद्रा से मांडवी की ओर निकलने से पहले इब्राहिम हमें अपने गाँव ध्रब ले गए। गाँव के भीतर मुड़ने से पहले ही मुख्य मार्ग पर महादेव का एक बड़ा सा मन्दिर है। भीतर प्रवेश करने पर पता लगता है कि मन्दिर तो अपने आप में छोटा है लेकिन परिसर काफ़ी बड़ा है। उस परिसर में बाक़ायदा एक गृहस्थी फैली हुई है। प्रवेश करते ही बाएँ हाथ कुछ रेत रखी है और दो मज़दूर काम कर रहे हैं। दाहिने हाथ पर एक बड़ा सा ओसारा है जिसमें लटका हुआ झूला सबसे पहले अपनी ओर हमारा ध्यान खींचता है। झूले के बग़ल में एक कुर्सी है जिसके ऊपर कुछ ओढ़ने और बिछाने का सामान एक के ऊपर एक करके रखा हुआ है। बाहर एक चारपाई पड़ी है। भीतर भी। एकाध कुर्सियाँ हैं। दीवारों पर भगवान के कैलेंडर टँगे

हुए हैं। कुछ डिब्बे और घरेलू सामान इधर-उधर बिखरा पड़ा है। ओसारे में घर का गाउन पहने साँवले रंग की एक महिला इत्मीनान से बैठी सब्ज़ी काट रही है।

ये चिन्तामणि बेन हैं। इनकी एक और बहन हैं जो फ़िलहाल मुंद्रा बाज़ार सौदा लेने गई हैं। इब्राहिम भाई स्थानीय भाषा में उन्हें अभिवादन करते हैं तो अजनबियों को देखकर वे खड़ी हो जाती हैं। हम एक-एक करके अपना परिचय उन्हें देते हैं। चिन्तामणि बेन और उनकी बहन इस महादेव मन्दिर की पुजारी हैं। कोई पचास साल से वे यहीं रह रही हैं। इससे पहले उनके माता-पिता मन्दिर के पुजारी हुआ करते थे। तुर्कों के इस गाँव में वे अकेली हिन्दू हैं। वे बताती हैं कि मन्दिर बहुत पुराना है। जब से गाँव बना है तब से ही यह मन्दिर है। समय के साथ इसका परिसर निर्मित होता गया है। सावन के मौसम में पास के गाँवों से गढ़वी लोग यहाँ पूजा करने आते हैं। वे जैसा चढ़ावा चढ़ाते हैं, उसके हिसाब से भगवान भी उन्हें देता है। इनकी कमाई का इकलौता ज़रिया प्रशासन से मिलने वाली पाँच सौ रुपए की पगार है। चिन्तामणि बेन की बहन गुदड़ा-गोदड़ी सिलकर बाक़ी ख़र्च चलाती हैं।

दो बहनों को एक महादेव मन्दिर का पुजारी देखना आश्चर्य की बात हो सकती थी यदि इब्राहिम ने न बताया होता कि इस मन्दिर का कस्टोडियन यानी संरक्षक तुर्कों का ध्रब गाँव है। आज तक कभी भी इस मन्दिर के हिन्दू पुजारियों और मुस्लिम संरक्षकों के बीच कोई विवाद नहीं हुआ। वास्तव में यहाँ हिन्दू पुजारी रखने का काम ध्रब गाँव की ही पिछली पीढ़ी के मुसलमानों ने किया था और आज भी मन्दिर की मरम्मत और देखभाल का ज़िम्मा उनके पास है। ठीक इसी तरह लखपत के गुरुद्वारे को भी पहले एक हिन्दू परिवार ही चलाता था। लखपत के भीतर मौजूद दरगाहों और मन्दिरों के संरक्षण और देखभाल का काम वहाँ के स्थानीय हिन्दू और मुसलमान मिलकर करते हैं।

देश के और हिस्सों में भी ऐसी कहानियाँ सुनने को मिलती हैं, जो सामाजिक सौहार्द के लिए प्रेरणा का काम करती हैं लेकिन कच्छ के मामले में ऐसे दृष्टान्तों का एक विशिष्ट ऐतिहासिक सन्दर्भ है। जैसा कि पहले बताया गया है, यहाँ के स्थानीय संत, पीर, देवी, देवता, शक्ति और स्थानीय नायक आदि की धार्मिक पहचानें ख़ुद दोहरी रही हैं—वे हिन्दू गुरु भी रहे हैं और मुस्लिम पीर भी। नाथ सम्प्रदाय के प्रणेता गुरु गोरखनाथ की वाणी से एक उदाहरण लें :

उतपति हिन्दू जरणां जोगी अकलि परि मुसलमांनी।
ते राह चीन्हों हो काजी मुलां ब्रह्मा बिस्नु महादेव मांनी॥

उत्पत्ति से हम हिन्दू हैं, जरणां के कारण जोगी हैं और अक्ल से मुसलमानी पीर। हे मुल्लाओ और काजियो, उस मार्ग को पहचानो जिसे ब्रह्मा, विष्णु और महादेव तक ने माना है।

जोगी हिन्दू जनसमुदाय में से ही चेला मुड़ाया करते हैं। योग सिद्धि के लिए यह आवश्यक है कि गुरुमुख से पाए हुए ज्ञान को मनन, चिन्तन और साधना के द्वारा स्वानुभाव में ला सकें। मुसलमानों में जिस प्रकार पीरों का मान है, उसी प्रकार योग-मार्ग में गुरुओं का। नाथी ने तो 'पीर' शब्द को ही स्वीकार कर लिया है। उनके महन्त 'महन्त' नहीं, पीर कहलाते हैं। किन्तु इसका यह मतलब नहीं कि वस्तुत: कोई तात्त्विक मुसलमानी प्रभाव उन पर पड़ा हो।

सोशलिस्ट औलिया

जो स्थिति गुरु की रही, वही स्थिति चेलों की बनी। हिन्दू और मुसलमान का भेद गुरु और चेलों के स्तरों पर उतना ही रहा जितने से सामाजिक सौहार्द और सन्तुलन न बिगड़ने पाए और काम-धन्धा ठीक से चलता रहे। समीरा शेख अपने शोध में इस सन्दर्भ में एक दिलचस्प पद का प्रयोग करती हैं—'संसाधन प्रबन्धन'। वे लिखती हैं, "पीरों, संतों और देवियों की ताक़त मोटे तौर पर संसाधनों के प्रबन्धन से जुड़ी हुई थी, जो चमत्कारिक रूप से उर्वरता प्रदान करते, पानी को दैवीय ताक़त प्रदान करते और मवेशियों की सुरक्षा करते थे। इस शक्ति को उच्चस्थ ब्राह्मण या उच्चस्थ सुन्नी अस्मिता के साथ नत्थी किए बग़ैर ही स्वीकार्यता मिली होती थी।"

इसका सबसे बढ़िया उदाहरण दत्तात्रेय देवता हैं जिनके मन्दिर केवल कच्छ ही नहीं बल्कि समूचे देश में कहीं न कहीं मिल जाएँगे। दत्तात्रेय का एक सुदूर मन्दिर धोलावीरा के तट पर भी है जहाँ होकर हम आए थे। दत्तात्रेय का चरित्र गुजरात के महानुभाव पंथ की देन है जिसकी शुरुआत यहाँ तेरहवीं सदी के अन्त में हुई। अकेले

गुजरात में देखें तो दत्तात्रेय हमारे समक्ष अलग-अलग रूपों में सामने आते हैं। कहीं वे देवियों के मंदिरों और शक्तिपीठ में मौजूद होते हैं तो कहीं दशनामी, नाथ और अघोरपंथ के अंश के रूप में दिखाई देते हैं। वैष्णव और जैन पंथों में दत्तात्रेय का ज़िक्र है। जैन पंथ में जिनकी पूजा नेमिनाथ के रूप में की जाती है, वह दत्तात्रेय ही हैं। नेमिनाथ का चरित्र नाथ सम्प्रदाय के समानान्तर दिखाई देता है क्योंकि वहाँ पारसनाथ को नेमिनाथ का भाई बताया गया है और दोनों ही गोरखनाथ के बेटे हैं।

दत्तात्रेय का चरित्र इतना विविध, ऐतिहासिक और मिथकीय है कि एक विद्वान अन्तोनियो रिगोपाउलोस ने बाक़ायदा उनके ऊपर एक किताब[1] ही लिख डाली है। अन्तोनियो के मुताबिक़ नाथ सम्प्रदाय में दत्तात्रेय को आदि गुरु की संज्ञा दी गई है जिनको तंत्र में महारत हासिल थी। वैसे आमतौर से आदिनाथ को शिव का ही एक संस्करण माना जाता है। एक समय में दत्तात्रेय के कल्ट ने एक साथ शैव, वैष्णव और शाक्त सम्प्रदायों को प्रभावित किया है। जेम्स मैलिन्सन के मुताबिक़ दत्तात्रेय नाथ सम्प्रदाय के परम्परागत गुरु नहीं थे। अठारहवीं सदी में जब शैव और वैष्णव पंथों का समन्वय हुआ, उस वक़्त नाथ सम्प्रदाय ने दत्तात्रेय को अपने एक गुरु के तौर पर परम्परा में समाहित किया। इसका साक्ष्य मराठी का एक ग्रंथ 'नवनाथभक्तिसार' है जिसमें नाथ सम्प्रदाय और महानुभाव पंथ के समन्वय और मिलन की बात की गई है और नौ नाथों को नौ नारायणों के समानान्तर बताया गया है।

समीरा शेख ने पशुपालक समुदायों के सन्दर्भ में जिस 'संसाधन प्रबन्धन' का ज़िक्र किया है, दत्तात्रेय का चरित्र वहाँ कई चौंकाने वाले रूपों में सामने आता है और अपने भक्तों की परीक्षा लेता है। शेख के मुताबिक़, कभी वह निचली जाति के एक बहेलिये या शिकारी के रूप में सामने आता है जो मांस लेकर जा रहा है तो कभी नशे में धुत्त एक फ़क़ीर के रूप में। कभी-कभी उसका वर्णन एक मुस्लिम फ़ौजी के रूप में भी किया गया है। मराठी संत कवि एकनाथ को दत्तात्रेय का पहला रूप एक फ़क़ीर के जैसा ही दिखा था। एकनाथ के गुरु जनार्दन की दोहरी पहचान थी—वे दत्तात्रेय समुदाय से भी आते थे और इस्माइली धर्म प्रचारक भी थे।

इस सन्दर्भ में पीर दावल शाह का ज़िक्र करना ज़रूरी है जिनकी दरगाह कच्छ के अलावा सौराष्ट्र में भी कई स्थानों पर है। सौराष्ट्र के मोर्बी ज़िले में पड़ने वाले आमरान गाँव में मुख्य दरगाह के अलावा एक और दरगाह मलिया मियाना

1. Dattatreya : The Immortal Guru, Yogin and Avatara

जंक्शन के पास है जिसे सिर शरीफ़ कहते हैं। दावल शाह क़ुरैशी थे और वे महमूद बिगाडा के राज में दरबारी हुआ करते थे। उनका असल नाम था अब्दुल लतीफ मलिक महमूद और उन्हें दावर-अल-मुल्क की उपाधि दी गई थी। उनकी रियासत के किसान उनसे बहुत ख़ुश रहते थे क्योंकि उन्होंने एक सिद्धान्त के चलते उनके बीच काफ़ी इज़्ज़त कमाई थी। वे खेतिहर किसानों से लगान के रूप में बहुत मामूली रकम वसूलते थे। उनका सिद्धान्त था कि खेतिहरों से केवल उतना ही वसूला जाना चाहिए जितना मोहम्मदी क़ानून में स्वीकृत है। एक पाई अतिरिक्त लगान भी वे हराम मानते थे। उनकी फ़ौज जब खेतों के पास से गुज़रती थी तो उन्होंने सख़्त पाबन्दी की हुई थी कि फ़ौज के घोड़े खेतों में नहीं चरेंगे और उनकी सैन्य टुकड़ियाँ खेतों को बरबाद नहीं करेंगी।

दावल शाह तकनीकी रूप से ग़लत नाम है क्योंकि उन्हें दावर-अल-मुल्क कहा जाता था। क़ायदे से नाम दावर शाह होना चाहिए था। अपने जीते-जी वे आमरान के थानेदार रहे और कच्छ की सरहद से आने वाले चरवाहों की सुरक्षा में लगे रहे। एक स्थानीय मनसबदार के साथ जंग में 1509 में वे शहीद हुए। उसके बाद से उनकी दरगाह पर सालाना उर्स और मेला लगता है। एक नज़र में यह उदाहरण धार्मिक मूल्यों के तहत नैतिकता का जान पड़ता है कि शासक का नियुक्त किया थानेदार अपनी प्रजा से उतना ही लगान लेता है जितना धार्मिक रूप से वाजिब है। अब यह लगान लेने वाले का निजी मसला है कि उसकी नैतिकता किन मूल्यों से संचालित होती है, लेकिन प्रजा के लिए वह भगवान से कम नहीं है जो खेती-बाड़ी से चलने वाली आजीविका का उसे संरक्षक मानती है। पशुपालक और खेतिहर संस्कृति के लिए और कोई दूसरा भगवान हो भी नहीं सकता। भगवान वही है जो भक्तों के मवेशियों, उनकी चरागाहों, उनके खेतों की रखवाली करता हो। यही उनके 'संसाधन' हैं। इन्हीं संसाधनों का सुचारु प्रबन्धन करने वाला उनका संत है, पीर है, औलिया है, देवता है।

संसाधन प्रबन्धन की इस गति को उलट दें तो दावल शाह पीर की एक दिलचस्प तस्वीर उभरती है। दावल शाह पीर की दरगाह का संरक्षक एक हिन्दू परिवार है। इसके मुखिया हैं—जिग्नेश मोदी। अहमदाबाद से क़रीब 40 किलोमीटर दूर सैटेलाइट शहर जोधपुर में मोदी परिवार का मकान है। ये लोग हिन्दू समुदाय मोढ़ मोदी से आते हैं लेकिन बीते ढाई सौ साल से दावल शाह पीर के खादिम और इसके नाम

पर बने ट्रस्ट के संरक्षक हैं। इत्तेफ़ाक़ ही कहेंगे कि इस परिवार से मेरी मुलाक़ात दो साल पहले एक फ़िल्म की शूटिंग के सिलसिले में हुई।

जिग्नेश मोदी हमें लेने के लिए चौराहे तक आए थे। भारी-भरकम डील-डौल वाले जिग्नेश भाई प्रभावशाली मूँछें रखते हैं और गले में मोटे-मोटे गंडे और मालाएँ लटकाए रखते हैं। उनके विला में घुसते ही एक सुखद अहसास होता है। दुर्गा, गणेश, रणछोड़ जी की तस्वीरों के साथ उनका ड्राइंग रूम काबा की एक विशाल तस्वीर से सजा हुआ है। उन्होंने हमसे मिलने के लिए पूरा ख़ानदान ही बुला रखा था।

जिग्नेश भाई का डेयरी का कारोबार है। पूरा ख़ानदान दावल शाह पीर का भक्त है। भक्त भी हल्का-फुल्का नहीं। यहाँ दस साल के बच्चे को भी कलमा पढ़ने की तमीज़ है। उसे दावल शाह पीर का कलमा रटा हुआ है। इसी परिवार के रूपेश भाई सिंघा कुछ इस ज़बान में कलमा पढ़ते हैं कि पूर्वांचल की किसी मस्जिद का मुतवल्ली भी वाह-वाह कर उठे। इतनी शुद्ध ज़बान, इतनी शुद्ध अदायगी। बस दुख है तो केवल एक—ढाई सौ साल में इनके परिवार से कोई हज नहीं जा सका। ज़ाहिर है, हिन्दू होकर हज जाना सम्भव भी नहीं है।

भक्ति का मामला एकतरफ़ा नहीं है। आमतौर से गंगा-जमुनी तहज़ीब पर सवाल उठाने वाले पूछते हैं कि हिन्दू तो दरगाह आदि पर जाता है, एक मुसलमान खोजकर दिखाओ जो मन्दिर जाता हो। आमरान में जहाँ दावल शाह पीर की दरगाह है, वहीं सबसे क़रीबी स्टेशन मलाया मियाना का है जो मियाना समुदाय के लिए जाना जाता है। इस मियाना समुदाय में निकाह से पहले गणेश की पूजा होती है।

मियाना समुदाय के बारे में दो बातें प्रचलित हैं। एक तो ये कि वे हिन्दू राजपूत समुदाय के थे जिन्होंने अलाउद्दीन खिलजी के शासन में अपना धर्म बदल लिया। दूसरी, वे सिन्ध के राजपूत थे जो जडेजाओं के राज में कच्छ चले आए थे। इनके यहाँ आज भी तमाम हिन्दू प्रथाएँ निभाई जाती हैं। कई मुस्लिम परिवार आपको इस इलाक़े में मिलेंगे जहाँ हिन्दू देवियों की तस्वीरें टँगी दिख जाएँगी। इन देवियों की सवारियाँ बेशक अलग-अलग हो सकती हैं।

यह इत्तेफ़ाक़ नहीं है कि आप पूरे कच्छ में घूम जाएँ तो आपको आम लोगों के घरों में जिन भगवानों की तस्वीरें दिखाई देंगी उन्हें आप भले न पहचान पाएँ लेकिन भगवान की सवारी को ज़रूर पहचान जाएँगे। इन सवारियों में घोड़ा, ऊँट, मुर्ग़ा, गाय, बकरी, भेड़ और यहाँ तक कि मगरमच्छ-घड़ियाल भी दिख जाएँगे।

उत्तर भारत में शक्ति की देवी शेर पर बैठी दिखती है, वही शक्ति की देवी एकल माता के रूप में मगरमच्छ पर बैठी दिखेगी तो खोड़ियार माता के रूप में ऊँट पर और बहुचार माता के रूप में मुर्ग़े पर बैठी दिखेगी। शक्तिरूपा कुलदेवियों की यह लम्बी क़तार धार्मिक बहुलता का एक ऐसा उदाहरण है जो हिन्दू धर्म के वैष्णव पंथ के वर्चस्व के साथ कमज़ोर होती गई है।

पन्द्रहवीं सदी में मज़बूत होते सूफ़ी पंथ, अपनी ढलान पर जाते इस्माइली पंथ और शैव पंथ के समन्वय ने कच्छ में धर्म का जैसा बहुरंगी इन्द्रधनुषी परिदृश्य क़ायम किया, वह अपने आप में एक ऐसी मिसाल है जिसने कच्छ को आज तक गुजरात और शेष भारत में हुए साम्प्रदायिकता के उभार के असर से कमोबेश बचाए रखा है।

सिन्ध की तिलिस्मी सुरंग

मरद पीर की तलाश में भद्रेश्वर से मांडवी पहुँचते-पहुँचते हमें शाम के साढ़े छह बज गए थे। डॉक्टर पुलिन ने कहा था कि यदि हम चार बजे तक नहीं पहुँचे तो वे किसी काम से निकल लेंगे। भेंट औपचारिक ही थी, लेकिन इस बार रह गई। कोई बात नहीं, फिर मिल लेंगे, यही सोचते हुए हमने गाड़ी समुद्र तट की ओर भगाई। कहीं सूरज भी डूब गया तो चिलचिलाती धूप में इस शुष्क यात्रा का बचा-खुचा पानी भी मयस्सर नहीं होगा। आँखों के सामने विशाल जलराशि एक सुकून है कि दुनिया अब तक बची हुई है। सारी सभ्यताएँ नदियों, झीलों और समुद्रों के किनारे ही बसी हैं। पानी न होता तो मनुष्य जाने कहाँ होता। मांडवी के तट की ख़ूबी है कि यह खुला हुआ है। आँखों के सामने अथाह अरब सागर है। मुंद्रा में ऐसा नहीं है। समुद्री व्यापार में मांडवी से मुंद्रा के पीछे रह जाने की यह एक बड़ी वजह है। मुंद्रा में कच्छ की खाड़ी के सँकरा हो जाने के कारण खुला समुंदर देखने को नहीं मिलता। इसके बजाय बेहतर है कि आप मांडवी से थोड़ी दूर पिंगलेश्वर निकल लें। वहाँ मांडवी जैसा खुलापन भी है और ठेले, खोमचे, ऊँट वाले भी नहीं जो आपकी दृष्टि को बाधित करते हों। कच्छ को जानने वाले भी पिंगलेश्वर के बारे में कम जानते हैं।

सात बज चुके थे। अरब सागर में सूरज डूबने को था। सामने तट पर एक लाश जल रही थी। ढलते अक्टूबर की डूबती हुई उस सिंदूरी शाम में चिता से उठती आग की लपटें लहरों को चुनौती-सी दे रही थीं। सूरज के पूरी तरह डूब जाने का हमने इन्तज़ार किया। कुछ देर तट पर ही बैठे रहे, फिर शहर के एक मशहूर रोटीवाले के यहाँ दाबेली खाया, पानी पीया, चाय पी और लखपत की ओर निकल लिए। उस रात लियाक़त से लखपत में उसके घर रुकने का वादा था लेकिन वादे में इतनी देर हो जाएगी, इसका अन्दाज़ा नहीं था। जिस गति से हम चल रहे थे और जितनी दूरी थी, तय था कि रात ग्यारह बजे से पहले लखपत नहीं पहुँच सकेंगे। लियाक़त हर घंटे पर फ़ोन कर रहा था और हम उसे जब अपनी लोकेशन बताते तो वह उदास होकर ओके बोलता और फ़ोन रख देता था।

इतनी रात लखपत जाना सुरक्षा के लिहाज़ से भी ठीक नहीं था। हमारी सुरक्षा की फ़िक्र हमें उतनी नहीं थी। जिन्हें वहाँ रहना है उनकी सुरक्षा ज़्यादा अहम थी। उस वक़्त हालाँकि ये सब बातें दिमाग़ में नहीं आ रही थीं क्योंकि हर बार लौटकर लखपत जाना एक कर्मकांड सा बन चुका था। एक बार लखपत हो आने के बाद कोई दूसरी बार भला उस उजाड़ में क्यों जाना चाहेगा? और मैं तो चौथी बार जा रहा था, जबकि देखने-सुनने को कुछ ख़ास बचा भी नहीं था। लखपत में ऐसा क्या है? शायद दिमाग़ में बसा वह नक़्शा, कि लखपत से पाकिस्तान के सिन्ध की सीमा बहुत ही क़रीब है। अगर क़िले के पीछे का पानी सूखा हो तो रण में पैदल चलकर उधर पहुँचा जा सकता है। इधर का कच्छ और उधर का सिन्ध अगर सरहद से न बँटा होता तो बेशक ऐसी बेचैनी न होती, लेकिन मनुष्य का स्वभाव है कि वर्जित बातें उसे खींचती हैं।

लखपत क़रीब आता है तो सिन्ध खींचता है, कराची खींचता है, किसी ऐसी दैवीय शक्ति की आकांक्षा जाग उठती है जो कोरी क्रीक को पल भर के लिए समेट दे और सरहदों का फ़र्क़ मिटा दे। कोई ऐसा मायावी चश्मा इस उजाड़ में गिरा मिल जाए जो बीते कल की तस्वीर दिखा सके।

ओ कँटीली झाड़ियो!
सुनाओ मुझे

सिन्धु के बहादुर सौदागरों की कहानियाँ
ख़ुशहाली भरे उस दौर के वे दिन और वे रातें
उनकी दास्तानें
और बताना अपना दर्द भी
क्या कुछ चुभता है तुम्हारे भीतर?
कि अब वे चले गए...
तो तुमने भी उगाने छोड़ दिए फूल
इक़रार में
ज़रा ये बताना
क्या थी उम्र तुम्हारी
ओ कँटीली झाड़ियो!
जब नदी उफनाया करती थी बाढ़ में।

क्या तुमने देखा है कोई राहगीर ऐसा
जो हो बंजारों जैसा?
ये सच है कि नदी अब सूख चुकी है और
बेमतलब के झाड़ उग आए हैं किनारों पर
धनी सौदागर भी हो गए कल की बात
लगान वसूलते हो गए गुम रातोंरात
अब क्या करने आई हो यहाँ
ओ बड़ी मछली
तुम्हें तो पहले आना था जब
नदी में आया करती थी बाढ़
अब तो है उसमें केवल गाद
किनारों पर उग आई है सूखी झाड़
अब तो काफ़ी देर हो चुकी
बुझ चुकी है नदी के भीतर वो पुरानी आग
तुम जल्द ही पकड़ ली जाओगी
बन्द कर दिए हैं सभी रास्ते मछुआरों ने

उतार पर है
लहरों के ऊपर जमने वाली सफ़ेद झाग।[1]

शाह अब्दुल लतीफ़ भिटाई ने जब ये पंक्तियाँ लिखी होंगी, तब शायद उनके मन में भी ऐसा ही कुछ चल रहा होगा। वरना एक बार लखपत आने वाला लौट-लौट कर लखपत नहीं आता है। ऐसा क्या देख लिया था इन कँटीली झाड़ियों में उन्होंने कि करबला जाने के लिए सिन्ध से निकले शाह अब्दुल लतीफ़ भिटाई लखपत से वापस लौट गए? कहते हैं कि लखपत आकर उन्हें अपनी मौत का पूर्वाभास हो गया था। इसकी कहानी हालाँकि काफ़ी दिलचस्प है। उस पर हम आगे आएँगे।

फ़िलहाल, हमारी गाड़ी जिस दिशा में बढ़ी जा रही थी उसी दिशा में सिन्ध की सरहद लखपत से कोई चालीस किलोमीटर आगे थी। अन्धकार के अनंत प्रसार में चौथ का चाँद अठखेलियाँ कर रहा था। सरहद से कोई डेढ़ सौ किलोमीटर दूर पाकिस्तान के मटियारी में चाँद अपने पूरे शबाब पर था। सिन्ध के चॉसर कहे जाने वाले सबसे बड़े सूफ़ी शायर शाह अब्दुल लतीफ़ भिटाई का 275वाँ उर्स मनाया जा रहा था और हम एक ऐसी ज़मीन पर सरपट भागे जा रहे थे जिसके बारे में एल.एफ. रशब्रुक विलियम्स ने बरसों पहले लिखा था कि यहाँ के तक़रीबन हर घर में भिटाई की शायरी मौजूद है। यह बात कच्छ के बारे में सच हो न हो, लखपत के बारे में ज़रूर सच थी।

लखपत की कोई भी कहानी शाह अब्दुल लतीफ़ भिटाई के बग़ैर अधूरी है। उस्मान अली नोतियार जब कभी पीर ग़ौस के कुबे के पास होते हैं, उन्हें शायरों के शायर अब्दुल लतीफ़ भिटाई की याद हो आती है। याद है, जब दूसरी बार मैं लखपत गया था और पीर ग़ौस के मक़बरे के पास बुज़ुर्ग पीर अली शाह को खोज रहा था। वो लम्बी दाढ़ी, आसमान को ताकती वे निर्जल आँखें, माथे पर पत्थर की लकीर जैसे बल, सब कुछ मेरे ज़ेहन में था लेकिन बुज़ुर्ग कहीं नहीं दिख पड़ते थे। मैंने उनके बारे में जब उस्मान अली से पूछा तो पहले वे समझ नहीं पाए कि मैं किसकी बात कर रहा हूँ। फिर मैंने अपने ब्लॉग पर उनका चेहरा दिखाया तो उस्मान भाई उदास हो गए। पीर अली शाह गुज़र चुके थे।

बात करते-करते झोंक में उस्मान अली ने पीर ग़ौस की शायरी से शुरुआत की

1. शाहजी रिसाला

और शाह अब्दुल लतीफ़ भिटाई पर आ ठहरे, "देखो, क्या लिखा है...," सिन्धी में उन्होंने एक शेर पढ़ा और उसका मतलब समझाया, "मेरा झोंपड़ा पानी के बीच में है लेकिन मैं प्यासा हूँ।"

उस्मान भाई बोलते गए, "कबीर ने भी तो यही लिखा था—पानी बिच मीन पियासी—बिलकुल वही बात शाह भिटाई कहता है। पीर ग़ौस, शाह भिटाई, कबीर, ये सब रूमी की परम्परा से आते हैं।"

उस्मान भाई की औपचारिक पढ़ाई-लिखाई नहीं हुई है लेकिन परम्परा का ज्ञान उनके भीतर ज़बरदस्त है। एक आदमी किताबों से सीखता है, एक ज़िन्दगी से। उस्मान अली नोतियार ज़िन्दगी से सीखने वाले खेमे के उस्ताद हैं, जिनसे बात करने पर हर बार कुछ नया सीखने को मिलता है। मैंने जानबूझकर लखपत की ओर आने से पहले उस्मान भाई से बात नहीं की थी, बल्कि उनके बेटे लियाक़त से सम्पर्क में था। उस्मान भाई एक विस्मय की तरह मिलें तो ही बेहतर।

विस्मय, जिस पर आलोकधन्वा अपनी एक कविता में लिखते हैं :

तब वह ज़्यादा बड़ा दिखाई देने लगा
जब मैं उसके किनारों से वापस आया

वे स्त्रियाँ अब अधिक दिखाई देती हैं
जिन्होंने बचपन में मुझे चूमा

वे जानवर
जो सुदूर धूप में मेरे साथ खेलते थे
और उन्हें इन्तज़ार करना नहीं आता था

और वे पहले छाते
बादल जिनसे बहुत क़रीब थे

समुद्र मुझे ले चला उस दोपहर में
जब पुकारना भी नहीं आता था

जब रोना ही पुकारना था

जहाँ विस्मय
तरबूज़ की तरह
जितना हरा उतना ही लाल।[1]

चारों ओर अभेद्य अन्धकार था लेकिन बाएँ हाथ पर साथ चल रहे समुद्र का आभास मुझे उस दोपहर ले चला जब पीर ग़ौस के मक़बरे के पास खड़े होकर उड़ा ले जाने वाली तेज़ हवा में उस्मान भाई हमें भिटाई के क़िस्से सुनाए जाते थे। इधर रात के दस बज चुके थे। हम अब भी नलिया से कुछ ही आगे बढ़े थे। लखपत में घंटा भर और लगना था। समुद्र बाएँ हाथ साथ-साथ चल रहा था। रास्ते में हल्के होने और खुली हवा में साँस लेने के लिए हमने कुछ देर के लिए गाड़ी रुकवाई।

मन तो लखपत में रमा था। मैंने अनमने से ही मोबाइल निकाला और किसी सुप्त जिज्ञासावश गूगल पर शाह अब्दुल लतीफ़ भिटाई टाइप करके सर्च किया। जो सामने दिखा, क्या उसे महज़ इत्तेफ़ाक़ मान लें? उस पार सिन्ध में उस रात शाह भिटाई का 275वाँ उर्स सम्पन्न हो रहा था, यह ख़बर गूगल ने सबसे पहले दिखाई। मैं हतप्रभ था। विस्मित भी। चौथ का चाँद आसमान में चमक रहा था। तारे बिलकुल साफ़ दिखते थे। मेरे हमसफ़र अजीत अपनी हमसफ़र को मोबाइल पर चेहरा दिखाकर उनका करवाचौथ व्रत तुड़वा रहे थे। अंकुर बेमन से इधर-उधर टहल रहा था। मुकेश, हमारा सारथी, नींद तोड़ने के मादक उपाय खोज रहा था। मैं मोबाइल पर तेज़ी से उँगलियाँ फिरा रहा था।

लगे हाथ एक ख़बर यह भी दिख गई कि दो दिन पहले सिन्ध में ही शाह इनायत शहीद का 300वाँ उर्स मनकर ख़त्म हुआ है। क्या संयोग था कि गुरु और चेले का उर्स तक़रीबन साथ-साथ मना और मुझे इसकी ख़बर इससे पहले नहीं लगी। विस्मय, कविता से बाहर निकलकर मेरे ठीक सामने नाच रहा था। मैं चुपचाप गाड़ी में वापस बैठ गया और खिड़की के काँच मैंने खोल दिए।

मैंने सूफ़ियों में विस्मय पाया है। वे बाहर से जितने हरे दिखते हैं, भीतर से उतने लाल होते हैं। ख़ासकर शाह अब्दुल लतीफ़ भिटाई और सिन्ध के ही एक बड़े सूफ़ी

1. दुनिया रोज़ बनती है

शाह इनायत शहीद के मामले में यह बात खालिस सच है। दोनों का जीवनकाल एक-दूसरे से टकराता है। शाह इनायत जब शहीद हुए तब भिटाई 29 साल के थे। इधर हिन्दुस्तान में उर्दू के सबसे पहले शायर कहे जाने वाले वली दकनी का भी तक़रीबन यही जीवनकाल रहा। इनमें वली सबसे पहले गुज़रे, फिर शाह इनायत और उसके बाद शाह भिटाई। इन तीनों की मौत में हालाँकि एक बड़ा फ़र्क़ यह रहा कि गुजरात में रहते हुए वली को बदक़िस्मती से दो बार मरना पड़ा—दूसरी बार तब जब 2002 में मुसलमानों के संगठित क़त्लेआम के बीच अहमदाबाद में उनकी मज़ार को दंगाइयों ने तोड़ दिया और उसके ऊपर सपाट सड़क बना दी। इसके ठीक उलट, सिन्ध ने शाह इनायत और शाह अब्दुल लतीफ़ भिटाई को अपनी साँसों और अपनी ज़िन्दगी और अपनी संस्कृति में मुसलसल ज़िन्दा रखा है।

शाह इनायत भीतर से लाल थे, समाजवादी थे। बरसों बाद किसान आन्दोलन में जो नारा आया, वह शाह इनायत 17वीं सदी में ही देकर चले गए—'ज़मीन जोतने वाले की।' समीरा शेख ने पीरों-संतों की चमत्कारिक ताक़त के सन्दर्भ में जिस 'संसाधन प्रबन्धन' का ज़िक्र अपनी पुस्तक में किया है, उसका वैचारिक और दार्शनिक पहलू हमें पन्द्रहवीं सदी के उत्तरार्द्ध में सिन्ध के ऐसे सूफ़ियों के उभार में देखने को मिलता है जिनके ऊपर भारतीय अद्वैत दर्शन का ज़बरदस्त प्रभाव रहा और जिन्होंने बदले में कच्छ की मिट्टी को थोड़ा और साँवला बनाया।

शाह इनायत (1656-1718) कर्म से सूफ़ी थे लेकिन विचारों से समाजवादी। एक ओर वे ज़मींदारों से खार खाते थे, दूसरी तरफ़ उन्हें धार्मिक कट्टरपंथी बरदाश्त नहीं थी। उन्होंने सरकार को लगान चुकाने से यह दलील देते हुए इनकार कर दिया कि उनके पास और उनके अनुयायियों के पास जो ज़मीनें हैं, वे उन्हें अपने बाप-दादाओं से विरासत में हासिल हुई हैं और उनके बाप-दादाओं ने इसके लिए कोई लगान नहीं चुकाया था। चूँकि वे एक सूफ़ी थे तो उनके पास झोक में सिन्ध भर से अनुयायी आया करते थे। उन्होंने कई को तो ज़मीनें भी मुफ़्त में बाँट रखी थीं। इसके दो परिणाम हुए। एक तो कई ज़मींदारों को उनकी ज़मीन पर काम करने वाले कामगार मिलने बन्द हो गए और बटाईदार भी चले गए, दूसरे बुलरी के सैयदों के पास अनुयायियों का जाना कम हो गया।

नतीजा, शाह इनायत एक साथ ज़मींदारों और सैयदों के दुश्मन बन गए। धार्मिक रूढ़िपंथियों ने तो उन्हें पहले से ही पागल घोषित किया हुआ था। उस

वक़्त ठट्टा प्रान्त में रहने वाला केवल एक अदीब था जो उनके अद्वैत और हमी अस्तो (जो है मैं हूँ) के फ़लसफ़े में यक़ीन रखता था—वह शाह अब्दुल लतीफ़ भिटाई का दोस्त था मख़दूम मुईन। दिल्ली की गद्दी पर उस वक़्त फ़र्रुख़सियर का राज हुआ करता था जो 1719 तक क़ायम रहा। औरंगज़ेब की मौत के बाद वह दिल्ली का पाँचवाँ सुलतान था। उसने ठट्टा के मनसबदार आज़म ख़ान को कहा कि वह सैन्य टुकड़ियाँ लेकर शाह इनायत के ऊपर हमला बोल दे। शाह इनायत को ख़ुद मौत से डर नहीं था लेकिन उन्हें अपने अनुयायियों की चिन्ता थी, लिहाज़ा उन्होंने ख़ुद आगे बढ़कर मोर्चा लिया और चार महीने तक फ़ौजों को झोक में रोके रखा। चार महीने बाद एक समझौते पर दस्तख़त करने का फ़ैसला दोनों तरफ़ से हुआ। शाह इनायत दस्तख़त करने के लिए फ़ौजी सिपहसालार यार मोहम्मद के पास गए, तब उन्हें धोखे से पकड़कर आज़म ख़ान के सामने ठट्टा में पेश किया गया। 7 जनवरी, 1718 को शाह इनायत का सिर क़लम कर दिया गया। शाह इनायत तो शहीद हो गए लेकिन उधर दिल्ली में इसकी ख़बर लगते ही बवाल हो गया और जिन दो सैयद भाइयों ने फ़र्रुख़सियर को गद्दी पर बैठने में मदद की थी, उन्होंने ही उसका क़त्ल कर डाला क्योंकि दोनों भाई शाह इनायत के अनुयायी निकले। शाह इनायत कुछ दिनों के लिए दिल्ली रुके थे तब सैयद भाई उनके मुरीद हुए थे। शाह इनायत की शहादत के वक़्त अब्दुल लतीफ़ 29 बरस के थे। उनकी शहादत पर अब्दुल लतीफ़ ने शाह इनायत का नाम लिए बग़ैर सात बायतों का एक मर्सिया पढ़ा।

निजी स्वतंत्रता और सामाजिक बराबरी के क्षेत्र में शाह इनायत अद्वैत या हमी अस्तो के फ़लसफ़े को लागू करना चाहते थे। बिलकुल यही काम शाह अब्दुल लतीफ़ भिटाई ने शायरी के हलक़े में अनजाने में कर डाला। उनके रिसाले के किरदारों की बनावट कुछ यूँ है कि एक ओर तो बड़े-बड़े ज़मींदार और राजे हैं जबकि दूसरी ओर निचली जाति के ग़रीब-ग़ुरबा हैं। आख़िर में दोनों के बीच समाजी बराबरी क़ायम होती है और सभी एक विशिष्ट आध्यात्मिक एकता की ओर अग्रसर होते हैं। उनका रिसाला कोई दार्शनिक कृति नहीं है लेकिन उसके प्रेम गीतों में अद्वैतवाद साफ़ झलकता होता है।

भारत के अद्वैतवादी दर्शन और कच्छ के आम जनमानस में उसके प्रभाव के सन्दर्भ में शाह अब्दुल लतीफ़ भिटाई की ज़िन्दगी पर थोड़ा बात करना ज़रूरी

है क्योंकि सिन्ध से उपजे तमाम सूफ़ियों में इकलौते वे ही थे जिनका लेना-देना नाथपंथी जोगियों के साथ था।

किशोरावस्था में ही लतीफ़ को हिन्दू जोगियों का साथ मिल गया था। वे अपने पिता से त्रस्त थे, सो अपना घरबार छोड़कर जोगियों के साथ सिन्ध में घूमने निकल पड़े। क़रीब तीन साल तक गेरुआ वस्त्र धारण करके वे हिंगलाज से लेकर द्वारका और जाने कहाँ-कहाँ घूमते रहे। हिंगलाज में उन्हें कुंडलिनीचक्र के बारे में सीखने को मिला। अपने रिसाले में वे ध्यान योग का ज़िक्र करते हैं, हालाँकि वह कलात्मक ज़्यादा है और तकनीकी कम। हिंगलाज से होते हुए जब वे ठट्टा पहुँचे तो वहाँ उनकी दोस्ती मख़दूम मुईन से हुई। मुईन दिल्ली के वलीउल्ला शाह या वलीउल्लाह देहलवी के प्रमुख शिष्यों में एक थे, इसलिए काफ़ी पढ़े-लिखे थे। लतीफ़ और मुईन के बीच घंटों दर्शन और विचार को लेकर बहसें चला करती थीं।

इनके बीच ऐसी दोस्ती हो गई कि दोनों सिन्धु पार करके कच्छ के लखपत आ गए। उन दिनों सिन्ध और कच्छ के बीच के रण में नाव से जाना मुमकिन होता था। लखपत से वे दोनों मांडवी और उसके आगे पोरबन्दर और द्वारका तक गए। पोरबन्दर से शाह लतीफ़ और उनके दोस्त जूनागढ़ निकल लिए जहाँ उन्हें गिरनार की पहाड़ी और उसके सबसे ऊँचे शिखर गोरखनाथ का पता चला। वहाँ वे फिर से कुछ दिन योगियों के साथ रहे और अपने मशहूर सुर रामकली में गुरु गोरखनाथ की वाणी गाते रहे।

शाह लतीफ़ और योगियों को लेकर एक क़िस्सा बहुत मशहूर है। वे जब लखपत में थे तब उन्होंने एक दिन देखा कि कुछ फ़क़ीर एक मूर्ति की पूजा कर रहे हैं और उसके ऊपर दूध गिरा रहे हैं लेकिन मूर्ति किसी भी योगी के चढ़ाए दूध को स्वीकार नहीं कर रही है। वे उनके पास गए और कहा कि लाओ मैं करके दिखाता हूँ। फिर उन्होंने एक हाथ में जूता लिया और दूसरे से मूर्ति पर दूध गिराने लगे। चमत्कार हुआ, मूर्ति ने दूध स्वीकार कर लिया। यह देखकर सारे फ़क़ीर चौंके। उन्होंने फ़ैसला किया कि शाह लतीफ़ को जान से मारकर अगर उनका मांस खा लिया जाए तो उनके भीतर भी ऐसी चमत्कारिक ताक़त पैदा हो सकती है। लतीफ़ को जैसे ही इसकी भनक लगी, उन्होंने धरती में एक सुरंग पैदा कर दी और उसमें घुसकर सीधे सिन्ध निकल आए।

यह कहानी लखपत रिवाइवल ग्रुप द्वारा प्रकाशित एक बुकलेट में लिखी हुई है। कहानी में एक तकनीकी लोचा यह है कि बुकलेट के मुताबिक़ शाह भिटाई हज करने के लिए मदीना जा रहे थे तब रास्ते में लखपत रुके थे। 'सूफ़ीज़ ऑफ़ सिन्ध' में डॉ. मोतीलाल जोटवानी लिखते हैं कि शाह लतीफ़ हज पर नहीं, करबला जा रहे थे। इस माध्यम से उन्होंने यह साबित करने की कोशिश की है कि शाह लतीफ़ शिया थे। वे जहाँ भी जा रहे हों, लेकिन लखपत के निवासियों के बीच उनकी शायरी की लोकप्रियता को आज भी देखते हुए कहा जा सकता है कि वे लखपत में बेशक रुके थे और वहीं से वापस सिन्ध लौट गए थे।

डॉ. जोटवानी पुस्तक के आख़िरी अध्याय में लिखते हैं, "शाह अब्दुल लतीफ़ और सचल सरमस्त भक्ति आन्दोलन में देर से शामिल होने वाले संतों में रहे, जिसका पूरे सिन्ध पर गुरुनानक की शिक्षाओं के माध्यम से ज़बरदस्त प्रभाव पड़ा। काज़ी कदान, शाह अब्दुल करीम, शाह इनायत, शाह अब्दुल लतीफ़ और सचल सरमस्त सिन्ध में भक्ति आन्दोलन का हिस्सा थे, लेकिन इसके प्रतिनिधि व्यक्तित्व तो शाह अब्दुल लतीफ़ ही रहे क्योंकि उनके भीतर विशिष्ट भारतीय सूफ़ीवाद समाहित था, जो वेदान्त के विचारों से युक्त था और जिसमें भक्ति की भावना बहती थी। वास्तव में भारत का सूफ़ीवाद भक्ति आन्दोलन के बहुत क़रीब था। दोनों ही रूढ़ियों के ख़िलाफ़ थे।"

सिन्धी सूफ़ी कवियों ने दोनों धार्मिक समुदायों के सभी पंथों और जातियों के बीच प्रेम और दोस्ताने का भाव पैदा करने में बड़ा योगदान दिया। जो हिन्दू पहले अपनी ज़बान से अल्लाह का नाम लेने से केवल इसलिए डरते थे कि कट्टर मुसलमान उन्हें इस्लाम में खींच लेंगे, उन्हें बाद में सिन्ध के नये सामाजिक फ़लसफ़े में इतना गहरा यक़ीन हो गया कि वे क़ुरान और हदीस से उद्धरण तक देने लगे। इसके चलते कट्टर मुसलमानों की धर्मान्तरण सम्बन्धी गतिविधियों को बहुत धक्का लगा और हिन्दुओं व मुसलमानों के बीच मौजूद रूढ़िवादी प्रवृत्तियों के प्रति एक आम आलोचनात्मक नज़रिया विकसित करने में मदद मिली।

अंजार में रहने वाले गुजराती भाषा के मशहूर कहानीकार मावजी माहेश्वरी बड़े आसान शब्दों में इस बात को समझाते हैं, "देखो, कच्छ को समझना हो तो बस इतना समझ लो कि यहाँ कुछ ब्लैक या व्हाइट नहीं है। यहाँ सब कुछ ग्रे है। कच्छ चूँकि सांस्कृतिक रूप से सिन्ध का हिस्सा रहा है, लिहाज़ा सिन्ध का ग्रे यहाँ

की हर बात में लक्षित होता है। आप हमारे कपड़े देखो। कच्छ से लेकर सिन्ध तक एक जैसा परिधान दिखेगा जो अलग ही होगा। ये तक़रीबन जेंडर न्यूट्रल है। वैसे ही आप यहाँ का मौसम देखो। गर्मी भी है और ठंड भी। दोनों का मिला-जुला मौसम है, जैसा अरब में होता है। आख़िर कच्छ में ही खजूर क्यों उगते हैं? भारत का समुद्र तट इतना लम्बा है, कहीं भी खजूर हो सकते थे। इसलिए क्योंकि ये ग्रे एरिया है। यहाँ की संस्कृति देखो। न हिन्दू है न मुसलमान। हिन्दू और मुसलमान का मिक्सचर है। धर्म भी यहाँ ग्रे है।"

बेशक, ख़रबूज़ा ही ख़रबूज़े को पहचानता है। सिन्ध से सूफ़ियत आया तो यहाँ के नाथ सम्प्रदाय से जा मिला। सिन्ध में भी उसने हिंगलाज देवी की खोज कर ली। इस ग्रे का असर इतना व्यापक और दीर्घकालिक रहा कि आज भी कच्छ में धर्म के नाम पर लोगों को भड़काना इतना आसान नहीं है। वैसे, इस निष्कर्ष के भीतर दो महान विडम्बनाएँ छुपी हुई हैं।

जब कच्छ को पहली बार भारतीय गणराज्य ने गले लगाया और गुजरात राज्य का हिस्सा बनाया, तब मुख्यधारा के समाज और राजनीति ने इससे कुछ नहीं सीखा। अगले पचास साल तक देश भर में साम्प्रदायिक दंगे होते रहे लेकिन किसी ने भी कच्छ के सांस्कृतिक मॉडल को पलटकर देखना भी मुनासिब नहीं समझा। वास्तव में तब तक कच्छ इस राष्ट्र के मुख्यधारा के मानस का हिस्सा ही नहीं बन सका था, इसलिए अपेक्षा ही ग़लत होगी।

दूसरी बार ऐसा तब हुआ जब 2001 में भूकम्प आया। पुनर्निर्माण, पुनर्वास, विकास और औद्योगीकरण के नाम पर गुजरात ने उस कच्छ पर सार्वजनिक रूप से अपना 'दावा' ठोंका जो सांस्कृतिक स्तर पर उसका कभी रहा ही नहीं था। इस दावेदारी में उसने कच्छ में किए यांत्रिक 'विकास' को तो अपना मॉडल बना लिया, लेकिन भारतीय सेकुलरिज़्म का खाँटी कच्छी मॉडल—जिसकी नींव कभी इस्माइली शियाओं ने रखी, जिसे सिन्ध के सूफ़ियों ने आगे बढ़ाया और जो भारत की अद्वैतवादी नाथ परम्परा के साथ मिलकर यहाँ स्थापित हुआ था—एक कोने में सड़ने के लिए छोड़ दिया गया।

ऐसा नहीं कि यह मॉडल कच्छ का एक्सक्लूसिव था। इसकी छवियाँ एक समय में गुजरात से लेकर महाराष्ट्र और उत्तर भारत तक देखने को मिलती रही हैं, लेकिन जिसे विकास कहा गया उसमें से समाज को बाहर निकाल दिया गया।

जो ग्रे था, वह त्याज्य हो गया। हमारे देखते-देखते दुनिया, समाज, संस्कृति और राजनीति ब्लैक एंड व्हाइट के दो परस्पर विरोधी खित्तों में बँट गई।

ज़ाहिर है, जो व्हाइट थे, वे शासक थे। मुहावरे में भी, हक़ीक़त में भी। उन्होंने ही तय किया कि ब्लैक कौन होगा। अपने अज्ञान में या अपनी सत्ता की लालसा में उन्होंने 'ग्रे' को ब्लैक का ही बग़लगीर समझ लिया। कुछ मुट्ठी भर लोगों ने इस तरह सवा अरब जनता को अपना उपनिवेश बना लिया।

पट्टन सो डट्टन

अचानक आई ठंडी हवा के झोंके से झपकी टूटी तो लखपत का क़िला आँखों के ठीक सामने था। रात के ग्यारह बज चुके थे। हमने गाड़ी रुकवाई। हल्के हुए। लियाक़त को फ़ोन लगाया। ग़नीमत है वह जगा हुआ था। गाड़ी भीतर ली और उसके बताए के हिसाब से आगे बढ़े तो परकोटे से सटे सँकरे रास्ते ने दिमाग़ में उस जादुई सुरंग को ज़िन्दा कर दिया जिससे शाह अब्दुल लतीफ़ भिटाई सिन्ध निकल भागे थे। मुझे ऐसी किसी सुरंग की तलाश जाने कब से है। शायद हर किसी को होती होगी।

कामनाएँ सुरंगों की तरह गुप्त और जादुई होती हैं। ऐसी सुरंगों की ज़रूरत कब किसको पड़ जाए, कहा नहीं जा सकता। कब, कौन, किसी की जादुई शक्तियों को हड़पने के पीछे पड़ जाए, कहा नहीं जा सकता। भारतीय ट्रेनों के शौचालयों में लगे बंगाली बाबा के परचे इस समाज की तलछट की एक झलक ही तो हैं। आख़िर कौन नहीं चाहता जादुई शक्तियाँ हासिल करना? मानव से महामानव बनने की दमित इच्छा ही तो सभ्यता को मौजूदा मुकाम तक लेकर आई है वरना मनुष्य के लिए दुनिया को बदलने का कोई और उत्प्रेरक बल इसके सिवाय क्या हो सकता था?

नीत्शे ने आज से बमुश्किल सौ-डेढ़ सौ साल पहले सुपरमैन की दार्शनिक अवधारणा दी थी। हमारे यहाँ महामानव की अवधारणा ही नहीं, अवतरण की किंवदंतियाँ भी हज़ारों साल पुरानी हैं। कच्छ के रण की जिस ज़मीन पर मैं खड़ा हूँ, वह भी एक महामानव की ही देन है। यहाँ के लोगों ने महामानवों को धरती पर उतरते देखा है। और यह बात ज़्यादा पुरानी नहीं है। कोई डेढ़ हज़ार साल

पहले का सारा मसला है। वे आज इन महामानवों को पूजते हैं। नीत्शे इस मामले में दरिद्र रह गया। उसके यहाँ सुपरमैन केवल एक होता था। भारत की दार्शनिक परम्परा में सुपरमैनों की लम्बी शृंखला है। यहाँ सुपरमैन एक संक्रमण है। हर बार एक सुपरमैन बनता है और ईश्वर स्वर्ग सिधार जाता है।

हमने पूरा कच्छ घूम लिया, लेकिन उस महामानव की स्थली अब तक नहीं देखी थी जिसके शाप से अरब सागर का टुकड़ा रण में तब्दील हो गया था। इसे आप मिथक मान सकते हैं, लेकिन इतिहास के पास कोई वैकल्पिक व्याख्या भी नहीं है क्योंकि मिथकों के भौगोलिक साक्ष्य यहाँ ज़िन्दा हैं। बिलकुल बनारस की तरह। या बेबीलोन या पेकिंग की तरह।

कच्छ का धिनोधर पर्वत। कभी यह ज्वालामुखी हुआ करता था। इसकी ढलानों पर लावे की जमी हुई परतें साफ़ देखी जा सकती हैं। बड़ी इच्छा थी कि इस पर्वत के पास चलें, हज़ारों साल पीछे जाकर रण को रण बनता हुआ देखें। इंटरनेट पर बमुश्किल दो-एक सैलानियों के भयाक्रान्त कर देने वाले तिलिस्मी तजुर्बे, कुछ तस्वीरें, कुल जमा इतना ही था जो अपनी ओर खींचता भी था और रोकता भी था। स्थानीय किंवदंतियाँ ऐसी थीं कि कभी हिम्मत नहीं हुई वहाँ जाने की, लेकिन भुज में दलपत जी ने जब ढाढ़स बँधाया और कहा कि वहाँ जाकर एक दिन में ही उजाला रहते लौटा जा सकता है तो हमने योजना बना ली।

भुज से यह जगह बहुत दूर नहीं है लेकिन यहाँ आमतौर से कोई जाता नहीं है। सैलानी सर्किट के तो यह बाहर है ही, अन्वेषियों के नक़्शे में भी इसका विवरण नहीं मिलता। गोकि मारियान पोस्तांस से लेकर एल.एफ. रशब्रुक विलियम्स तक सभी ने धिनोधर पर्वत और बाबा धोरमनाथ की कहानी का वर्णन किया है, लेकिन इतना तय है कि इनमें से कोई भी वहाँ गया नहीं था।

धिनोधर पर्वत भुज से कोई 50 किलोमीटर दूर रण की ओर है। जीपीएस पर सब कुछ साफ़ था। हमें जहाँ जाना था, उस जगह का नाम है थान जागीर। थान के बारे में भुज के आम लोग कम ही जानते हैं। हमने बिलकुल सही राह पकड़ी थी। नखतराणा से दूरी कोई 18 किलोमीटर दिखा रही थी। सामने पर्वत भी दिख रहा था। जब पर्वत के ठीक सामने पहुँचे तो तलहटी में तीन-चार मन्दिर बने हुए थे और कुछ गाड़ियाँ लगी हुई थीं। नेट पर देखी दो तस्वीरों को याद किया। इतना तो पक्का था कि यह वो जगह नहीं हो सकती।

पीछे से राज्य परिवहन की एक बस आ रही थी। हमने उतरकर उसके ड्राइवर से पता किया। वह बस यहीं तक आती थी और इसके बाद मुड़ जाती थी। उसने बताया कि इस जगह का नाम नानी अरल है। हम पीछे जिस गाँव को छोड़ आए थे वहाँ नानी अरल लिखा तो था, लेकिन गूगल मैप पर रूट देखते वक़्त यह जगह पड़ने के चलते हम आश्वस्त थे कि सही जा रहे हैं। मामला ठीक उलट निकला। यह धिनोधर के आगे का हिस्सा था। आबादी वाला हिस्सा। आबादी भी क्या, बस एक गाँव।

थान जाने के दो तरीक़े थे। या तो इस पहाड़ पर चढ़कर उस पार उतरा जाए। चढ़ने के लिए बाक़ायदा सीढ़ियाँ तो बनी थीं लेकिन यह काम जितना सरल दिखता था उतना था नहीं, कम से कम दो घंटा लग जाता पहाड़ पार करने में। इसका दूसरा तरीक़ा यह था कि हम जिस रास्ते आए थे उसी से वापस लौटते और नखतराणा वाले सम्पर्क मार्ग से सीधे निकलकर पहाड़ के पीछे जाते। यह दूरी कोई तीसेक किलोमीटर बनती थी। मौसम का मिज़ाज और वक़्त की नज़ाकत को देखते हुए यही तरीक़ा अपनाया गया। हम जैसे ही नखतराणा से आ रही सड़क पर जा मिले और सीधे बढ़ने लगे, एक बार को ऐसा लगा कि हम पर्वत से दूर होते जा रहे हैं। वह रास्ता हमें वास्तव में पर्वत से दूर ही ले जा रहा था लेकिन इसका कोई विकल्प नहीं था। चलते रहना था। उस सड़क पर एक भी प्राणी नहीं था जिससे कहा जा सके—भाई साब, थान जाना है!

बाबा धोरमनाथ, गुरु गोरखनाथ के शिष्य थे और नाथ सम्प्रदाय के योगी, जिन्होंने इस सम्प्रदाय के भीतर कनफटे योगियों की परम्परा की शुरुआत की। उत्तर प्रदेश के मुख्यमंत्री योगी आदित्यनाथ कनफटे योगियों की परम्परा से हैं। हम दरअसल उनकी मातृभूमि जा रहे थे। कम लोगों को पता है कि गोरखपुर का गोरखनाथ पीठ कनफटे योगियों का मुख्य पीठ नहीं है। वहाँ की परम्परा गृहस्थ और संन्यासी योगियों से ताल्लुक़ रखती है। इसमें कनफटा एक अलग ही सम्प्रदाय है जिसका लेना-देना गुजरात के कच्छ में स्थित धिनोधर पर्वत से है, जिसके ऊपर बाबा धोरमनाथ ने 12 साल तक सिर के बल तपस्या की थी। धोरमनाथ कोई मिथकीय चरित्र नहीं हैं क्योंकि उनके उत्तराधिकारी बाबा ग़रीबनाथ के कच्छ के तत्कालीन शासक रायधन के साथ बड़े अच्छे रिश्ते थे। यह लिखित इतिहास का अंश है।

बाबा धोरमनाथ उत्तर भारत में काफ़ी मान्य थे। वे कच्छ में साधना के लिए

सही जगह ढूँढ़ रहे थे। यहाँ मांडवी के पास रायपुर में उन्हें एक शान्त जगह दिखाई दी। उन्होंने बारह वर्ष की साधना यहीं शुरू कर दी। उन्हें उम्मीद थी कि रायपुर का स्थानीय चावड़ा शासक उनके शिष्य का ख़याल रखेगा। उनके शिष्य का काम अपने और गुरु की आजीविका के लिए सामान जुटाना था। रायपुर के लोग इतने मतलबी निकले कि किसी ने भी ग़रीबनाथ को भिक्षा नहीं दी। शासक की ओर से भी कोई तवज्जो नहीं मिली। मजबूरी में ग़रीबनाथ को लकड़ी काटकर बेचने का काम शुरू करना पड़ा। उससे जितनी भी कमाई होती, ग़रीबनाथ अपने और गुरु के लिए अनाज का जुगाड़ कर पाते थे। वहाँ एक अकेली बूढ़ी औरत थी जिसे इनकी हालत देखकर तरस आया। उसने गुरु-चेले के लिए रोटी पकानी शुरू कर दी। जब कभी जलावन कम पड़ जाती, वह अपने हिस्से की रोटी उन्हें दे देती थी। इस तरह कैसे भी करके बारह वर्षों का समय पूरा हुआ।

धोरमनाथ जब साधना से उठे और उन्हें सारी बात पता चली तो उनके आक्रोश का पारावार न रहा। उन्होंने बूढ़ी औरत से शहर छोड़कर चले जाने को कहा। उसके बाद उन्होंने रायपुर शहर को जो शाप दिया, लोग उसे आज भी अपनी ज़बान पर रखते हैं—'पट्टन सो डट्टन, माया सो मिट्टी।' यानी सारी सम्पन्नता धूल में मिल जाए, सारी माया मिट्टी बन जावे। देखते-देखते भूकम्प आया। सारे भवन मिट्टी में मिल गए। समुद्र कोसों पीछे चला गया। नगर सूख गया। लोग मांडवी में पलायन कर गए। अच्छा-ख़ासा व्यापारिक बन्दरगाह चौपट हो गया। रायपुर के पास मांडवी की खाड़ी सूख गई।

रायपुर को अपने पैरों की धूल बना देने वाले धोरमनाथ ने अगली साधना के लिए रण के क्षेत्र का रुख़ किया और उनके क़दम धिनोधर पर्वत पर ठहरे जिसके ऊपर से समूचे रण को आज भी एक नज़र में देखा जा सकता है। उन्होंने इस पर्वत के ऊपर अपने सिर के बल अगले बारह साल तक घोर तपस्या की। यह तपस्या इतनी कठोर थी कि ख़ुद देवता नीचे उतर आए और उन्होंने धोरमनाथ से तप तोड़ने का आग्रह किया। धोरमनाथ ने कहा कि वे तप तो तोड़ दें लेकिन आँख खुलने पर उनकी पहली निगाह जिस जगह पर पड़ेगी वह जगह सूखकर बंजर हो जाएगी। इसका इलाज यह निकाला गया कि वे तप तोड़ने के बाद धिनोधर के उत्तर में अरब सागर की ओर देखें जहाँ जानमाल का नुक़सान होने की गुंजाइश नहीं है। उन्होंने वैसा ही किया। जहाँ तक उनकी नज़र गई, अरब सागर सूख गया। समुद्री

जीव-जन्तु और पानी के जहाज़ सूखी मिट्टी और कीचड़ में निस्सहाय दबे रह गए। यही दलदली इलाक़ा आज कच्छ के रण के नाम से जाना जाता है।

तपस्या के बाद धोरमनाथ धिनोधर की तलहटी में आए और यहाँ उन्होंने अपना मठ स्थापित किया। साथ ही कनफटे योगियों के सम्प्रदाय का आरम्भ किया। इसकी बागडोर उन्होंने ग़रीबनाथ को थमाई और महाप्रयाण कर गए।

अब मसला यह है कि इस कहानी को कैसे समझा जाए। धोरमनाथ जब कच्छ में आए उस वक़्त चावड़ा शासक हुआ करते थे। इसी दौर में अरब सागर उत्तर में किसी भयंकर भूकम्पीय घटना के चलते काफ़ी पीछे हट गया था। ज़ाहिर है, लोगों को यदि पता रहा होगा कि कोई योगी यहाँ तपस्या कर रहा है तो उन्होंने इस घटना को उसके तप से जोड़कर कहानी बना दी होगी। अब धोरमनाथ वास्तविक चरित्र थे या नहीं, इस बारे में कुछ नहीं कहा जा सकता, लेकिन इतना तय है कि उनके अवसान के बाद कनफटे योगियों के प्रमुख बने बाबा ग़रीबनाथ 12वीं सदी के लिखित इतिहास में दर्ज हैं, जब रत्तो रायधन या 'लाल' रायधन कच्छ का शासक हुआ करता था। रायधन के नाम के आगे लाल इसलिए लगाते हैं क्योंकि जंग के वक़्त वह अपनी पगड़ी पर एक लाल कपड़ा बाँधने का आदी था। रायधन के बारे में लोक में बहुत कुछ सुनने को नहीं मिलता, सिवाय इसके कि बाबा ग़रीबनाथ से उसके रिश्ते काफ़ी अच्छे थे। इसकी एक वजह थी।

रायधन अपने राज में कुछ जाट कबायलियों से बहुत परेशान था और उनसे निपटना चाहता था। वह जानता था कि बाबा ग़रीबनाथ के पास चमत्कारिक और दैवीय शक्तियाँ हैं। ग़रीबनाथ ख़ुद इन जाटों से परेशान थे क्योंकि जाट उन्हें पसन्द नहीं करते थे और साधु होने के नाते उनका सम्मान भी नहीं करते थे। जब ग़रीबनाथ योग में लीन होते, जाटों के बच्चे उन्हें पत्थर मारा करते थे। रायधन और ग़रीबनाथ दोनों ही जाटों से हलकान थे तो यह स्वाभाविक ही था कि ग़रीबनाथ ने अपनी थोड़ी सी ताक़त रायधन के साथ लगा दी। इस ताक़त को पाकर रायधन जाटों को भगा पाने में कामयाब हो गए और कच्छ के क्षेत्र पर उनका दोबारा क़ब्ज़ा हो गया।

यह कहानी आज भी लोक का हिस्सा है। इसे लोग कच्छी भाषा में ग़रीबनाथ की शौर्यगाथा के नाम से गाते हैं और रायधन की कच्छ पर दावेदारी में मदद के लिए उनका शुक्रिया अदा करते हैं। रायधन ने इस मदद के बदले ग़रीबनाथ को धिनोधर पर्वत के नीचे कनफटा सम्प्रदाय का पहला मठ स्थापित करने के लिए

एक विशाल भूखंड दान कर दिया। कनफटे सम्प्रदाय को दान में मिली ज़मीन का यह सबसे पहला दर्ज रिकॉर्ड है। इसी जगह को कालान्तर में थान जागीर के नाम से जाना गया।

हम इसी जागीर की खोज में बढ़े जा रहे थे। सुनसान और ऊँची-नीची लहराती सड़क पर कोई आधा घंटा चलने के बाद एक बहुत पुराना बोर्ड दिखाई दिया जिस पर लिखा था—थान। हम वहीं से भीतर की ओर मुड़ लिए और लगातार चलते रहे जब तक कि रास्ता धिनोधर पर्वत के पीछे पहुँचकर ख़त्म नहीं हो गया। ठीक सामने बिलकुल वही प्राचीर था जैसा मैंने तस्वीरों में देखा था। घने जंगल के बीचोबीच पहाड़ की तलहटी में पत्थरों का बना सफ़ेद रंग का पुराना सा प्रवेश द्वार और चारों ओर उसे घेरे एक क़िलानुमा चारदीवारी, जो ऊपर पहाड़ तक जाती थी।

हमने प्रवेश द्वार से काफ़ी पहले गाड़ी एक कीकर के नीचे हल्की छाँव में रोक ली। वहाँ ज़मीन थोड़ी उठी हुई थी गोया किसी ने कभी यहाँ पेड़ और झाड़ियाँ काटकर चबूतरा बना दिया हो। चबूतरे के चारों ओर झाड़ियाँ ही थीं लेकिन चबूतरा सपाट था। नज़र दौड़ाई तो उसके एक कोने में एक छोटी-सी मूर्ति रखी हुई दिखी। पहली नज़र में वह मूर्ति कुछ अजीब सी लगी। सुनसान जंगल में मठ तो ठीक है लेकिन मठ के बाहर खुले में एक मूर्ति, वह भी स्त्रीनुमा।

हम लोग काफ़ी सतर्कता से उसकी ओर बढ़े। बमुश्किल तीन या चार फुट की उस मूर्ति को ध्यान से देखा। उसका चेहरा झक सफ़ेद था। आँख, नाक, होंठ, भौंहें बिलकुल स्पष्ट थे। चेहरा लम्बा था। गाल की हड्डी पर गणित के प्लस का निशान दोनों ओर बना था और ठुड्डी पर भी एक निशान था। बाल शायद काले ऊन से बने थे, हमने छूकर नहीं देखा। एक ओर के बाल कन्धे के पीछे थे और दूसरी ओर के बाल कन्धे से आगे थे। बाक़ी देह पर रंगीन वस्त्र और चुनरी थी। गले में एक माला थी जो थोड़ा बाईं ओर सरकी हुई थी। इस आकृति का बायाँ हाथ ग़ायब था। दाएँ हाथ में नीले रंग का एक कंगन था और चार उँगलियाँ साफ़ दिख रही थीं। वे भीतर की ओर मुड़ी हुई थीं। ऐसा लग रहा था कि मुट्ठी में वह कुछ थामे हुए है लेकिन हो सकता है कि वह अँगूठा ही हो। कमर में बाईं ओर कोई छतरीनुमा चीज़ खोंसी हुई थी। कुछ स्पष्ट समझ नहीं आ रहा था।

इस आकृति की ख़ास बात यह थी कि इसकी आँख में आँख मिलाकर ध्यान से देखने पर पता लगता था कि इसकी बाईं आँख तो दुरुस्त है लेकिन दाईं आँख में

कुछ दिक़्क़त है। शायद पलकें नुची हुई थीं, चूँकि जिस काले रंग से पलकों और भौंहों को रंगा गया था वह उड़ चुका था। हो सकता है आँख ऐसी ही हो। देर तक इसे देखना मुश्किल था। उसके देखने की भंगिमा ऐसी कारुणिक थी जो एक पल के लिए सिहरा देने को काफी थी। ऐसा लग रह था कि गोया मूर्ति के भीतर धँसी वे आँखें बाहर निकल आने को आतुर हों। उस पर बहुत दिमाग़ लगाए बग़ैर हमने मठ के प्रवेश द्वार का रुख़ किया।

प्रवेश करते ही सामने एक एम्बुलेंसनुमा गाड़ी दिखी। एक मरियल-सी गाय वहीं खड़ी थी और एक पेड़ के नीचे एक लड़का बैठा हुआ था। पूछने पर पता चला कि गाय बीमार है। वो वहाँ बैठकर महाराज जी का इन्तज़ार कर रहा है। गाड़ी गाय की चिकित्सा के लिए शहर से आई है। पूरा परिसर एक छोटे-मोटे गाँव जैसा था। चीज़ें बिखरी पड़ी थीं। एकाध बाबानुमा लोग इधर-उधर टहल रहे थे। आगे एक और दरवाज़ा था जो प्रांगण के भीतर ले जाता था। उधर बढ़ते ही देखा कि भीतर से दाढ़ीवाला एक जोगी बाहर की ओर आ रहा है। हम कोने में हट लिए। वह गाय के पास ही जा रहा था। सामने पड़ते ही उसकी नज़रें उठीं। बड़ी-बड़ी स्थिर आँखें थीं। मैंने प्रणाम की मुद्रा में सिर हिलाया। बिना कोई ख़ास प्रतिक्रिया किए वह आगे निकल लिया।

जाने क्यों भीतर जाना अभी ठीक नहीं लगा। हम बाएँ हाथ के दरवाज़े से जंगल की तरफ़ हो लिए जिधर एक पक्का विशाल चबूतरा बना हुआ था। चबूतरे पर समाधिनुमा कई आकृतियाँ थीं और हर एक के ऊपर एक लिंगनुमा आकृति बनी थी जो गेरुए रंग की थी। यह काफ़ी सम्मोहक दृश्य था। चबूतरे के चारों ओर छोटी-छोटी कोठरियाँ थीं। उनके भीतर भी ऐसी ही आकृतियाँ थीं। नाथ पंथ में जोगियों को दफ़नाने की एक परम्परा है। ये सारी आकृतियाँ यहाँ रहकर गुज़र चुके योगियों की क़ब्रें थीं। हरेक के ऊपर अलग-अलग आकार का टेढ़ा-मेढ़ा लिंग बना हुआ था। एक नज़र में देखें तो इस तरह की सौ से ज़्यादा क़ब्रें हमारे इर्द-गिर्द रही होंगी। उनके बीच से होते हुए एक सँकरे से रास्ते से हमने जंगल में प्रवेश किया। यह धिनोधर की तलहटी थी। पर्वत के ठीक ऊपर वह एक मन्दिर था जहाँ बाबा धोरमनाथ ने सिर के बल 12 साल तपस्या की थी। ज़्यादा अन्दर जाना ठीक नहीं लगा तो मैं और अजीत इधर ही ठहर गए। अंकुर कैमरा लेकर जंगल की ओर ऊपर निकल गया।

थोड़ी देर बाद वह भागा-भागा वापस आया। दरअसल, ऊपर जंगल में जहाँ तक क़िले की प्राचीर जाती थी, एकाध कमरे थे। उन्हीं में से एक कमरे में झाँककर उसने देखने की कोशिश की थी तो कई चमगादड़ों से मुलाक़ात हो गई। वो उलटे पैर वहाँ से निकल लिया। क़ब्रों का सिलसिला जंगल में भी कोई आधा किलोमीटर तक फैला हुआ था। बीते डेढ़ हज़ार साल के दौरान यहाँ जितने भी योगी रहे गुज़र गए, सबकी क़ब्रें बनी हुई थीं। जितनी क़ब्रें, उतने ही शिवलिंग। दीवारों पर एक ही अक्षर—'ॐ आदेश'। 'आदेश' नाथ पंथ के योगियों का सम्बोधन है। शाह अब्दुल लतीफ़ भिटाई ने भी जिन योगियों से मुलाक़ात और संगत का ज़िक्र किया है, उन्हें वे 'आदेशी योगी' लिखते हैं।

बाहर का पूरा प्रांगण घूमकर हम मुख्य द्वार पर आए। काली लुंगी पहने एक लम्बा-चौड़ा बाबानुमा जीव वहाँ खड़ा था। अन्दर घुसने से पहले मैंने उसे परिचय दिया और बताया, "हम लोग यहाँ घूमने आए थे। आप लोगों से कुछ बात करनी थी।" मैंने अपनी बात के अटपटेपन पर ध्यान नहीं दिया। जोगी ने बिना किसी भूमिका या अभिवादन के झट पकड़ लिया, "घूमने आए हो या बात करने?" मैं एक पल के लिए सकपका गया। बात को सँभालते हुए मैंने उससे आग्रह की मुद्रा अपनाई। उसने भीतर बैठने का आदेश दिया। अन्दर चप्पल उतारकर हम कक्ष के बाहर ही टहलते रहे और उनके आने का इन्तज़ार करते रहे। मठ के महन्त अब भी गाय की सेवा में लगे थे।

जहाँ मुख्य कक्ष था, वहाँ बड़ा सा ओसारा था। ओसारे को घेरे कुछ कक्ष थे। ओसारे में कुछ कुत्ते पड़े हुए थे। दो-तीन गेरुआधारी बाबा फ़र्श पर सो रहे थे। दीवारों पर गुरु गोरखनाथ की वाणी और 'आदेश' हर जगह लिखे हुए थे। ओसारे से पीछे की ओर जाने पर सामने बटुक भैरव का एक मन्दिर था। इस क़िस्म के कई छोटे-मोटे विग्रह पीछे ही थे। मुख्य मन्दिर ज़ीने के ऊपर था। एक ग्रिल के भीतर स्थित बिलकुल संगमरमरी सफ़ेद गोरखनाथ की मूर्ति। घूम-फिर कर हम नीचे आए तो दोनों कुत्ते एक-एक परात में अपने-अपने भोजन पर जुटे हुए थे। महन्त जी भीतर आ चुके थे। दो-तीन साधु और उन्हें घेरे बैठे थे। उन्होंने आँख के इशारे से भीतर आने को कहा।

हम तीनों एक कोने में क़तार में पालथी मारकर बैठ गए। सामने की दीवार पर शंकर की बहुत बड़ी सी तस्वीर थी। एक श्रीचक्र था, जो नाथ पंथ की विशिष्टता

है। कई और देवी-देवता थे। गोरखनाथ थे। एक और तस्वीर थी जिसमें सभी धर्मों के प्रतीक चिह्न एक साथ बने हुए थे। गद्दी पर महन्त बैठे थे। उनके बाईं ओर काली लुंगीवाले बाबा जो बाहर मिले थे। बीच में एक और बाबानुमा जीव था जो लगातार कुछ न कुछ बोले जा रहा था। महन्त ने उसे चिलम लगाने को कहा। उसने चिलम सुलगाई और महन्त को बढ़ा दी। चिलम तीन बाबाओं के बीच घूमने लगी। महन्त ने एक झटके में कहा, "हाँ, बोलो।"

इसके बाद एक अनौपचारिक संवाद औपचारिक तरीक़े से शुरू हुआ जिसमें सवाल तो हमारे थे लेकिन जवाब तीनों बाबाओं ने मिलकर दिए :

बाबा, ये बाहर जो ढेर सारा लिंग बना हुआ है, वो क्या है?
समाधि है...जितने साधु लोग यहाँ रहे हैं, सबका है। जंगल में भी दोनों तरफ़ समाधि है। काफ़ी दूर तक...।

लेकिन हर समाधि पर लिंग क्यों बना है? ऐसा तो हम पहली बार देख रहे हैं।
कोई चबूतरा समझकर बैठ जाएगा तो क्या होगा? लिंग इसलिए बना दिया ताकि वहाँ कोई बैठे नहीं। पता चला कोई समाधि चेतन हुआ तो उसकी मार समझ में नहीं आएगा।

ये जो दीवार पर हर तरफ़ आदेश लिखा है, उसका क्या मतलब है?
सबेरे-सबेरे उठकर हिन्दू में कैसे अभिवादन करता है? सीताराम बोलता है... क्या बोलता है?

राम राम, नमस्ते...
वैसे ही आदेश है। हमारा अभिवादन। आते समय बोलता है आदेश। जाते समय बोलता है आदेश। सबसे बड़ा आदेश होता है।

आदेश कोई भी किसी को दे सकता है?
नहीं, कोई किसी को नहीं दे सकता। मौक़ा दीजिए सामने वाले को आदेश देने का, छोटे से बड़े सबके लिए बनाया गया है। जैसे प्रधान-मंत्री आदेश देगा मुख्यमंत्री को, मुख्यमंत्री देगा महामंत्री को, महामंत्री देगा अध्यक्ष को, अध्यक्ष देगा उपाध्यक्ष को...

मने ऊपर से नीचे आएगा... ?

हाँ...

थोड़ी देर में चाय आ गई। चाय देने वाले ने 'आदेश' कहते हुए एक-एक कर सबको चाय दी। महन्त ने अपने पात्र में चाय ली, बाक़ी सब ने गिलास में। बीच वाले बाबा ने पूछा—कहाँ के हो। हमने अपना पता-ठिकाना बताया। लुंगी वाला दूसरा बाबा यह सुनते ही थोड़ा सा खुला। वह भी पूर्वांचल का ही था, उसकी बोली से भी पकड़ में आ रहा था। वह कुछ दिन से ही यहाँ पर था वरना इसके पहले वह जूनागढ़ के मठ में हुआ करता था। बात निकली तो नाथ सम्प्रदाय से शुरू होकर योगी आदित्यनाथ तक गई।

बाबा, क्या योगियों को चुनावी राजनीति में आने की छूट है?

कोई रोक नहीं है, जिसको जो करना है करे। अपना-अपना शौक़ है। आदित्यनाथ यूपी के सीएम हैं, महन्त भी हैं। गुरु का बताया रास्ता नहीं छूटना चाहिए। आप चाहें तो संन्यास लें, चाहो तो गृहस्थ रहो, परिवार करो, चाहो तो राजनीति करो, हमारे यहाँ कोई किसी को कुछ नहीं कहता।

तो बाबा, आप लोग भी चुनाव लड़ सकते हैं?

अपना-अपना मन है...हमारा मन उधर नहीं लगता, जिसका लगता हो वो जाए...(दूसरे बाबा का हस्तक्षेप) लेकिन एक बात है, योगी को राजनीति में जाना चाहिए, समाज की गन्दगी साफ़ करने के लिए।

हाँ, महन्त जी एनकाउंटर ख़ूब करवाए हैं, सब गन्दगी ही साफ़ कर रहे हैं...

बहुत मन नहीं बढ़ना चाहिए किसी का...हिन्दू अपने पास एक चाकू रख ले तो इतना बवाल, वो अपने घर में गोली, बन्दूक, तलवार रखें तो ठीक? सन्तुलन बना रहना चाहिए। देखते जाइए बस...उधर मोदी है, इधर योगी...योगीराज आएगा...

(दूसरे बाबा भी हाथ उठाकर महन्त को छोड़कर) योगीराज आएगा...

लेकिन बाबा, मोदी जी तो नाथ सम्प्रदाय से नहीं हैं...वो कौन सा योगी हुए?
अरे? मोदी भी यहीं के हैं...दसनाम अखाड़े का नाम सुना है?

जी...नागा बाबाओं वाला, जो कुंभ में आता है...
नरेन्द्र मोदी दसनाम अखाड़े का दीक्षित साधु है। हरिद्वार में उनके गुरु रहते हैं...

वो जो अभी गुज़र गए, क्या नाम था...मोदी जी गए थे वहाँ...
हाँ...
(महन्त जी का मोबाइल बजता है, वे उठाकर बोलते हैं—आदेश... कुछ बात होती है, फिर शान्त)

बाबा, योगीराज कैसा होगा? क्या सारे योगी नेता बन जाएँगे?
देखते जाओ...कभी देखा है मोदी को गेरुआ वस्त्र पहने?

नहीं...
उनके गुरु ने दो क़सम दिया था—कभी दाढ़ी मत कटवाना और कभी बाबा लोगों की तरह गेरुआ मत पहनना।

अच्छा... !
बहुत जल्दी योगीराज आएगा...

रामराज की तरह?
हाँ...

बाबा, यहाँ से भी तो एक योगी जी पिछले चुनाव में खड़े हो रहे थे...महन्त जी के गुरुभाई हैं...एकल धाम वाले?
होते हैं बहुत से खड़े...और खड़े होंगे। अपना काम नहीं है...(अजीत की ओर देखकर) पैर नीचे...
(अजीत ने पालथी के बीच एक पैर दूसरे पर आसन की मुद्रा में रख लिया था, सुनते ही उसने पालन किया और पैर नीचे कर लिया। फिर एक-एक करके हम उठे और अपनी गिलासें धोकर बाहर रख दिए।

वापस आए, थोड़ी देर बैठे, फिर आदेश लेकर निकल लिए)।

कक्ष से बाहर आकर हम जूते पहन रहे थे। ओसारे में पड़े दोनों कुत्ते भरपेट खाकर मुँह से झाग फेंक रहे थे। भीतर बाबा लोग दो राउंड चिलम घुमाने के बाद स्वलीन हो चुके थे। निकलते वक़्त लुंगी वाले बाबा ने कहा—रुको...भोजन करके जाओ। हमने बताया कि अभी बहुत दूर जाना है। यहाँ से हाजी पीर जाएँगे, फिर करोल पीर होते हुए वापस भुज, देर हो जाएगी।

बाबा से चलते वक़्त हमने कहा—आदेश। बाबा बोले—आदेश।

वहाँ और रुकने का अब कोई मतलब नहीं था।

वापसी में एक बात पर ध्यान गया कि पिछले दो-तीन साल के दौरान मैं जितने भी नाथपंथी मठों में गया, हर जगह बातचीत का स्वर राजनीतिक ही जान पड़ा। कनफटे योगियों की आदिस्थान होने के बावजूद सम्प्रदाय के भीतर धिनोधर मठ का असर अब छीज चुका है। बीसवीं सदी तक कनफटे योगी धोरमनाथ को ही अपना संस्थापक मानते आए थे। बाद में उनकी श्रद्धा गोरखनाथ की ओर मुड़ गई। इसी तरह जोधपुर के नाथपंथी मठ का भी काफ़ी रसूख हुआ करता था लेकिन वह भी आज धिनोधर की ही तरह अप्रासंगिक हो चला है। पिछले कोई छह-सात दशक के दौरान हरिद्वार और गोरखपुर के मठ के बीच वर्चस्व की एक अदृश्य लड़ाई चलती रही है। इस मामले में आज गोरखपुर का गोरक्षनाथ पीठ ही समूचे सम्प्रदाय के संघटन को तय कर रहा है, जहाँ के महन्त योगी आदित्यनाथ हैं।

नाथ सम्प्रदाय में मुख्यधारा की राजनीतिक सत्ता को लेकर ऐसा आकर्षण नया नहीं है, हालाँकि इसका स्वरूप समय के साथ बदला है। नाथ सम्प्रदाय पर अध्ययन कर चुके कई विद्वानों का मानना रहा है कि नाथपंथी योगियों के सैन्यकरण का पुराना इतिहास रहा है। वास्तव में ये पहला हिन्दू पंथ है जिसने अपना सैन्यकरण किया। ऐसा कहते वक़्त हालाँकि कई जानकार भूल जाते हैं कि सारे योगी नाथपंथी नहीं हैं। सोलहवीं से उन्नीसवीं सदी के बीच साधुओं के समूहों के बीच हुई तमाम हिंसक झड़पों में नाथ जोगियों की संलग्नता का कहीं हवाला नहीं मिलता। ये हिंसक जोगी ज़्यादातर दसनामी पंथ से आते हैं। दीक्षा के वक़्त ही नाथ योगियों से संकल्प लिया जाता है कि वे हथियार नहीं उठाएँगे।

नाथ पंथ का पहला संस्कृत दस्तावेज़ 'सिद्ध सिद्धान्त पद्धति' कहता है कि जो

योगी हथियार उठाएँगे, उनको शाप लगेगा। नाथ योगियों पर समकालीन शोधों में सर्वाधिक प्रामाणिक काम करने वाले वेरोनिक बुआइलियर लिखते हैं कि नाथपंथियों के हथियार न उठाने का एक व्यावहारिक कारण यह है कि वे कनफटे होते हैं। वे लिखते हैं कि इससे सामने वाले को उनके कुंडल खींच निकालने की आसानी हो जाती है जिसके बाद वे पंथ का हिस्सा नहीं बने रह सकते। यह बात हालाँकि ज़्यादा आदर्श और सरलीकृत जान पड़ती है।

बहरहाल, इतिहास के लिखे को मानें तो नाथपंथियों ने दसनामी या रामानंदियों की तरह सैन्य टुकड़ियाँ निर्मित नहीं की। यहाँ सैन्य टुकड़ियों का अर्थ अखाड़े से है। नाथपंथ में अखाड़े नहीं होते। इसके बावजूद राजनीतिक सत्ता हासिल करने का नाथपंथियों का इतिहास पुराना रहा है। जेम्स मैलिंसन 19वीं सदी के उत्तरार्द्ध का उदाहरण देते हैं जब जोधपुर में नाथपंथियों ने राजनीतिक सत्ता हासिल कर ली थी। महाराजा मानसिंह इस बात से आश्वस्त थे कि आयास देवनाथ की जादुई शक्तियों के चलते ही उन्हें राजपाट मिला है। उन्होंने 40 साल राज किया और अपने राजपूत दरबारियों व अंग्रेज़ों की सहमति के बग़ैर राज चलाने का काम नाथ मंत्रियों को सौंप दिया। उन्होंने नाथ विद्वानों को संरक्षण दिया और ख़ुद नाथपंथियों की कहानियाँ पदों में लिखीं। भारत में नाथ सम्प्रदाय से जुड़े सबसे अहम दस्तावेज़ों का संग्रह जोधपुर के मेहरानगढ़ क़िले के भीतर स्थित मानसिंह पुस्तक प्रकाश ग्रंथालय के भीतर है।

मैलिंसन और वेरोनिक बुआइलियर दोनों ने लिखा है कि जोधपुर के अलावा राजस्थान के जैसलमेर, उदयपुर, उत्तर प्रदेश के कन्नौज में भी राजाओं को नाथ साधुओं के द्वारा दी गई मदद का हवाला मिलता है। हिमालयी क्षेत्र में तो यह लिखित इतिहास का अंश है कि 18वीं सदी में नेपाल का एकीकरण करने के क्रम में राजा पृथ्वीनारायण शाह ने योगी भगवंतनाथ की मदद ली थी। ऐसी ही कहानियाँ नेपाल के अलावा दूसरे क्षेत्रों, टिहरी गढ़वाल के दावलगढ़ और कुमाऊँ के चम्पावत के बारे में मौजूद हैं।

हम इतिहास की एक विरासत को देखकर लौट रहे थे और इतिहास था कि पूरा एक चक्कर लगाने को बेचैन था। बाबा धोरमनाथ ने कहा था, 'पट्टन सो डट्टन', आज उनके वंशज डट्टन से पट्टन मने धूल से सोना बना रहे थे। संन्यासी बनने के बाद राजनीतिक सत्ता हासिल करने की कवायद ऐसी है, जिस पर कोई उँगली नहीं उठा सकता। गुजरात में नाथपंथ के एक साधु ने टिकट माँगा था भाजपा से, राजस्थान

में ऐसे चार खड़े हो गए। आगे और आएँगे। योगीराज आवे न आवे, मानव से संन्यासी और फिर संन्यासी से महामानव बनने की आकांक्षा फलती-फूलती रहेगी।

थान से वापसी में केवल दो सवाल बच रहे थे। पहला, धिनोधर मठ के बाहर निर्जन में पड़ी वह महिला आकृति किसकी थी? दूसरा, दीक्षित साधुओं के महामानव बनने की इस दौड़ में अगर कभी योगीराज आ भी जाए तो क्या उसका आम जनता से कोई लेना-देना होगा? भारतीय प्राच्य संहिता में महामानव तो मानवीय गुणों की ऐसी पराकाष्ठा को बतलाया गया है, जहाँ मनुष्य ईश्वर के सबसे क़रीब होता है। ये जो नये वाले राजनीतिक सुपरमैन पैदा हो रहे हैं, कहीं ये नीत्शे की धारा वाले तो नहीं, जो पहले से मानकर चल रहे हैं कि ईश्वर मर चुका है?

एक बुत, सौ अफ़साने

थान जागीर में दिखी उस स्त्री-प्रतिमा का ख़याल मन से निकाले नहीं निकल रहा था। गूगल रिवर्स इमेज सर्च में डालकर देखा तो नतीजा शून्य निकला। तमाम साहित्य खँगाल डाला लेकिन वैसी किसी प्रतिमा या चित्र का ज़िक्र तक नहीं था। इतना तो तय था कि अगर वह मूर्ति नाथ सम्प्रदाय के मठ के बाहर है तो उसका जवाब नाथ सम्प्रदाय के साहित्य में ही मिलेगा। जवाब की जगह हम जानते थे, सही स्रोत और उसके स्थानीय सन्दर्भों की तलाश थी। यात्रा से वापस आने के बाद मैंने उसके बारे में कई स्रोतों से जानने की कोशिश की। अन्ततः बनारस के विद्वान आचार्य मृत्युंजय त्रिपाठी ने इस बात की पुष्टि की कि वह मूर्ति यक्षिणी की है।

इससे पहले यक्षिणी को मैं दिल्ली स्थित रिज़र्व बैंक ऑफ़ इंडिया की इमारत से ही जानता-समझता था। वहाँ यक्षिणी की एक ख़ूबसूरत प्रतिमा लगी है। पटना म्यूज़ियम में रखी दीदारगंज यक्षी की प्रतिमा से थान की मूर्ति का मिलान करने पर काफ़ी समानताएँ दिखाई देती हैं। ऐसा लगता है कि दाहिने हाथ में जो गोल सी वस्तु है, वह वही चौरी है जो दीदारगंज यक्षी के दाहिने हाथ में बड़े से आकार की है। आचार्य त्रिपाठी ने बताया कि यक्षिणी को मठ के बाहर रखने की परम्परा है। वह मठ में आने वालों का इम्तिहान लेती है और बुरे तत्त्वों पर नज़र रखती है।

लखपत क़िले का भव्य प्रवेश द्वार

लखपत के स्योत स्थित बौद्ध विहार के अवशेष। स्थानीय लोग इसे खापड़ा कोटिया की गुफा कहते हैं।

लखपत के परकोटे में स्थित गन्धक का तालाब। कहते हैं, इसमें नहाने से चर्म रोग ठीक हो जाते हैं। पीछे पीर गौस का कुबा दिख रहा है। पीर गौस कृष्ण के भजन लिखते थे। उनके लिखे भजन यहाँ के लोग आज भी गाते हैं।

अंग्रेज़ों द्वारा नमक उत्पादन के सबसे पुराने केन्द्रों में एक खाराघोड़ा गाँव का मील पत्थर, सुरेन्द्रनगर, गुजरात। यहाँ *हिन्दुस्तान साल्ट* के कारख़ाने और अंग्रेज़ों की बनाई एक पुरानी लाइब्रेरी मौजूद है।

रण में ज़ीरो मील का पत्थर, छोटा रण, खाराघोड़ा, सुरेन्द्रनगर

पीर गौस की आठवीं पीढ़ी के बुज़ुर्ग पीर अली शाह। यह तस्वीर तब की है जब वे जीवित थे। निधन के बाद उन्हें पीर गौस के कुबे के भीतर मज़ार बख़्शी गई और वे पीरों की जमात में शामिल हुए। डेढ़ सौ साल बाद ख़ानदान के किसी शख़्स को यह रुतबा हासिल हो सका।

स्थानीय सवारी छकड़े पर चढ़ा पारम्परिक लिबास पहने एक मालधारी, पाटड़ी, सुरेन्द्रनगर।

कच्छ की लोक-संस्कृति के ज्ञानकोश उस्मान अली अपने मुरीदों से घिरे हुए, लखपत

महात्मा गांधी की समाधि, आदीपुर, गांधीधाम, कच्छ

गुरु धोरमनाथ द्वारा स्थापित नाथ सम्प्रदाय का प्राचीन मठ, थान जागीर, कच्छ

थान जागीर में धोरमनाथ मठ के बाहर जंगल में रखी एक स्त्री-मूर्ति
इस मूर्ति को जानकार यक्षिणी की प्रतिमा बताते हैं।

गुरु धोरमनाथ मठ में
बटुक भैरव की मूर्ति

जलाशय तक ले जाने वाली सीढ़ी

गुरु धोरमनाथ द्वारा स्थापित नाथ सम्प्रदाय का प्राचीन मठ, थान जागीर, कच्छ

नाथ सम्प्रदाय के थान जागीर स्थित प्राचीन मठ में निर्मित लिंग जैसी लाल आकृतियाँ नाथ गुरुओं की समाधि हैं।

रण के बीच अक्सर ऐसी धर्म पताकाएँ लहराती दिख जाती हैं। स्थानीय लोग इन्हें रामदेव पीर या दरिया पीर से जोड़ते हैं और तीर्थ यात्राओं में साथ लेकर चलते हैं।

भुज से आधे घंटे की दूरी पर स्थित बहत्तर यक्षों का मन्दिर।

बहत्तर यक्षों के मन्दिर का अन्दरूनी दृश्य

यह तस्वीर मुंद्रा से मांडवी के बीच स्थित एक छोटे से मन्दिर की है। इन्हें मरद पीर के नाम से पूजा जाता है। विभिन्न स्थानों पर ऐसी मूर्तियों के मन्दिर दूसरे नामों से कच्छ में मौजूद हैं। इन्हें यक्ष भी माना जाता है। रामदेव पीर के मन्दिरों में भी घोड़े वाली प्रतिमाओं की पूजा की जाती है।

भारत-पाकिस्तान सीमा के क़रीब रण के बीच स्थित एकल माता धाम। इसके महन्त योगी देवनाथ नाथ सम्प्रदाय से आते हैं और भाजपा के नेता हैं।

अंजार में एक पहाड़ी पर स्थित टिम्बी कोठा नाम के इस ढाँचे से शहर की नई और पुरानी बसाहट को देखा जा सकता है।

अंजार के टिम्बी कोठा पर बनी एक विशाल आकृति, जो किसी के धड़ जैसी दिखती है। स्थानीय लोग इसकी पूजा करते हैं।

अंजार में अंग्रेज़ अफ़सर मैकमर्डों का यह बंगला दो सदी पुराना है। कहने को यह राज्य संरक्षित स्मारक है और पुरातत्व विभाग, गुजरात के अंतर्गत है, लेकिन 2017 में ली गई ये दोनों तस्वीरें संरक्षण की हक़ीक़त बयान करने के लिए काफ़ी हैं।

मुंद्रा के पास भद्रेश्वर में उमर शरीफ़ की दरगाह, जहाँ कुछ साल पहले एक क़ब्र का दिल धड़कने की ख़बर ने सनसनी मचा दी थी।

भद्रेश्वर स्थित हज़रत लाल शाहबाज कलन्दर की दरगाह।
इसके भीतर एक मस्जिद है जिसे इब्राहिमशाह मस्जिद कहते हैं।

देश की प्राचीनतम मस्जिदों में शुमार इस्माइली समुदाय की खिमली मस्जिद, भद्रेश्वर

उमर शरीफ़ की दरगाह के बाहर स्थित पुराना क़ब्रिस्तान

सोलहखम्बी मस्जिद के अवशेष, भद्रेश्वर

पाकिस्तान की सरहद पर रण में स्थित मशहूर हाजी पीर की दरगाह।

पाकिस्तान की सरहद पर रण में स्थित मशहूर हाजी पीर की दरगाह के बाहर का तालाब

तुर्कों की मस्जिद, ध्रब, मुंद्रा

दरिया पीर बुख़ारी की दरगाह, मुंद्रा

कच्छ के महान रण को सफेद रेगिस्तान भी कहते हैं। यह तस्वीर धोरडो की है।

धोरडो में सजे-धजे ऊँट

मांडवी में अरब सागर के तट पर सूर्यास्त

रण में नमक के खेत

रण में नमक की खेती करने वाले एक मज़दूर की खोली। इस खोली के अलावा नमक मज़दूरों का बाक़ी सब कुछ खुले आकाश के नीचे ही रहता है।

रण में एक नमक मज़दूर की खोली के बाहर खुले में रखे बर्तन-बासन

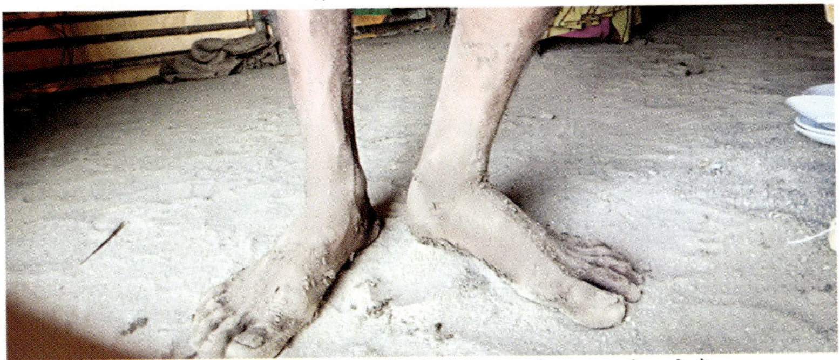

नमक का काम लगातार करने से लोगों के हाथ-पैर ख़राब हो जाते हैं।

धोलावीरा के पुरातात्विक स्थल से मिली एक आकृति। इससे मिलती-जुलती छोटी-बड़ी आकृतियाँ धोलावीरा गाँव में प्रवेश द्वारों पर देखी जा सकती हैं।

भगवान दत्तात्रेय का मन्दिर, धोलावीरा। स्थानीय मान्यता के मुताबिक ये भंजण देव हैं जिनकी रक्षा के लिए लोगों ने इन्हें दत्तात्रेय के स्वरूप में संरक्षित कर लिया था। धोलावीरा के रण में दिखने वाली भंजणों की पहाड़ी को स्थानीय लोग देव के रूप में पूजते हैं।

धोलावीरा में करणी माता मंदिर के बाहर रखी एक अनजान पुरातात्विक आकृति जिसे वहाँ तैनात अर्ध-सैन्य बल के लोग पूजते हैं ।

धोलावीरा में उत्खनन से प्राप्त प्राचीन-अभिलेख, जिसे आज तक पढ़ा नहीं जा सका है।

धोलावीरा में पाए गए कुछ प्रस्तर शिल्प

भुज आर्काइव में संरक्षित विशालकाय शंख का जीवाश्म

मुंद्रा के ध्रब गाँव में महादेव का प्राचीन मंदिर, जिसकी देखभाल सदियों से तुर्क मुसलमान करते आ रहे हैं। इसकी पुजारी हिन्दू महिलाएँ हैं।

ध्रब के महादेव मंदिर परिसर में पुजारी बहनों की रिहाइश।

भुज स्थित प्राग महल देश के उन कुछेक महलों में है जो यूरोपीय वास्तु शैली में बनाए गए हैं।

मुंद्रा का मुग़ल गेट। इसे औरंगज़ेब ने पीर बुख़ारी के सम्मान में बनवाया था।

रण में कोई सवारी नहीं मिलती। कोई मिल जाए ले जाने वाला तो किस्मत समझिए।

पानी में नमक के कारण यहाँ की चाय नमकीन होती है। इसलिए खासकर रण में बिना दूध के बनाई जाती है। समूचे रण के इलाक़े में चाय ऐसे ही प्लेट में दी और पी जाती है।

काला परिधान पहनने वाली रबारी औरतें कभी-कभार भुज शहर में भी दिख जाती हैं। यह तस्वीर अक्टूबर, 2018 की एक सुबह कच्छी धर्मशाला के बाहर ली गई थी।

भादों के मेले में महिलाएँ, रतनपुर, खड़ीर बेट, कच्छ

भादों के मेले से लौटती एक महिला, रतनपुर, खड़ीर बेट, कच्छ

कच्छ परम्परागत रूप से पीतल और ब्रास के शिल्प के लिए प्रसिद्ध रहा है।
घंटियाँ कच्छी शिल्पकला का एक विशिष्ट नमूना हैं।

यक्ष-यक्षिणी की अवधारणा बहुत प्राचीन है। हिन्दू, बौद्ध और जैन मिथकों में यक्षिणी का ज़िक्र एक साथ आता है। यक्षिणी धन के देवता कुबेर के साथ रहती है और अप्रतिम सौन्दर्य की धनी है। शाक्त परम्परा में कुल सोलह यक्षिणियाँ हैं। ये यक्षिणियाँ शक्ति की गण हैं। इच्छित को प्राप्त करने के लिए तंत्र में इनकी पूजा-अर्चना करने की परम्परा है, हालाँकि लोक में ऐसी यक्षिणियों का भी ज़िक्र है जिनके गुण नकारात्मक हैं।

विकीपीडिया पर 'यक्षिणी' का अलग से एक पेज है जहाँ पर्याप्त मिथकीय जानकारियाँ हैं, लेकिन हमारे काम की नहीं। एक तो हमारा सन्दर्भ नाथ सम्प्रदाय के मठ का है, दूसरा, जिस भूगोल में इसे हम तलाश रहे हैं वह भारत का कच्छ ज़िला है। जहाँ तक नाथ सम्प्रदाय का सवाल है तो बात इतनी सी है कि यक्षिणियों की आराधना केवल संन्यासी योगी ही कर सकते हैं, गृहस्थ नहीं। कहते हैं कि गृहस्थों ने यदि यक्षिणी की आराधना की और यक्षिणी यदि प्रसन्न हो गई तो भक्त के दाम्पत्य जीवन में संकट पैदा हो सकता है। लोक में एक और बात प्रचलित है कि यक्षिणी के आने का संकेत है, चमेली के फूल की ख़ुशबू। वैसे, चमेली की ख़ुशबू प्रेत के आने का भी संकेत हो सकता है।

बहरहाल, महामानव या सुपरमैन का मुहावरा दरअसल इच्छाओं की पूर्ति से जाकर जुड़ता है। जादू हो, चमत्कार हो, तंत्र-साधना हो या योग, भौतिक जगत में ये सब अपनी या दूसरे की इच्छापूर्ति का ही ज़रिया रहे हैं। लोक के इतिहास में एक सामान्य मनुष्य की सबसे विकट और प्रकट इच्छा सन्तान-प्राप्ति की रही है। क्या राजा और क्या रंक, सन्तान-प्राप्ति के लिए लोग कहाँ से कहाँ चले जाते हैं। क्या से क्या करने को तैयार होते हैं। कच्छ के एक राजा को सन्तान सुख चाहिए था। उसने रण में हाजी पीर के दर्शन किए। हाजी पीर के आँगन में खड़े पेड़ की ढाई पत्तियाँ चबाने से उसकी पत्नी को गर्भ ठहर गया। यह कथा आज भी वहाँ के लोग सुनाते हैं। कच्छ के लोक में अकसर सुनने को मिलता है कि फलाने राजा की पत्नी को सन्तान नहीं हुई या सन्तान हुई तो लड़की हुई, जिसे ठीक उसी समय जन्म लेने वाले किसी लड़के से बदल दिया गया। एक ऐसी ही कथा कच्छ से है जो काफ़ी पुरानी है लेकिन यक्ष-यक्षिणी को स्थानीय सन्दर्भ में समझने के लिए ज़रूरी है।

कच्छ में यक्ष को जाख और यक्षिणी या यक्षी को जाखी कहते हैं। जाख-जाखी को इतिहासकारों ने 'डेमिगॉड' की संज्ञा दी है। डेमिगॉड को हम हिन्दी में अवतार

कह सकते हैं लेकिन यह अवतार उस रूप में नहीं है जैसे विष्णु के अवतार। वास्तव में ये अर्धदेव की श्रेणी में आते हैं। कहानी दसवीं सदी में कच्छ के लोकप्रिय राजा लाखो फुलनी के मौत के बाद की है, जब यहाँ उसके भतीजे जाम पुनवरो का राज हुआ। लाखो की राजधानी केरा में थी। पुनवरो ने राजधानी को वहाँ से हटाकर पधारगढ़ ले जाने का निर्णय किया। पुनवरो ने पधारगढ़ बनाने के बाद उसके मुख्य वास्तुकार के हाथ ही काट दिए ताकि दोबारा ऐसा निर्माण वह न कर सके। उसके राज को ऐसे ही कृत्यों से कुख्याति मिली थी। उसके शासनकाल की हालाँकि सबसे ज़्यादा याद रखी जाने वाली घटना कच्छ की धरती पर जाख और जाखी के आगमन की है, जिसकी याद में इतने साल बाद भी आज मेला लगता है। पिछले ज़माने का जखाउ बन्दरगाह भी अपने नाम में जाख और जाखी की किंवदंती को सँजोए हुए है।

इस घटना के बारे में पहला लिखित रिकॉर्ड 1826 में अंग्रेज़ी अधिकारी मेजर अलेग्जेंडर बर्नेस का है। बाद में इसी घटना को कुछ बदलावों के साथ 1839 में मारियान पोस्तांस ने अपनी किताब में शामिल किया। बाद के तमाम लेखकों ने 1880 के बॉम्बे प्रेसिडेंसी के गजेटियर के अंक 5 से इसका उद्धरण लिया जिसे मानक माना जा सकता है। कुछ बदलावों के साथ मूल आख्यान मोटा-मोटी एक ही है।

पनवरो ने जब पधारगढ़ का निर्माण पूरा किया, उस वक़्त कच्छ में सात भक्त बिजेंटियम से पधारे। बिजेंटियम एक प्राचीन ग्रीक उपनिवेश था जो बाद में इस्ताम्बुल कहलाया। वहाँ से कच्छ आए भक्तों का नाम रुखी या संघार बताया गया है। कहते हैं कि वे पवित्र लोग थे और निस्सन्तान दम्पतियों को उनका आशीर्वाद फलता था। राजा पनवरो निस्सन्तान था। रानी के पास जब इनके आने की ख़बर पहुँची तो उसने इनका आशीर्वाद लेने की इच्छा जताई। कहानी यहाँ से अलग-अलग मोड़ ले लेती है।

एक संस्करण कहता है कि रुखी जब रानी से मिले तो उन्होंने रानी के साथ एक सामान्य महिला जैसा व्यवहार किया जिससे रानी रूठ गई और उसने अपने पति से रुखियों से बदला लेने को कहा। दूसरा संस्करण कुछ यों है कि वह रुखियों की भक्त बन गई। उसने अपने महल में एक सुरंग बनवाई जिससे वे भीतर आ सकें और उनके कर्मकांड के लिए सारा इन्तज़ाम किया। राजा पुनवरो इससे नाराज़ हो गया। दोनों संस्करणों का नतीजा एक ही निकलता है कि राजा ने रुखियों को गिरफ़्तार

कर लिया और प्रताड़ित करने लगा। इसी बीच एक नाऊ ने इनकी मदद की और क़ैदखाने में एक रुखी की जगह लेकर उसे मुक्त कर दिया। वह रुखी लखैरा नाम की पहाड़ी पर चढ़ा और अपने देवता जाख का मदद के लिए आह्वान किया।

जाख अपने 71 भाइयों और एक बहन के साथ उनकी मदद के लिए कच्छ आ गए। उनके भार से एक के बाद एक पहाड़ियाँ दबती गईं। आख़िरकार उन्होंने पधारगढ़ के पास ही एक पहाड़ी अपने लिए बना ली और वहाँ जम गए। इसे काकाबिट पहाड़ी का नाम दिया गया। वहाँ से उन्होंने राजा को रुखियों को रिहा करने का आदेश दिया। राज्य के इनकार करने पर उन्होंने राजा पर तीर चलाए लेकिन सारा वार बेकार चला गया क्योंकि राजा एक जादुई तावीज़ पहनता था। इसके बाद जाख की बहन साइरी ने मच्छर का रूप लिया और राजा को ऐसा डंक मारा कि उसे खुजली से निजात पाने के लिए तावीज़ उतारकर नहाने जाना पड़ा। तभी सबसे छोटे जाख काकर ने स्नानागार की दीवार पर एक तीर चला दिया। दीवार से एक पत्थर टूटकर पनवरो के ऊपर गिरा और चालीस दिन बाद उसकी मौत हो गई। जाखों ने पधारगढ़ को शाप दिया, जिसके बाद वह पूरी तरह उजड़कर रेत हो गया।

यह कथा लोक में आज भी कही जाती है। इसका एक यथार्थवादी संस्करण भी है जो कहता है कि संघारों ने पनवरो से जान बचाने के लिए मध्य एशिया से सफ़ेद चमड़ी वाले घुड़सवारों का आह्वान किया, जिन्होंने पधारगढ़ पर हमला करके पनवरो को मौत के घाट उतार दिया। बाद में यही घुड़सवार बहत्तर जाख और एक जाखी अवतार के रूप में कच्छ में पूजे जाने लगे। कच्छ इकलौती ऐसी जगह है जहाँ जाखों के मन्दिर हैं, जिनमें घोड़े पर सवार जाखों की विशिष्ट प्रतिमाएँ हैं। इनकी ऐतिहासिकता का पता लगाने के लिए कई अंग्रेज़ और घरेलू इतिहासकारों को भी जाख-जाखी की इस किंवदंती को गम्भीरता से लेना पड़ा है क्योंकि कोई और स्रोत इसके क़रीब नहीं ठहरता। इतिहासकारों ने इन जाखों को हिन्दू और बौद्ध साहित्य में वर्णित यक्ष नाम के अलौकिक घुड़सवारों का पर्याय माना है। ज़ाहिर है, फिर इनकी बहन साइरी की तुलना यक्षिणी से ही की जानी होगी।

एल.एफ. रशब्रुक विलियम्स ने पहली बार अपनी पुस्तक 'द ब्लैक हिल्स' में जाख सम्बन्धी किंवदंती का सबसे प्रामाणिक वर्णन किया है जो उनके मुताबिक़ राजदरबार के चारणों से उन्होंने सुनी है और जो पीढ़ियों से मौखिक ज्ञान के रूप में चला आ रहा है। वे लिखते हैं कि पनवरो के राज में कच्छ के तट पर बहत्तर

पुरुषों और एक स्त्री का आगमन हुआ। उनका जहाज़ टूट गया था और वे जखाउ के बन्दरगाह पर नावों से आए थे। वे लम्बे-चौड़े थे, ग़ौर वर्ण थे, उनकी आँखें भूरी या नीली थीं और वे जो भाषा बोल रहे थे उसे सुदूर समुद्री यात्रा कर चुके कच्छ के जहाज़ी भी नहीं समझ पा रहे थे जिन्हें अरबी और स्वाहिली तक आती थी। बाद में वे कच्छी सीख गए, लेकिन तब तक संकेतों में ही बात करते रहे। माना गया कि वे बिजेंटियम के आसपास से आए होंगे। वे कुछ समय तक जखाउ में टिके रहे। वहाँ आज भी उनके सम्मान में कई मूर्तियाँ हैं। फिर वे दो और तीन की टुकड़ियों में बँटकर गाँवों की ओर चले गए। वे औषधि विज्ञान और दूसरी कलाओं में पारंगत थे और गाँववालों को अपने ज्ञान से समृद्ध करते थे। लोगों ने उनके काम से ख़ुश होकर उन्हें घोड़े दे दिए ताकि वे दूर की यात्रा कर सकें।

पनवरो को इनकी लोकप्रियता हजम नहीं हुई। उसने पधारगढ़ के आसपास काम कर रही इनकी टुकड़ियों को गिरफ़्तार कर लिया। बाक़ी जाख पनवरो के पास आकर साथियों को छोड़ने का आग्रह करने लगे। राजा नहीं माना। फिर इन्होंने पास की ही एक पहाड़ी काकाबिट पर अपना डेरा जमाया और राजा पर क़रीबी निगाह रखने लगे। एक दिन राजा स्नानागार में नहा रहा था, तभी जाखों ने प्रक्षेपास्त्र दाग दिया। उससे क़िले का एक हिस्सा टूट गया और नहा रहे पनवरो के सिर पर पत्थरों से गम्भीर चोट आ गई। उसे ज़ख़्म इतना गहरा हुआ था कि चालीस दिन बाद उसकी मौत हो गई। रानी ने प्रतिशोध में सभी जाखों को एक-एक करके मरवा दिया। कच्छ के लोग इस संहार से बहुत दुखी हुए। जाखों के किए अच्छे कामों को याद करते हुए लोगों ने उनके कई मन्दिर बनवा दिए। उन्हें संत का दरजा मिला। आज भी जाख और यक्ष के नाम पर सालाना मेले लगते हैं।

कच्छ के कच्छप

गुजरात का एक आरम्भिक दुर्भाग्य रहा है। भारत की ब्राह्मणवादी सभ्यता ने हमेशा से गुजरात को, विशिष्ट रूप से सौराष्ट्र के प्रायद्वीप को एक 'सीमान्त क्षेत्र' के रूप में बरता है। उस पर से कच्छ, जो कि भारत के मुख्य भूखंड के मुक़ाबले काफ़ी

पहले से शेष दुनिया के साथ समुद्री मार्ग से सम्पर्क में रहा, वह गुजरात के बरक्स अपने आप में एक और 'सीमान्त' था। इस तरह देखें तो कच्छ सीमान्त का सीमान्त हुआ। "वहाँ मध्य एशिया, फारस, और उत्तर-पश्चिम से आने वाले बाहरियों के चलते ब्राह्मणवादी ग्रंथों और इतिहास में हमेशा से ही गुजरात को कलंकित माना गया। विष्णु पुराण में कहा गया कि अंग, बंग, कलिंग, सौराष्ट्र या मगध में यदि कोई तीर्थयात्रा के अतिरिक्त जाए तो उसका शुद्धीकरण किया जाना चाहिए।"[1]

इस तरह प्रायद्वीपीय गुजरात को बंगाल, बिहार और उड़ीसा के साथ मिलाकर ब्राह्मणवादी आख्यानों में कर्मकांडीय दृष्टि से अशुद्ध घोषित कर दिया गया।

इस 'अशुद्धता' का मूल कारण ग़ैर-ब्राह्मण पंथों का इस क्षेत्र में प्रसार और असर रहा, मुख्यत: वे धर्म और पंथ जो आरम्भ में अरब-अफ्रीका और बाद में सिन्ध से होकर यहाँ पहुँचे। इनमें बौद्धों और जैनियों को भी गिना जा सकता है जिनका रूढ़िवादी ब्राह्मणवाद के साथ एक समय में टकराव रहा। इस कारण से उत्तर भारत में या कहें मुख्यधारा के भारतीय इतिहास और साहित्य में सौराष्ट्र व कच्छ के जन-इतिहास को जगह नहीं मिल पाई।

जिन अंग्रेज़ों ने ईस्ट इंडिया कम्पनी की सेवा में यहाँ का विवरण लिखा और जिन्हें गजेटियर में जगह मिली, उसे ही मानक मान लिया गया। इस चक्कर में वे वास्तविक जननायक इतिहास के पन्नों में दर्ज नहीं हो पाए, जिन्होंने कच्छ की संस्कृति और समाज गढ़ने में अहम भूमिका निभाई। जगड़ूशाह दातार जैसे कुछेक चरित्र इस मामले में सौभाग्यशाली रहे कि उनके पास धन और रसूख था, सो वे लिखित इतिहास में बचे रह गए। बाक़ी तमाम नायक लोक कथाओं से निकले और मन्दिरों-दरगाहों में क़ैद होकर रह गए।

इतिहास लेखन की इस विचित्र दिक़्क़त को आज तक दुरुस्त करने का काम किसी ने नहीं किया क्योंकि विलय के बाद भी सांस्कृतिक रूप से कच्छ के इलाक़े से मुख्यधारा का भारतीय समाज कटा रहा। यहाँ न तो वैसी यात्राएँ हुईं, न ही लोगों से संवाद हुआ। इसमें भाषा एक बड़ी अड़चन थी जो दोतरफ़ा संवाद को रोकती थी। 2001 के भूकम्प के बाद जब कच्छ को सांस्कृतिक स्तर पर 'कोऑप्ट' करने की कोशिशें की जाने लगीं, तब मुख्यधारा की सत्ता ने अपनी राजनीति साधने के लिए अपनी सुविधा से ऐसे स्थानीय नायकों को गढ़ने का काम किया जिनकी लोक-

1. समीरा शेख, फोर्जिंग अ रीजन, 48

स्मृति में कहीं जगह ही नहीं थी। इसका सबसे बड़ा उदाहरण हैं श्यामजी कृष्ण वर्मा। दूसरी ओर लोक-स्मृति में बचे-खुचे नायक दस्तावेज़ीकरण के अभाव में हाशिये पर सिमटते गए, जैसे भियाँ कक्कल और राम सिंह 'मलम'। साथ ही कुछ ऐसी शख़्सियतें भी हाशिये पर चली गईं, जिन्हें कच्छ की सांस्कृतिक विरासत का जीवित वाहक माना जा सकता है। इनमें दो व्यक्ति बेहद अहम हैं—डॉ. इस्माइल खत्री और शिवजी भुडा।

लखपत के उस्मान अली नोतियार लोककथाओं की ख़ान हैं। वे बताते हैं कि एक पत्रिका को उन्होंने 17वीं सदी से अब तक के लखपत के इतिहास पर एक लेख लिखकर भेजा था। इस लेख में उन्होंने भाटिया समुदाय का ज़िक्र किया था कि कैसे उनकी मिल्कियत बेर को लूटकर जमादार फतेह मोहम्मद ने लखपत को बसाया। इस पर सम्पादक का कहना था कि वहाँ भाटिया रहते थे और मिल्कियत उन्हीं की थी, इसका सबूत चाहिए। उस्मान भाई हँसते हुए कहते हैं, "अब सबूत कहाँ से मिलता। मैं अपने बचपन से ही इलाक़े में घूमता फिरता रहा हूँ। पीढ़ियों से ये कहानियाँ चली आ रही हैं।" इसके बावजूद उन्होंने किसी ऐसे बुज़ुर्ग को खोजने की कोशिश की जिसे इतिहास का ज्ञान हो। मोटी बेर में उन्हें एक बुज़ुर्ग मिले—दीपू दा जडेजा। उन्होंने भी इस बात की पुष्टि की कि वह गाँव भाटियाओं का ही था। दरअसल, ऐसी ही तकनीकी दिक़्क़तों के चलते पीढ़ियों से चली आ रही कहानियाँ, उनके नायक और इनके वाहक लुप्त होते जा रहे हैं। इसका सबसे बड़ा उदाहरण भियाँ कक्कल के नायकत्व की वह कथा है जिनके बग़ैर कच्छ के यशस्वी जडेजा शासक वंश की कल्पना भी नहीं की जा सकती थी।

उस्मान अली ने यह कहानी हमें काफ़ी पहले सुनाई थी। जडेजा वंश के प्रथम शासक खेंगार जी प्रथम को मरने से एक सामान्य व्यक्ति ने बचाया था, जिसका नाम भियाँ कक्कल था। खेंगार जी और उनके दो भाइयों साहब जी और रायब जी के पीछे कच्छ के शासक रावल जी की फ़ौज पड़ी थी। वे अपने पिता लाखो की हत्या का प्रतिशोध लेना चाहते थे। किसी तरह साहब जी और खेंगार जी को वागड़ की ओर भेज दिया गया। वहाँ एक गाँववाले ने उन्हें शरण दी जिसका नाम भियाँ कक्कल था। यह कहानी उस्मान भाई को इसलिए पता है क्योंकि उनके ननिहाल के लोग भी कक्कल समुदाय से थे।

कक्कल ने खेंगार जी और साहब जी को भूसे के ढेर में छुपा दिया। इनके क़दमों

का पीछा करते-करते रावल की फ़ौज कक्कल के घर तक पहुँच गई। फ़ौज के पूछने पर कक्कल ने इनकार किया कि वहाँ कोई आया है। फ़ौज को भरोसा था कि पैरों के निशान चूँकि यहीं आकर ख़त्म होते हैं तो दोनों बच्चे यहीं कहीं होंगे। भूसे के ढेर में सिपाहियों ने अपना भाला मार-मार कर दोनों बच्चों को खोजना शुरू किया। एक भाला खेंगार जी को आ लगा और हल्का-सा ख़ून निकल गया। सिपाहियों को अगर भाले की नोक पर ख़ून दिख जाता तो दोनों की जान चली जाती। ये सोचकर खेंगार जी ने भाला लगते ही अपने रूमाल से भाले की नोक पोंछ दी और रूमाल ज़ख़्म पर लगा लिया ताकि ख़ून न बहने पाए। सिपाही इतना तो आश्वस्त हो गए कि भूसे के ढेर में कोई नहीं है, लेकिन उन्हें भरोसा था कि बच्चे यहीं कहीं होंगे। उन्होंने कक्कल से पूछा कि उसके कितने बच्चे हैं। उसने बताया, सात बच्चे हैं। सातों को फ़ौज ने वहाँ बुलवा भेजा और कक्कल से दोबारा साहब जी और खेंगार जी का ठिकाना पूछा। कक्कल ने इनकार कर दिया।

कक्कल के एक-एक इनकार पर उसके एक-एक बच्चे का सिर क़लम किया जाने लगा। कक्कल के माथे पर शिकन तक नहीं आई और एक-एक करके उसके छह बच्चे मारे गए। सातवाँ माँ की गोद में दूध पी रहा था। उस्मान भाई बताते हैं कि अगर वो बच्चा भी मारा जाता तो कक्कल का वंश ख़त्म हो जाता। कक्कल ने कहा कि उसे बख़्श दें, वैसे भी उसे नहीं पता कि जिनकी तलाश फ़ौज को है वे कहाँ हैं, इसलिए बिना मतलब एक और बच्चे की जान क्या लेनी। सिपाहियों ने सातवें को छोड़ दिया और वहाँ से रवाना हो गए। उस्मान कहते हैं, “ये जो जडेजा वंश है न, भियाँ कक्कल के हिसाब से चला आ रहा है।” बाद में राजा बनने पर खेंगार जी ने कक्कल के गाँव का लगान माफ़ कर दिया। कक्कल के सातवें बेटे का वंश आज भी मौजूद है।

यह कहानी कच्छ के इतिहास में स्वर्णाक्षरों में दर्ज किए जाने लायक़ है, लेकिन एल.एफ. रशब्रुक विलियम्स इसे दो पैरा में समेटकर आगे राजाओं के गौरवगान की ओर बढ़ लेते हैं। चारणों की ज़बान पर भियाँ कक्कल जैसे पात्र आज भी ज़िन्दा हैं लेकिन सवाल है कि कब तक रहेंगे। राजाओं के यशस्वी इतिहास में राजाओं को बचाने वालों का नामोनिशान मिट जाए तो जनता के नायक कैसे सामने आ सकेंगे? आइए, जनता के एक और नायक से मिलते हैं, जिसके सारे काम का श्रेय राजा ले गया।

खेंगार जी की दसवीं पीढ़ी के शासक हुए महाराव लाखो उर्फ़ लखपत। इनका शासनकाल औपचारिक रूप से 1752 में शुरू होता है लेकिन क़ायदे से 1741 में ही इन्होंने अपने पिता महाराव देसल जी को गद्दी से हटा दिया था और ख़ुद शासक बन बैठे थे। अंग्रेज़ इतिहासकार देसल जी की मौत के बाद ही लाखो के राज को मानते हैं। यह दौर मुग़लों के पतन का था और अंग्रेज़ भारत में 1757 में प्रवेश कर चुके थे। बावजूद इसके मुग़लों का सम्मान अब भी बरकरार था। महाराव लाखो काफ़ी चतुर इनसान थे। इन्होंने मुग़लों का भरोसा जीतने के लिए कच्छ से मक्का जाने वाले हज यात्रियों की परम्परागत सेवा को बेहतर बनाया और दिल्ली के सुलतान आलमगीर द्वितीय को कच्छी नस्ल के उम्दा घोड़े भिजवाए। बदले में उन्हें मुग़ल राज की ओर से 'मिर्ज़ा महाराव' का तखल्लुस मिला और तैमूरों के राज के सबसे बड़े तमगे 'माही मरातिब' से उन्हें इज़्ज़त बख़्शी गई। इसके बाद के जडेजा शासकों की पीढ़ी अपने नाम के आगे मिर्ज़ा लगाती रही है।

यह विशुद्ध कूटनीति थी। इस मामले में महाराव लखपत बहुत सूझ-बूझ वाले थे कि वे अपना दरबार सबके लिए खुला रखते थे। उनके समय में सबसे ज़्यादा विदेशी सैलानी कच्छ आए। विदेश मामलों को लेकर उनकी जिज्ञासा, उनकी कूटनीतिक कार्रवाइयों में देखी जा सकती थी। ऐसे ही एक दिन एक व्यक्ति उनके दरबार में हाज़िर हुआ। नाम था राम सिंह 'मलम'। लोग उसे राम सिंह 'जहाज़ी' कहते थे। वह वाघा जाति का था और ओखामंडल में पैदा हुआ था। बचपन में ही वह खुले समुद्र में निकल गया और किसी तरह अफ्रीका पहुँच गया। वहाँ उसका जहाज़ टूट गया। वहाँ से नीदरलैंड लौट रहे एक डच जहाज़ ने उसे बचाने में मदद की। उसके बाद वह उसी जहाज़ से योरप आ गया और अठारह साल तक योरप के अलग-अलग देशों में रहा। वहाँ उसने हर क़िस्म की नायाब कारीगरी सीखी जिसमें लोहे से लेकर काँच तक का काम शामिल था। लम्बे समय बाद जब उसने सोचा कि देश लौटकर काठियावाड़ी शासकों के बीच अपना प्रभाव जमाया जाए तो काठियावाड़ के शासकों ने उसकी कला में ख़ास रुचि नहीं दिखाई। मांडवी में उसका कोई रिश्तेदार रहता था तो योरप से वह सीधे मांडवी आया। यहाँ उसका ख़ूब सम्मान हुआ। उसकी कारीगरी और कला की चर्चा दरबार तक पहुँची तो महाराव लाखो ने उसे बुलवा भेजा।

आज कच्छ में शिल्पकला और कारीगरी का जो भी नमूना हमें दिखता है

सब राम सिंह की देन है। महाराव लाखो ने उसे अपने महल के भीतर ही एक कारख़ाना दे दिया। बाद में मांडवी में उसके लिए काँच का एक कारख़ाना खुलवा दिया गया। भुज का आईना महल राम सिंह की ही देन है। इस महल को बनाने में राजा ने इतने पैसे ख़र्च कर दिए कि वह तक़रीबन दिवालिया हो गया। कहते हैं कि इस महल को बनाने में कुल 80 लाख कोरियों की लागत आई थी और सरकारी ख़ज़ाना ख़ाली हो गया था। आज भी आईना महल कलात्मक श्रेष्ठता का अद्‍भुत नमूना है। महाराव लाखो, राम सिंह के काम से इतना प्रभावित था कि उसने दो बार उसे कच्छी कारीगरों को साथ लेकर प्रशिक्षण के लिए योरप भेजा। कहते हैं कि राम सिंह कारीगरों को ऑस्ट्रिया और वेनिस तक लेकर गया। वापसी में कच्छ में उसने योरोपीय मॉडल पर घड़ियाँ बनाईं। लोहे की एक फाउंडरी स्थापित की गई, जहाँ से बेहतरीन तोपें बनकर निकलने लगीं। टाइल का एक कारख़ाना लगा, जहाँ से बेहतरीन कामगारी वाले बरतन निकले। अपने जीवन के अन्त तक राम सिंह इंजीनियरिंग, डिज़ाइन, विनिर्माण के काम में सक्रिय रहा और मुंद्रा के तट पर राजा के दिए हुए एस्टेट में उसने अन्तिम साँस ली।

इतिहासकारों ने महाराव लाखो के दौर को कच्छ की औद्योगिक क्रान्ति का नाम दिया है। इस दौर में यहाँ कला और शिल्प के क्षेत्र में हुए तमाम काम आज भी विरासत के रूप में मौजूद हैं, जिसे कच्छी कला के नाम से जाना जाता है। कच्छ की बुनकरी, कच्छ का शिल्प और कच्छ की धातु कला की जड़ें राम सिंह के आविष्कारों तक जाती हैं। अफ़सोस की बात है कि राम सिंह का अधिकांश काम राजा के महल और निजी परिसम्पत्तियों तक ही सीमित रहा और इसका कोई सार्वजनिक मूल्य नहीं बन पाया। कुल मिलाकर यह कच्छ की एक विरासत के रूप में ही बचा रह गया क्योंकि राम सिंह के बाद उसके काम को सार्वजनिक उपयोग के लिहाज़ से आगे बढ़ाने वाले कारीगर कम ही बचे।

अठारहवीं सदी में कच्छ की इस 'औद्योगिक क्रान्ति' के दो अहम आयाम रहे—एक समुद्री यात्राएँ और दूसरा शिल्प कलाएँ। दोनों एक-दूसरे से नाभिनालबद्ध हैं। यदि कच्छ समुद्री मार्ग से नहीं जुड़ा होता तो यहाँ भारत की मुख्य भूमि से डेढ़ सौ साल पहले कला की तकनीक आयातित नहीं हो पाती। विडम्बना देखिए कि आज गुजरात का पर्यटन विभाग जब कच्छ की शिल्पकलाओं के नाम पर विज्ञापन और प्रचार करता है तो उसे उसकी विरासत और अतीत से पूरी तरह काटकर

पेश किया जाता है, गोया ये कलाएँ मंगल ग्रह से आई हों। राम सिंह को तो छोड़ दें, आज कच्छी कला के जो महारथी जीवित हैं और लगातार सक्रिय हैं, उन्हें भी मुख्यधारा में कहीं कोई मान्यता नहीं दी जाती। रण महोत्सव के दौरान किए जाने वाले विज्ञापनों का मूल स्वर यह होता है कि कच्छ में जो कुछ भी देखने लायक़ है वह सब गुजराती है। एक क्षेत्रीय पहचान के भीतर कच्छ को समेट देने की ये कोशिशें लगातार कई साल से जारी हैं। वो तो कच्छ के कारीगरों की विनम्रता है कि उन्होंने कभी भी अपनी उपज पर दावा नहीं किया।

ऐसे ही एक बुज़ुर्ग शख़्स मांडवी में रहते हैं जिनका नाम शिवजी भुडा फोफिंडी है। पहली बार जब हमारी मुलाक़ात शिवजी से हुई थी तब उनके बारे में समझने में काफ़ी दिमाग़ लगाना पड़ा था। उत्तर भारत के मैदानों में रहने वाला आदमी समुद्र किनारे रहने वालों की संवेदनाओं को आसानी से नहीं समझ पाता। यह समझना अपने आप में मुश्किल है कि 12 साल का एक बच्चा खुले समुद्र में नाव लेकर मांडवी से कैसे अफ़्रीका जा सकता है और वहाँ से नारियल भरकर वापस आ सकता है। शिवजी भुडा की ज़िन्दगी रोमांच की अद्‌भुत मिसाल है। राम सिंह के बाद अगर कोई दूसरा जहाज़ी हुआ होगा इस धरती पर तो वे शिवजी भुडा ही हैं।

तीसरी बार जब हम मांडवी पहुँचे तो ज़ेहन में पहली बार देखा शिवजी के मकान का डिज़ाइन था और इतना भर याद था कि उनका मकान कस्टम ऑफ़िस के रास्ते पर ढलान पर है। शिवजी का मकान जहाज़ की आकृति का बना है। ऊपर पहली मंज़िल की दीवारों में गोल-गोल छेद हैं, जैसे जहाज़ों में होते हैं। सबसे ऊपर का कमरा वास्तव में किसी जहाज़ के कंट्रोल रूम जैसा है, जिसमें नैविगेशन का हैंडिल लगा हुआ है और समुद्री तूफ़ान के आने के संकेतक लगे हैं।

छह साल में मांडवी का नक़्शा थोड़ा बदल चुका था। इस डिज़ाइन का मकान खोजने में हमें आधा घंटा बीत गया। विडम्बना यह थी कि उस इलाक़े में शिवजी भुडा के नाम से कोई उनका ठिकाना बतलाने को तैयार न था। फिर पिछली बार का दिया उनका वर्कशॉप का कार्ड निकाला। वर्कशॉप का नाम था, 'सागर शिप मॉडल'। इस नाम से एकाध लोगों से पूछने पर सही रास्ता मिला। हम वर्कशॉप पहुँचे तो वहाँ शिवजी और उनके बेटे किन्हीं सैलानियों को जहाज़ों के मॉडल दिखाकर ज्ञान दे रहे थे। मिलने पर उन्होंने पहचाना या नहीं, पक्का नहीं कह सकते लेकिन उन्होंने बैठाया और आने को कहकर चले गए।

शिवजी की उम्र नब्बे पार है। उनकी सरकारी उम्र अब भी पचासी है। वे इसके पीछे एक दिलचस्प कहानी सुनाते हैं। शिवजी बताते हैं कि 1971 में ही वे रिटायर हो गए थे और जहाज़ों के मॉडल बनाने का अपना शौक़ उन्होंने पूरा करना शुरू कर दिया था। हुआ यों कि मांडवी के समुद्र में एक जहाज़ डूब गया। वे बताते हैं कि सरकारी अफ़सर उन्हें खोजते हुए आए और कहा कि सरकार ने बुलाया है। सरकार उन्हें काम पर रखना चाहती थी। इसके लिए सरकारी काग़ज़ात में उनकी उम्र पाँच साल कम की गई और पुरानी पगार पर वापस रख लिया गया। एक तस्वीर की ओर दिखाते हुए वे बताते हैं कि यही वो जहाज़ है जिसे उन्होंने बाहर निकाला था।

शिवजी की वर्कशॉप जहाज़ों की तस्वीरों और मॉडलों से भरी हुई है। शिवजी और उनके बेटे ऑर्डर पर जहाज़ों के मॉडल बनाते हैं। उस वक़्त मांडवी के तट पर एक जहाज़ बन रहा था। उन्होंने उसका मॉडल दिखाया। उस पर लिखा था, 'धरम करम'। अंकुर ने पूछा, "ये जहाज़ का नाम है?" वे बोले, "ये तो अपन नाम रख देता है ऐसे ही, जहाज़ मुसलमान का है न, वो कुछ और नाम रखेगा।" वहीं काँच के भीतर एक पनडुब्बी का मॉडल रखा था, जिस पर क्रान्तिवीर भगतसिंह लिखा हुआ था। उसके बारे में पूछने पर उन्होंने पूरी पनडुब्बी के बारे में दस मिनट समझा डाला कि कैसे सबमरीन का इस्तेमाल जहाज़ों को नीचे से भेदने में किया जाता है।

शिवजी की उम्र जब छह वर्ष थी, तब उनके पिता जहाज़ लेकर समुंदर में निकले थे और वापस नहीं आए। वे बताते हैं, "मेरा फादर समुंदर में गया... हमारे यहाँ कोई किनारे पर नहीं मरता, समुंदर में जाता है। फादर समझता है न? मेरा पापा गया तो मेरा माँ विधवा हो गया। मैं छह बरस का था। मेरा माँ तब गाँव में खाना बनाकर कैसे भी करके मुझको आठ बरस तक पाला। उसके बाद मुझे समुंदर में भेज दिया। मैं आठ बरस में जहाज़ में चला गया।"

वे बताते हैं कि यहाँ छोटी उम्र में ही बच्चों को जहाज़ में भेज दिया जाता था। जहाज़ में एक बात तय होती है कि बच्चे को खाना मिलेगा। वे कहते हैं, "धीरे-धीरे काम सीखकर मैं चैंपियन हो गया और 12 साल की उम्र में जहाज़ का कैप्टन बन गया। कैप्टन समझता है न?" ऐसा कहते हुए वे एक तस्वीर दिखाते हैं और बताते हैं कि इसी जहाज़ को लेकर वे 12 साल की उम्र में अफ्रीका गए थे। वे कहते हैं, "मैं बँगलोर से नारियल भरके दार-ए-सलाम गया। वहाँ से नारियल भर के वापस आया। उस समय अफ्रीकन जाने में दुई-ढाई महीना लगता था। आज इंजन वाले

जहाज़ से जाने में पन्द्रह दिन लगता है। मैं तीन पैसा का एक नारियल भरके जहाज़ में ले आया था।" बताते हुए वे ख़ूब हँसते हैं।

शिवजी की दो आदतें हैं। एक तो वे हर बात कहने के बाद पूछने के आदी हैं "समझता है न?" दूसरे, वे अपने कैप्टन होने की कहानियाँ ख़ूब चाव से सुनाते हैं। और हाँ, वे अफ्रीका को हमेशा अफ्रीकन बोलते हैं। हमने पूछा कि क्या कभी उनके जहाज़ पर कोई हमला भी हुआ या कोई हादसा?

"हुआ न...सन् तैंतालीस में हमारा तीन जहाज़ लेकर हम इधर आ रहा था। उसका कैप्टन दूसरा कोई था।" वे कैप्टन की तस्वीर की ओर इशारा करते हैं। "दो जहाज़ को जापानी उड़ा दिया। हमारा जहाज़ बच गया।" कैसे? "वो भी हमारा ही जहाज़ था। उसमें भी हमारे कौम का आदमी था। सबमें पैसेंजर भरल था। पैंतीस-पैंतीस पैसेंजर और बाक़ी नाव में खांड भरल था। खांड समझता है न? सक्कर..।"

वे आगे बताते हैं, "हमारा नाव में राजा का ध्वज लगा था। महाराजा खेंगार जी का ध्वज...जिससे उसको समझ में आ गया कि ये कच्छी नाव है। बाक़ी दो को उसने डुबा दिया। सब मर गया। उस समय जापानी का लड़ाई चलता था न... वो सोचा कि कोई दुश्मन अपना आदमी इधर भेज रहा है। वो दोनों जहाज़ को डुबा दिया और हमको कच्छ के महाराज का ध्वज देखकर छोड़ दिया। फिर हम इधर मांडवी आया और सबको बताया कि बाक़ी दो नाव में सब मर गया।"

शिवजी के पास समुद्री व्यापार से जुड़ी दिलचस्प कहानियाँ हैं। वे हिन्दी बोलते-बोलते कच्छी बोलने लग जाते हैं। बीच-बीच में जब वे उत्साहित होते हैं तो होंठों के बग़ल से लार गिरने को होती है। इतनी उम्र में इतनी सक्रियता हमें हैरान करती है। वे वर्कशॉप में घूम रहे लड़कों की ओर दिखाकर कहते हैं, "मैं ये सब छोकरे लोग को सिखाता हूँ। मैं पूरी दुनिया का जहाज़ बना सकता हूँ...पूरी दुनिया का।" उनकी वर्कशॉप देखकर वाक़ई ये लगता है कि शिवजी भुडा जहाज़ों के सर्वज्ञ हैं। न केवल जहाज़ों के, बल्कि दूरियों के भी। वे मांडवी से मस्कट, जंजीबार, अफ्रीका की जगहों की सटीक दूरी बताते हैं। वे बताते हैं कि उन जगहों से वे क्या-क्या लेकर आया करते थे।

आम तौर से परदे के पीछे रहने वाले शिवजी 2018 में अपने एक मॉडल के कारण राष्ट्रीय स्तर पर चर्चा में आए। उन्होंने वास्कोडगामा के जहाज़ साओ राफेल की एक अनुकृति नवम्बर 2018 में बनाई जिसका प्रदर्शन गोआ के गोंसुआ तट

पर एक होटल में किया गया। पुर्तगाली जहाज़ी वास्कोडगामा जब भारत आया था तब उसके पास चार जहाज़ थे। जिस जहाज़ का कैप्टन वह ख़ुद था, उसका नाम था साओ गाब्रिएल। यह बेड़े का मुख्य जहाज़ था। दूसरा जहाज़ था साओ राफेल, जिसका कैप्टन उसका भाई पाउलोडगामा था। दोनों जहाज़ एक ही कारीगर के बनाए हुए थे। दोनों का आकार एक ही था। पुर्तगाल वापसी के दौरान पाउलो और कुछ जहाज़ियों की तबीयत बिगड़ गई। मजबूरी में पाउलो के जहाज़ का माल और स्टाफ वास्को को अपने और दूसरे जहाज़ों में लादना पड़ा। पाउलो के जहाज़ को पूर्वी अफ्रीका के तट पर जलाकर ख़त्म कर दिया गया। इसी जहाज़ की बिलकुल उसी आकार की अनुकृति बनाने के लिए अलीला दिवा होटल ने शिवजी से सम्पर्क किया। शिवजी ने छह महीने के भीतर 14 फुट लम्बा साओ राफेल जहाज़ बनाकर ख़ुद वहाँ भिजवा दिया। जब जहाज़ को होटल के बाहर लगाया गया तो इसके निर्माता शिवजी की चर्चा अख़बारों में ख़ूब हुई।

शिवजी ने कभी स्कूल का मुँह नहीं देखा। वे कभी औपचारिक अक्षर ज्ञान के चक्कर में नहीं पड़े। ज़िन्दगी ने छोटी उम्र में ही उन्हें लहरों का सारथी बना दिया। आज तक वे उन लहरों से दूसरों को खेलना सिखा रहे हैं। ऐसे कलाकारों की कच्छ में भरमार है।

डॉ. इस्माइल खत्री ऐसे ही एक शख़्स हैं जो कच्छी हस्तशिल्प की दुनिया में ज़िन्दा मिसाल हैं। उनके नाम के आगे लगे डॉक्टर से कई लोग भ्रम में पड़ जाते हैं, जो उन्हें निजी रूप से नहीं जानते। उन्हें जानने के लिए आपको भुज से बाहर अजरखपुर का रुख़ करना होगा। अजरखपुर नाम परम्परागत ब्लॉक प्रिंटिंग की कला अजरख पर पड़ा है। यहीं डॉ. खत्री का घर भी है और कारख़ाना भी। प्राचीन शिल्पकलाओं की मार्केटिंग के दौर में अजरख आज फैब इंडिया जैसी बड़ी कम्पनियों में धड़ल्ले से बिक रहा है। इस कला को बाज़ार ने हाथोहाथ ले लिया है। हाँ, इसके जानकार बहुत नहीं हैं, इसलिए कई जगह बाटिक और अजरख में फ़र्क़ कर पाना ग्राहक के लिए मुश्किल होता है। वास्तव में उत्तर भारत के बाज़ार की स्थिति यह है कि वहाँ बँधनी, बँधेज, चुनरी, बाटिक और अजरख सबको एक नज़र से ही तौलते हैं।

अजरख की ख़ूबियों पर बहुत काम हुआ है और डॉ. खत्री के बारे में भी पर्याप्त सामग्री सार्वजनिक मंचों पर उपलब्ध है। जो बताया जाना ज़रूरी है, वह

इस्माइल खत्री का अपनी सिन्धी जड़ों से लेकर अजरख के पितामह के रूप में वैश्विक प्रसिद्धि तक का सफ़रनामा है, जिसकी जड़ें हम राम सिंह 'मलम' में देख चुके हैं। इस्माइल खत्री के पूर्वज 16वीं सदी में सिन्ध से कच्छ आए थे। वे अंजार तालुका के धमणका नाम के छोटे से गाँव में बस गए। आज भी अंजार में आपको अजरख का काम करने वाले कई कारीगर मिल जाएँगे। हमारी मुलाक़ात ऐसे ही एक बुज़ुर्ग कारीगर से हुई थी, जो डॉ. खत्री के हमनाम थे। धमणका में रहकर सिन्ध के इन कलाकारों ने ब्लॉक प्रिंटिंग का काम शुरू किया था, जिसे उनकी पिछली पीढ़ियाँ विरासत में दे गई थीं।

डॉ. खत्री बताते हैं, "पचास के दशक में केमिकल वाले रंग यूरोप में बने। उनमें ज़हर होता था, जिससे स्किन कैंसर होने का ख़तरा रहता था। मैं जब छोटा था, मेरे पिता ने ऐसे ही पुरानी अजरख की तकनीक हमें सिखा दी थी ताकि वह बची रह सके। उसमें पौधों से रंग निकाले जाते हैं और पानी का बहुत महत्त्व होता है।" पूछने पर वे बताते हैं कि अजरख एक अरबी शब्द है, जिसका मतलब है नीला रंग। स्किन कैंसर की बात जब बाज़ार में आई तो डॉ. खत्री कहते हैं कि "मेरी लॉटरी लग गई।" उस वक़्त तमाम देश और एजेंसियाँ ऐसे कारीगरों की तलाश में थीं जो पौधों से प्राकृतिक रंग बनाते थे। पिता का सिखाया काम बरसों बाद एक बार फिर से चल पड़ा।

2001 में आए भूकम्प ने धमणका गाँव को तक़रीबन तबाह कर डाला। वहाँ पानी काम के लायक़ नहीं रह गया। ज़मीन ऊपर उठ गई। तब जाकर डॉ. खत्री और उनके साथियों ने भुज से कोई 12 किलोमीटर दूर ज़मीन का एक टुकड़ा देखा और 45 एकड़ ज़मीन ख़रीदकर गाँव के 150 परिवारों को दोबारा बसा दिया। इस गाँव में आज अजरख की कोई 50 इकाइयाँ काम कर रही हैं। इस्माइल खत्री ने पिछले 18 साल में अजरख को मुख्यधारा में लाने के लिए जितना प्रयास किया है, उसके लिए उन्हें 2003 में डी मॉन्टफर्ट यूनिवर्सिटी से मानद डॉक्टरेट की उपाधि मिली।

डॉ. खत्री की लोकप्रियता ज़मीनी है। अपनी चौथी यात्रा में कच्छ से निकलते वक़्त भुज में हम कुछ कपड़ों की ख़रीदारी करने गए। इत्तेफ़ाक़ से उस दोपहर दुकानें बन्द थीं और शाम को हमारी ट्रेन थी। पूरा शहर छानने के बाद कोतवाली के पास पुराने शहर में एक दुकान खुली मिली। वहाँ हमने अजरख के कपड़ों की माँग रखी। ज़ाहिर है, स्थानीय दुकानदार बाहरी ग्राहकों को आसानी से पहचान लेते

हैं। अजरख बोलते ही उन्हें आश्चर्य हुआ। थोड़ी बात चली तो हमने डॉ. खत्री का नाम लिया। उनका नाम सुनकर दुकानदार के चेहरे पर आई आश्वस्ति को हमने साफ़ देखा। बाद में पता चला कि जो व्यक्ति हमें अजरख की शॉल दिखा रहा था, वह ख़ुद गुजरात या कच्छ का नहीं था। वह बिहार का रहने वाला था।

डॉ. खत्री के पास बहुत से लोग रोज़ाना अजरख को समझने के लिए आते हैं। वे एक ही बात बताते-समझाते अब थक गए हैं। उम्र भी काफ़ी हो चली है। इसीलिए अपने मुलाक़ातियों को ध्यान में रखते हुए उन्होंने एक फ़िल्म बनवाई है। इस फ़िल्म की सीडी उन्होंने तैयार की है। जिसे भी अजरख की परम्परा के बारे में समझना होता है, उसे वे सीडी थमा देते हैं या दिखा देते हैं। फ़िल्म कुल 20 मिनट की है। यूनेस्को से सम्मानित वैश्विक प्रसिद्धि के शिखर पर खड़ा यह शख़्स इतना विनम्र है कि आपको बिना मिले विश्वास नहीं होगा। वे हँसते हुए बताते हैं कि कैसे उन्होंने नेशनल इंस्टिट्यूट ऑफ़ डिज़ाइन के छात्र-छात्राओं के प्रभाव में आकर अंग्रेज़ी सीखने की शुरुआत की।

वे कहते हैं, "मैं ज़्यादा पढ़ा-लिखा नहीं था लेकिन मेरे पास एनआईडी के लड़के काम समझने आते थे। मुझे उनको देखकर लगा कि अंग्रेज़ी आनी चाहिए। फिर मैंने डिक्शनरी ख़रीदी। उन्होंने जितना मुझसे सीखा, उससे ज़्यादा मैंने उनसे अंग्रेज़ी सीख ली।"

सिन्ध और कच्छ की संस्कृति पर बात करते हुए वे कहते हैं, "हमारा गुजरात से दूर-दूर तक कोई लेना-देना नहीं है। ज़्यादा से ज़्यादा अगर खान-पान की निकटता देखनी हो तो आपको पंजाबी खाने की ख़ुशबू हमारे खाने में आएगी। हमारा पहनावा-ओढ़ावा, खान-पान, शिल्पकलाएँ सब सिन्ध की हैं। सिन्ध का असर कच्छ पर रहा है, गुजरात पर नहीं। बहुत दूर जाएँ तो राजस्थान से कुछ साम्यता भले मिल जाए लेकिन गुजरात में आए तो हमें केवल पचास साल हुए हैं। उसके पहले तो कच्छ भारत सरकार के अन्तर्गत स्वायत्त था। विभाजन न होता तो यह सिन्ध में होता।"

विभाजन के बाद सिन्ध से भारत आए लोगों की गांधीधाम में हुई नई बसावट के बारे में पूछने पर वे थोड़ा अनमने से हो जाते हैं। वे बताते हैं, "उन्हें आदीपुर में ज़मीन दी गई। वहीं वे बस गए।" विभाजन के बाद आए सिन्धियों के साथ कच्छ के पुश्तैनी सिन्धियों का कोई ख़ास जुड़ाव नहीं दिखता, ऐसा यहाँ के पुराने सिन्धियों से मिलकर पता लगता है। इसकी कुछ ख़ास वजहें हैं, जिस पर हम आगे आएँगे।

फ़िलहाल, शिवजी भुडा हों या इस्माइल खत्री, कच्छ की अपनी ख़ालिस विरासत बूढ़ी हो रही है। नई पीढ़ी या तो राज्याश्रय की आदत डाल चुकी है या कच्छ से पलायन कर रही है। हमने भुज से निकलने से पहले म्यूज़ियम के क्यूरेटर रहे बुज़ुर्ग दिलीप भाई वैद्य से एक सवाल किया था, "कच्छ में कच्छ कितना बच रहा है?" सवाल सुनकर वे हँस दिए थे। उन्होंने एक वाक्य कहा था, जिसे हमने गाँठ बाँधकर रख लिया, "कच्छ का इनवेज़न पूरा हो चुका है।" इनवेज़न? मैंने दोबारा पूछा ताकि कोई शक न रह जाए। उन्होंने कहा, "यस, इनवेज़न!"

निर्वासितेश्वर महादेव

प्राचीनता की कोई सीमा नहीं होती। नवीनता की होती है। हर पुरानी चीज़ उससे पुराने की खोज के साथ अपेक्षाकृत नई हो जाती है लेकिन हर नई चीज़ नवीनतर के सामने आने पर पुरानी पड़ जाती है। प्राचीनता एक स्थायी भाव है। नवीनता संचारी भाव। विज्ञान भी कहता है कि यह ब्रह्मांड लगातार फैल रहा है। इसकी चौहद्दी विस्तृत होती जा रही है। यह बात आनुभविक स्तर पर भी सही जान पड़ती है। पुराने का गोदाम लगातार भरता जा रहा है नई चीज़ों से। बावजूद इसके प्राचीनता की खोज सबसे ज़्यादा आकर्षित करती है, नवीन की नहीं। यह प्रकृति हमें स्वाभाविक रूप से पीछे खींचती है। इसीलिए हर नई खोज के साथ, हर उग्र बदलाव के साथ, पुराना थोड़ा और ठोस होता है। पुष्ट होता है। सेहतमन्द हो जाता है।

एक उदाहरण लेते हैं। इतिहास का पिता हेरोडोटस को कहा जाता है। भूगोल का पिता एरिटोस्थेनीज़ को कहते हैं। दोनों ग्रीक थे। ज़ाहिर है, जब भूगोल और इतिहास को विषयों के तौर पर अलग-अलग बरतने की सलाहियत आई होगी, तभी इन दोनों को, इन विषयों का पिता कहा गया होगा। अब दिक़्क़त यह है कि हर पिता का एक पिता ज़रूर होता है। कार्य-कारण सिद्धान्त की शृंखला असीम है। ईसा पूर्व पहली सदी के उत्तरार्द्ध में एक सज्जन हुए स्त्राबो। तब रोमन गणराज्य एक साम्राज्य नहीं बना था। स्त्राबो का समय एरिटोस्थेनीज़ से कोई 300 और हेरोडोटस से कोई 500 साल पहले था। सम्भव है वह दौर इतिहास और भूगोल को

मिलाकर पढ़ने का रहा हो क्योंकि स्त्राबो एक साथ इतिहासकार भी था, भूगोलवेत्ता भी और दार्शनिक भी। स्त्राबो (66 ईसापूर्व से 24 ईस्वी) ने पहली बार अपने लिखे में कच्छ का सन्दर्भ दिया और उसे तेजराष्ट्र बताया, जिसकी प्रमुख नगरी का नाम तेज या ताहिज बताया। प्राचीन की टिकाऊ क्षमता कितनी होती है, इसका पता इस तथ्य से चलता है कि डेढ़ हज़ार साल से ज़्यादा समय बाद 1582 ईस्वी में अबुल फ़ज़ल ने भी कच्छ की राजधानी के लिए तेज का प्रयोग किया। ज़ाहिर है यह तेज और कुछ नहीं, आज का भुज ही रहा होगा।

इसे बताने का आशय यह है कि महज़ 500 साल पहले तक कच्छ की प्राचीनता उसकी समकालीन स्मृति और दस्तावेज़ लेखन का हिस्सा रही। बुनियादी बदलाव शुरू हुआ सोलहवीं सदी के अन्त में जब सिन्धी यहाँ आए और यहाँ की समकालीन संस्कृति को गढ़ने लगे, जिसे बाद में कच्छी संस्कृति का नाम दिया गया। यह पहले से मौजूद संस्कृति का ही परिष्कृत और विस्तारित संस्करण था। जितने बाहरी यहाँ आते गए, कच्छी धरती और लोक की पहचान उतनी ही गाढ़ी होती गई। वास्तव में जब भारत आज़ाद हुआ, तब कच्छ आज़ाद नहीं हुआ क्योंकि सदियों से वह सिन्ध से जुड़े भूखंड के रूप में एक स्वायत्त स्थिति में था। विलय के बाद कच्छ को स्वतंत्र कमिश्नरी का दरजा दिया गया तो यहाँ राष्ट्रीयता की भावना और ज़्यादा सशक्त हुई। फिर क़ुदरत ने 1956 में खेल किया, भूकम्प आया और पुनर्निर्माण के नाम पर कच्छी राष्ट्रीयता की उपेक्षा करके उसे बम्बई का हिस्सा बना लिया गया। बम्बई में दो फाड़ हुआ तो कच्छ को गुजरात की झोली में डाल दिया गया।

गुजरात का औपचारिक रूप से हिस्सा बनने के पहले कच्छ के दो हज़ार साल के इतिहास में सबसे बड़ा बदलाव आ चुका था। पहला, उसकी स्वायत्त स्थिति का ख़ात्मा और दूसरा, विभाजन के बाद हिन्दू सिन्धियों का पाकिस्तान से यहाँ पलायन। दोनों एक साथ ही 1947 में घटा। 1947 से पहले यहाँ जो भी आया, स्वेच्छा से आया और यहाँ की मिट्टी में घुलमिल गया। उसे ऊपर से थोपा नहीं गया था। पन्द्रहवीं सदी से यहाँ एक क्रमिक और स्वाभाविक बदलाव घट रहा था। इस बदलाव ने पुराने और नये के बीच कोई ज़ाहिर टकराव पैदा नहीं किया तो केवल इसलिए कि किसी भी बाहरी के समक्ष कच्छ की अपनी पहचान सर्वोपरि रही। कच्छ ने सबको समाहित किया, अपने में मिलाया और कच्छियत क़ायम रही। इस लिहाज़ से कच्छ के भारत में विलय और यहाँ विभाजन के मारे हिन्दू सिन्धियों

के पुनर्वास को हम 'उग्र' बदलाव की संज्ञा दे सकते हैं। ऐसा पहली बार हुआ था कि यहाँ बाहर से आए किसी समुदाय को राजकीय हस्तक्षेप से एक सौदे के तहत संगठित तौर पर बसाया गया हो।

यह वास्तव में 'सौदा' ही था। पाकिस्तान में सिन्धियों के प्रतिष्ठित प्रतिनिधि भाई प्रताप ने अपने लोगों को बसाने के लिए महात्मा गांधी से गुजारिश की थी। उस वक़्त महात्मा गांधी से बड़ी हस्ती भारत में कोई नहीं थी। देश अभी-अभी आज़ाद हुआ था और गांधी जी की बात से कोई इनकार कर दे, ऐसा सम्भव नहीं था। कच्छ के महाराज विजयराज जी ने अंजार और सरदारपुरा (कांडला) के बीच 15000 एकड़ ज़मीन दान में दे दी। भारत सरकार के साथ भाई प्रताप का समझौता हुआ कि एक ओर सरकार कांडला पोर्ट को राष्ट्रीय बन्दरगाह के रूप में विकसित करेगी और दूसरी ओर सिन्धियों की तरफ़ से पोर्ट के लिए एक विकसित टाउनशिप बनाई जाएगी। इसके लिए सरकार ने 2600 एकड़ टाउनशिप के नाम कर दिए और बाक़ी कांडला पोर्ट विकसित करने के लिए ले लिया। कहते हैं कि उस सूखे रेगिस्तानी इलाक़े में रिहाइश बसाने से पहले भाई प्रताप ने साँपों और बिच्छुओं को मारने के लिए हर साँप पर 50 पैसे और हर बिच्छू पर 25 पैसे दिए।

इस तरह एक प्राचीन भूमि पर एक नई बस्ती विकसित हुई जिसे आदीपुर गांधीधाम कहा गया। इस नई बस्ती का कच्छी सभ्यता-संस्कृति से कोई लेना-देना नहीं था। यह राजकीय हस्तक्षेप से सम्भव हुआ था। भौगोलिक रूप से यह कच्छ का हिस्सा था लेकिन सांस्कृतिक रूप से यह एक आधुनिक महानगर था, जिसकी सूरत कॉरपोरेशन के रूप में थी और जिसके निवासी सिन्धु री-सेटलमेंट कॉरपोरेशन के शेयरधारक थे।

ध्यान दीजिएगा कि आज से साठ साल पहले एल.एफ. रशब्रुक विलियम्स इसके बारे में क्या लिखते हैं, एक तरफ़ कांडला और गांधीधाम व दूसरी तरफ़ शेष कच्छ के बीच का फ़र्क़ तक़रीबन स्तब्ध कर देने वाला है। यहाँ, इस प्रायद्वीपीय राज्य के पूर्वी छोर पर हर चीज़ नियोजित है, अपटुडेट है। यहाँ ज़िन्दगी की रफ़्तार हवाई जहाज़ और ऑटोमोबाइल युग वाली है, जैसा बम्बई, कलकत्ता या किसी दूसरे आधुनिक शहर में देखा जाता है। यह वैज्ञानिक रूप से नियोजित एक प्रारूप का परिणाम है जो भविष्य को ध्यान में रखकर बनाया गया है। पुरानी ज़िन्दगी की सहजता, उसकी चित्रोपमयता, अतीत के साथ उसके रिश्ते, जो ऊँटों की चाल और

बैलगाड़ियों की लचक में नत्थी थी, जिन्हें आज भी मांडवी और भुज जैसी जगहों पर पाया जा सकता है, उनकी कांडला और गांधीधाम में कोई जगह नहीं है। ये शहर नियोजन और वाणिज्यिक गतिविधियों की रेलमपेल में व्यस्त हैं। यहाँ हर कुछ तनावपूर्ण, जटिल, नियॉन की रोशनी से प्रकाशित और महानगरीय है।

इस 'उग्र' बदलाव की प्रक्रिया में दो बातें हुईं—एक, कच्छ का भारत द्वारा औपनिवेशीकरण। दूसरा, कच्छ के भीतर शेष हिस्सों का गांधीधाम द्वारा आन्तरिक औपनिवेशीकरण। इस दोहरे औपनिवेशीकरण को गांधी जी की अस्थियों और नाम के रास्ते पवित्र बनाया गया। गांधी जी की हत्या के 12वें दिन उनकी अस्थियाँ यहाँ लाकर आदीपुर की नींव रखी गई। ध्यान देने वाली बात है कि देश में दिल्ली के राजघाट के अलावा अगर कहीं और गांधी जी की अस्थियाँ रखी गईं तो वह जगह गांधीधाम का आदीपुर है। आदीपुर बनने के बाद गांधीधाम और अंजार के बीच की दूरी तक़रीबन शून्य हो गई। पहले यह दूरी कोई दस किलोमीटर हुआ करती थी। अब बीच में आदीपुर का नियोजित इलाक़ा अंजार को कांडला से जोड़ता है। यह जो जुड़ाव है, अपने आप में भयावह है और कई विडम्बनाओं को एक साथ अपने भीतर समाहित किए हुए है। कारण? अंजार कच्छ का सबसे पुराना बसा इलाक़ा है जबकि आदीपुर सबसे नया। सबसे नये और सबसे पुराने के बीच का यह तनाव समकालीन कच्छ के औपनिवेशीकरण को समझने की कुंजी है।

गांधीधाम के होटल फ्लेमिंगो की सीढ़ियाँ सीधे कांडला पोर्ट ले जाने वाले हाइवे पर उतरती हैं। हाइवे पर आप चढ़ नहीं सकते क्योंकि वो सिर के ऊपर से होकर गुज़रता है। पहले यह फ़्लाइओवर जब नहीं बना था तो हाइवे नीचे से ही निकलता था। सड़क पार ठीक सामने रेलवे स्टेशन से बाहर निकलते ही देखने पर ऐसा लगता है पूरे शहर को एक फ़्लाइओवर ने अपने साये से ढक लिया हो। गांधीधाम में ड्रैगनफ्रूट की खेती करने वाले हरेशभाई चौहान बताते हैं कि इस अकेले फ़्लाइओवर ने पूरे बाज़ार को चौपट कर दिया। आसपास के तमाम होटलों, रेस्तराँ और ढाबों का कारोबार सामने रेलवे स्टेशन होने से पहले ठीक-ठाक चलता था। फ़्लाइओवर ने आते ही सब ख़त्म कर दिया।

आम दिनों में इस फ़्लाइओवर के नीचे वाली सड़क पर काफ़ी भीड़ रहती है। स्टेशन से निकलकर फ़्लाइओवर के नीचे से सीधे आने पर मुख्य बाज़ार पड़ता है जो चावला चौक पर जाकर तीन दिशाओं में खुलता है। दूसरे, सड़क किनारे

छोटे-मोटे ढाबे हैं। कोई बिहारी है, कोई पंजाबी है। सड़क के उस पार यानी स्टेशन की ओर केवल एक ढाबा है जहाँ खाने में कच्छी ज़ायका आता है और छाछ भी फ्री मिलती है वरना इस पूरे इलाक़े का पंजाबीकरण हो चुका है। दाल मखनी से लेकर नान रोटी मिलना आम बात है। हाँ, पॉम्फ्रेट मछली इधर के ढाबों की एक ख़ासियत है हालाँकि काफ़ी महँगी है। फ़्लाइओवर के नीचे से ही ढेर सारे टेम्पो अलग-अलग जगहों के लिए खुलते हैं और तीनों दिशाओं में जाते हैं।

हमें गांधी जी की समाधि पर जाना था। कोई दर्जन भर टेम्पो और रिक्शा वालों से पूछने पर भी गांधी जी का पता नहीं चला। कई तो गांधी जी के नाम से परिचित ही नहीं थे। बग़ल के एक पंजाबी होटल में खाना खाकर हमने उससे भी गांधी की समाधि के बारे में पूछा। उसने भी इनकार में सिर हिला दिया। फिर गूगल मैप पर देखने के बाद पता चला कि समाधि इस इलाक़े से सात किलोमीटर आगे आदीपुर की कॉलोनी में है। हमने आदीपुर का शेयर ऑटो लिया और निकल लिए। गूगल पर देखते हुए हम सीधे समाधि के पास पहुँचे। दोपहर के बारह बज रहे थे। समाधि का मेन गेट बन्द था। एक गली से पीछे की ओर निकलने पर दाएँ हाथ ग्रिल का एक फाटक दिखता था। उसमें भी ताला लगा था। किसी से पूछने पर पता चला कि इसकी चाबी पीछे के मकान में रहने वाली एक महिला के पास है। हम उनके पास गए। हमने चाबी का आग्रह किया। उन्होंने मना किया। उनका कहना था कि पार्क केवल सुबह के टाइम टहलने के लिए खुलता है। हमने प्रतिवाद किया कि यह समाधि है, दर्शन के लिए खुली रहनी चाहिए। उन्होंने हमें नियम बताया।

देखने और बातचीत में यह महिला पूर्वांचल की लग रही थी। साड़ी भले गुजराती शैली की थी लेकिन पहनने का तरीक़ा और आगे की ओर फेंटा बाँधने का सलीका बताता था कि परिवार यूपी का ही है। आसपास की दो-तीन और महिलाएँ थीं जो माँग भर सिंदूर लगाए हुए थीं और बिहारी लहजे वाली हिन्दी में बात कर रही थीं। इतना समझते ही हमने थोड़ी स्थानीयता दिखाई और उनसे अपना घर-गाँव बताया। हमने गुजारिश करते हुए कहा कि हम दिल्ली से आए हैं केवल यही समाधि देखने। जाने कैसे वह महिला पिघल गई। उसने दाएँ-बाएँ देखा, लुगे में खोंसी चाबी निकाली और फाटक खोल दिया। 'केवल पाँच मिनट'—हिदायत मिली। हमारे लिए उतना वक़्त बहुत था।

भीतर गांधी जी की मूर्ति थी। एक पार्क था जिसमें पानी लगा हुआ था। दीवारों

पर गांधी जी की तस्वीरें और उपदेश लिखे थे। कुछ तस्वीरें उतारने के बाद हम बाहर आ गए और उनसे गेट बन्द करने को कहा। उन्हें शुक्रिया कहकर हम आगे निकल लिए। बग़ल में ही भाई प्रताप की भी समाधि थी जो इस रिहाइश के संस्थापक थे। वहाँ भी बन्दी थी, लेकिन वहाँ अपनी दाल नहीं गल पाई। बाहर से ही पार्क को देखकर सन्तुष्ट होना पड़ा। एक लाइब्रेरी है भाई प्रताप के नाम पर। वो भी बन्द थी।

आदीपुर पर्याप्त नियोजित कॉलोनी है। जैसा शहरीकरण हम उत्तर भारत के ज़िलों में पाते हैं, वैसा यहाँ हुए पचासेक साल हो गए। दोपहर के वक़्त आपको शहर में ख़ास भीड़ नहीं दिखेगी। ज़्यादातर कारोबारी या सर्विस क्लास समुदाय है जो रिहाइशों से दिन के वक़्त बाहर रहता है। किसी लेन में एक या दो दुकानें खुली मिल सकती हैं। इससे ज़्यादा की उम्मीद नहीं की जा सकती। ऐसा लगता है कि गांधीधाम नाम रखे जाने और गांधी की समाधि बनाए जाने के बाद से यहाँ किसी ने गांधी को याद नहीं किया। गांधी तो दूर की बात रहे, ऐसा लगता है कि यह शहर कच्छ का हिस्सा ही नहीं है। भुज में भी ऐसी सम्पन्नता और ऐसा अभिजातपन नहीं है।

सड़क पर लगी होर्डिंगें और दीवारों पर लिखी इबारतें किसी शहर को समझने के सबसे अच्छे औज़ारों में एक हैं। लौटते वक़्त गांधीधाम के एक चौराहे पर हमें कच्छ जनरल मज़दूर यूनियन का एक बड़ा सा बोर्ड लगा हुआ दिखा। यह संगठन हिन्दुस्तान मज़दूर सभा से सम्बद्ध है। इसके पदाधिकारियों के नाम के आगे लगे पुछल्ले दिलचस्प थे—त्रिपाठी, यादव, चावला। कच्छी तो दूर, इनमें कोई गुजराती भी नहीं था। ज़ाहिर है, पोर्ट और डॉक पर काम करने वाली जनता का यह चरित्र बता रहा था कि यहाँ के सारे मज़दूर यूपी और बिहार के ही विस्थापित लोग हैं। दिल्ली से गांधीधाम ले जाने वाली ट्रेन आला हज़रत के स्लीपर में हर बार यात्रा करते वक़्त ज़्यादातर यूपी और बिहार के कामगारों से भेंट हुई। चूँकि यह ट्रेन बरेली से खुलती है, लिहाज़ा बरेली और आसपास के लोगों की आमद कांडला पर ज़्यादा है।

ऐसी ही एक यात्रा में एक लड़का हमें मिला जो इंजीनियरिंग की पढ़ाई करने देहरादून जा रहा था। गांधीनगर से देहरादून पढ़ने के लिए जाने का क्या मतलब? उसने बताया कि उसके पिता कांडला पोर्ट पर बरसों से काम कर रहे हैं। परिवार यूपी के गोरखपुर से विस्थापित है और यहाँ इन्होंने मकान बना लिया है। इस लड़के का जन्म गांधीधाम में ही हुआ। इसको गोरखपुर के बारे में ज़्यादा कुछ पता नहीं है। इस क़िस्म के एकाधिक विस्थापन के यहाँ सैकड़ों मामले होंगे जहाँ नई पीढ़ी

को पता ही नहीं है कि उसकी जड़ें कहाँ हैं। इससे ज़्यादा त्रासद है कि वह जहाँ पैदा हुई है और रह रही है, उस जगह पर ख़ुद गुजरात की संस्कृति भी मौजूद नहीं। कच्छ तो दूर की बात है। गांधीधाम में विस्थापित होकर आए पूरब के कामगारों के यहीं जन्मे बच्चों का सांस्कृतिक मानस कैसा होगा, यह अपने आप में एक दिलचस्प अध्ययन हो सकता है।

बहरहाल, कभी सिन्धी विस्थापितों के लिए बसाया गया गांधीधाम-आदीपुर आज पूरब के विस्थापितों का घर बन चुका है और सिन्धी विस्थापित यहाँ के मूल निवासी माने जाते हैं। गांधीधाम की सड़क पर लगे राम सेना और ऐसे ही अन्य कई दक्षिणपंथी हिन्दुत्ववादी संगठनों के बैनर-पोस्टर इस बात की ताकीद करते हैं कि तकनीकी रूप से कच्छ का यह हिस्सा दरअसल उत्तर भारत की बसाई एक कॉलोनी बन चुका है जहाँ से शेष कच्छ में प्रवेश करना और वहाँ की फ़ज़ा को प्रभावित करना काफ़ी आसान है।

इस ख़तरनाक परिदृश्य में आदीपुर का एक शिव मन्दिर विडम्बना की तरह पेश आता है। उस मन्दिर का नाम है निर्वासितेश्वर महादेव। कहानी कुछ यूँ है कि इस मन्दिर में जो मूर्ति स्थापित है, वह पहले भाई प्रताप के एक मित्र के घर में थी। भाई प्रताप के वे मित्र पटेल थे और लन्दन में रहा करते थे। मूर्ति भाई प्रताप को इसलिए भा गई क्योंकि इसमें शिव की मुद्रा एक यायावर जैसी है। चूँकि सिन्धी अपनी धरती से निर्वासित होकर कच्छ आए थे तो मुहावरे के स्तर पर शिव की मूर्ति के साथ साम्य बैठाने के चक्कर में भाई प्रताप ने निर्वासितेश्वर महादेव का मन्दिर स्थापित करवा दिया और लन्दन से उक्त मूर्ति को लाकर उसकी प्राण प्रतिष्ठा करवा दी। 'ओम शिव मंडल' नाम की एक पंजीकृत संस्था इस मन्दिर का काम देखती है।

क़ायदे से 1947 के सिन्धी निर्वासितों का दर्द कच्छ के लोगों को बाँटना चाहिए था लेकिन अचानक आए एक उग्र बदलाव के चलते पैदा हुए नये और पुराने के टकराव ने इसकी मोहलत ही नहीं दी। पुराने का गोदाम भरता गया जबकि नया और चमकता गया। यह स्थिति 2001 के भूकम्प के बाद ज़्यादा विकट हुई जब पूरी तरह मिट्टी के ढेर में तब्दील हो चुके अंजार को गांधीधाम के मुक़ाबले कौड़ियाँ नसीब हुईं।

अंजार के रिटायर्ड सरकारी इंजीनियर एलवी वोरा एक ऐसे शख़्स हैं जो हर

दिन मंत्रियों और नेताओं को टैग करके ट्वीट करते रहते हैं। पिछले कई बरसों से वे पूर्वी कच्छ और पश्चिमी कच्छ नाम के दो ज़िले बनाने की माँग कर रहे हैं। उन्होंने मुख्यमंत्री विजय रुपानी को ट्वीट किया लेकिन जवाब नहीं मिला। फिर अंजार रेलवे स्टेशन को अपग्रेड करने के लिए उन्होंने मुहिम छेड़ी और सीधे रेलमंत्री पीयूष गोयल को ट्वीट किया, कोई ज़वाब नहीं आया। इसके बाद अंजार के लिए एक मुख्य डाकघर बनाने की उन्होंने मुहिम छेड़ी तो उन्हें नियमावली थमा दी गई। वे खीजकर जवाब देते हैं कि अगर किसी को मुख्य डाकघर जाने के लिए 250 किलोमीटर की यात्रा करनी पड़े तो ऐसे ज़िले का क्या मतलब बनता है।

अफ़सोस की बात यह है कि सरकारी सेवाएँ हासिल करने के लिए दूरियाँ नापने का दर्द कच्छ के हरेक नागरिक के भीतर है लेकिन बोलता कोई नहीं है। हमने वोरा साहब से इस मसले पर अंजार में क़रीब दो घंटे बात की। वे कच्छ की समस्याओं को लेकर बहुत स्पष्ट हैं, "कच्छ की बहुत सी बातें राजकीय लोगों ने बिगाड़ी हैं। ये कोई माने या न माने, ये कड़वी बात है लेकिन सही बात है।"

वे बताते हैं कि कच्छ भारत के साथ आज़ाद नहीं हुआ था। कच्छ 1 जून, 1948 को आज़ाद हुआ। उसके बाद एक एमओयू हुआ भारत सरकार के साथ कच्छ के महाराज का, कि कच्छ को 'सी' स्टेट बनाना है, कच्छ को अलग रखना है क्योंकि कच्छ भूतल और संस्कृति के हिसाब से गुजरात से अलग है।

"उस वक़्त के अधिकारियों को ऐसा लगा कि कच्छ अगर 'सी' स्टेट होगा तो हमारा क्या होगा। न एमपी होगा, न एमएलए होगा...जो द्विभाषी राज्य बना बॉम्बे स्टेट का, उसमें उन्होंने अलग से एक ज़िला बनाकर छोड़ दिया। बाद में इसे गुजरात में डाल दिया।"

वे बताते हैं, "कच्छ गुजरात का 24 फ़ीसदी क्षेत्र कवर करता है। एक-चौथाई हुआ। गुजरात सरकार ने छोटे-छोटे ज़िलों को तोड़कर और छोटे ज़िले बनाए। अगर सरकार मुझे कच्छ के ज़िले बनाने दे तो मैं छह से आठ ज़िले बना दूँ, इतना बड़ा ये क्षेत्र है। फिर भी सरकार ऐसा नहीं करती क्योंकि उसकी दलील है कि इससे कच्छ की अस्मिता ख़तरे में आ जाएगी। सौराष्ट्र जब भारत संघ में आया तो उसमें पाँच ज़िले थे, अभी 11 हो गए। तब सौराष्ट्र की अस्मिता को कोई आँच नहीं आई, फिर कच्छ की अस्मिता को क्यों आएगी?"

वे कहते हैं कि खड़ीर से भुज अगर कोई आदमी 250 किलोमीटर की दूरी

नाप कर डीएम से मिलने आया और उसे कह दिया गया कि अभी तो साहब नहीं हैं या नहीं मिलेंगे तो सोचिए, उसके दिल पर क्या गुज़रेगी।

"गुजरात सरकार इस दर्द को नहीं समझती। हम अभी तो फ़िलहाल दो ही ज़िले बनाने की माँग कर रहे हैं फिर भी गुजरात सरकार हमारी चिट्ठियों का जवाब नहीं देती। जहाँ सात से आठ ज़िले बन सकते हैं, हम केवल दो ज़िले माँग रहे हैं पूर्व और पश्चिम कच्छ। पश्चिम का मुख्यालय भुज रहे और पूर्व कच्छ का अंजार। अंजार बरसों से पूर्व कच्छ का स्वाभाविक मुख्यालय रहा है। हम क्या कहते हैं कि ठीक है भाई, हमें अलग ज़िला मत दो लेकिन अलग कचहरी तो दो ज़िला स्तर की। वो भी नहीं देते। हमारा बस स्टेशन बहुत पुराना हो गया था, विभाग ने तोड़कर नया बना दिया। इसके लिए 1.80 करोड़ का बजट बनाया। बाक़ी जगहों पर 40 से 50 करोड़ का बस पोर्ट बनाते हैं। हम गांधीनगर में पूछने गए तो बताया गया कि तुम्हारा ज़िला नहीं है अलग से।"

एक बार अंजार का दर्द बयान करते हुए वोरा साहब रुकते नहीं, "मैंने एक वैकल्पिक ज़िले की बात सरकार को रखी है कि ठीक है, आप अलग ज़िला न बनाओ लेकिन ज़िला पंचायत के सभी कार्यालय यहाँ बनवाओ। एक ज़िले में जितने भी कार्यालय होने चाहिए वो हमें दो ताकि लोगों को थोड़ी कम तकलीफ़ हो। ये भी नहीं मानते वो लोग।"

वे बताते हैं कि भुज के अधिकारियों को इस बात की चिन्ता है कि अगर दो ज़िले बन गए तो भुज का रसूख कम हो जाएगा। इसीलिए वे नहीं चाहते कि दूसरा ज़िला बने। कुछ साल पहले वोरा साहब ने गुजरात हाईकोर्ट में अलग ज़िले के लिए जनहित याचिका दाख़िल की थी। याचिका को स्वीकार नहीं किया गया। कोर्ट ने कहा कि यह प्रशासनिक समस्या है, इसलिए हम इस मामले में कुछ नहीं कह सकते।

वे पूछते हैं, "अब बताइए, हम कहाँ जाएँ?"

गांधीधाम को लेकर अंजार में जो असन्तोष है, उसके कुछ ठोस तकनीकी कारण भी हैं। वोरा बताते हैं, "हमारे जो राजनीतिक नुमाइंदे हैं, वे हमारा साथ नहीं देते। जैसे, 2009 में इस क्षेत्र के लिए डीएसपी कचहरी मिली। तब मैंने प्रदर्शन किया था। यहाँ अंजार और गांधीधाम के बीच एक रेस चल रही है कि कौन आगे जाएगा। उनके पास पैसा है। हमारे पास पैसा नहीं है। उनका राजनीतिक प्रभाव है, हम अकेले ही लड़ते हैं। हमारी विधायक उस वक़्त गांधीधाम की थीं भीमाबेन आचार्य।

वो अंजार की जानी दुश्मन थीं। वो गांधीधाम की रहने वाली थीं। उनकी मनोवृत्ति ऐसी है कि अंजार में कुछ नहीं होना चाहिए। हमारे विरोध प्रदर्शन के बावजूद उन्होंने डीएसपी कचहरी अंजार में नहीं खुलने दी। उन्होंने अपने यहाँ गांधीधाम में खुलवा दी कचहरी। मैं आज तक लड़ रहा हूँ, गुजरात सरकार न्याय के रास्ते पर नहीं आती है। इतनी तकलीफ़ें हैं कच्छ की, क्या-क्या बोलूँ।"

ध्यान देने वाली बात है कि देश में सात राज्य ऐसे हैं जो कच्छ से छोटे हैं। इसके बावजूद कच्छ के दो ज़िले तक नहीं बनाए जाते। महज़ एक ज़िले में समेट कर कच्छ के लोगों को दूरियाँ नापने के लिए छोड़ दिया गया है। सबसे पुरानी बसावट, भूकम्प में सबसे ज़्यादा तबाह और परम्परागत रूप से पूर्वी कच्छ का मुख्यालय रहे अंजार की स्थिति इसलिए सबसे ज़्यादा ख़राब है क्योंकि पड़ोस में गांधीधाम होने के चक्कर में विकास का सारा फ़ंड वहीं चला जाता है। गांधीधाम को लेकर सारा असन्तोष इसलिए है क्योंकि उसकी राजनीतिक हैसियत के हिसाब से उसे सब कुछ मिलता है।

पाप का पहला घड़ा फूटा

> जैसा कि इस विषय (भूकम्प) से जुड़ा लोकप्रिय हिन्दू मिथक है, दुनिया कई सिरों वाले एक विशाल नाग के फन पर टिकी हुई है और एक बार में एक ही सिर इस दुनिया को अपने ऊपर सँभालता है। जब नाग का सिर दुख जाता है तो वह धरती का भार दूसरे सिर पर दे देता है जिससे एक हलचल होती है और धरती की सतह में कम्पन पैदा हो जाती है जिसके चलते कभी-कभार हल्के या तगड़े भूकम्प आते हैं। ऐसे देसी व्याख्या करने वाले सिद्धान्तकार अब कहते हैं कि मनुष्यों के पापों के चलते धरती का वज़न जब बढ़ जाता है, जिस तरह पाप और अपराध बढ़ता है वैसे-वैसे शेषनाग का फन बार-बार थककर अपनी जगह बदलता है और भूकम्प ज़्यादा जल्दी आते हैं।
>
> **— *कच्छ ऑर रैण्डम स्कैचेज़ ऑफ़ वेस्टर्न इंडिया,* मारियान पोस्तांस, 1839**

अंजार शहर में रहने वालों को भी कम ही पता है कि अंग्रेज़ों के पहले एजेंट बनकर यहाँ आए लेफ़्टिनेंट जेम्स मैकमर्डो का बँगला यहीं एक पहाड़ी के ऊपर है। इस पहाड़ी से पूरा अंजार दिखाई देता है। यह पहाड़ी मनुष्य की जिजीविषा की गवाह है। बताते हैं कि 1956 के भूकम्प में भी 2001 की तरह सबसे ज़्यादा तबाही इस पहाड़ी के इर्द-गिर्द बसी आबादी में ही हुई थी। यहाँ तक कि 1819 के भूकम्प में भी शहर का यही हिस्सा तबाह हुआ था, दूसरा हिस्सा बचा रह गया था। मैकमर्डो ने अंजार शहर में 4500 घरों की गिनती की थी और उसका मानना था कि इनमें 1500 मकान पूरी तरह नष्ट हो गए थे जबकि 1000 मकानों को सबसे ज़्यादा नुक़सान पहुँचा था। गजेटियर के मुताबिक़ मैकमर्डो लिखता है कि पैसे वाले लोग अपनी तबाह हो चुकी सम्पत्तियों के पास सिर लटकाए अवसाद में बैठे थे क्योंकि पैसे से उस वक़्त श्रम को नहीं ख़रीदा जा सकता था।

यह कच्छ के इतिहास में पाप का घड़ा भरकर फूटने का पहला उदाहरण था। आज आप मैकमर्डो के बँगले की ओर जाएँ तो क्या पहाड़ी और क्या बँगला, सब जगह आबादी का अतिक्रमण हो चुका है। यह बँगला राज्य संरक्षित स्मारक है। इसका सरकारी बोर्ड बाहर लगा है जिसके ऊपर चीथड़े लटके पड़े हैं और बग़ल में एक अलगनी है जिस पर अलग से कपड़े फैले रहते हैं। पहाड़ी से बँगले तक जाने के बीच रास्ते में कूड़े की भरमार है जिसमें सूअर लोटते हैं और आस-पड़ोस के नंग-धड़ंग बच्चे खेलते हैं। पिछले भूकम्प में इस बँगले की छतों को कुछ नुक़सान पहुँचा था। अगर भूकम्प नहीं भी आता तो नज़ारा ऐसा ही होता। इस बँगले के भीतर की दीवारों पर रामायण की कथा कामदारी शैली के चित्रों के माध्यम से उकेरी गई है लेकिन यह समृद्ध विरासत आज मिटने के कगार पर है। बँगले के भीतर कबूतरों और चमगादड़ों का वास है।

कहते हैं कि अंजार में तैनाती के बाद मैकमर्डो ने यह बँगला स्कॉटलैंड के डम्फ्रीशायर स्थित अपने पैतृक मकान की तर्ज पर बनवाया था। बँगले पर कभी एक छतरी हुआ करती थी जो आज नहीं दिखता। इस छतरी पर रात के भोजन से पहले बैठक कर लोग शाम की हवा का आनन्द लेते थे। एल.वी. वोरा बताते हैं कि लोगों में इस बात को लेकर बड़ा कौतूहल था कि मैकमर्डो को स्थानीय परम्परा और आबादी का इतना ज्ञान कैसे है। वे इसके पीछे की एक दिलचस्प कहानी सुनाते हैं।

यहाँ 1816 में अपनी तैनाती से पहले मैकमर्डो कोई साल भर साधु के वेश

में घूमता रहा था। इस साधु को लोग भूरिया बाबा कहते थे। बाबा एक मन्दिर के किनारे पड़ा रहता था और आने-जाने वाले उसे दान-दक्षिणा दे दिया करते थे। जब अंग्रेज़ी एजेंट के तौर पर मैकमर्डो आधिकारिक रूप से यहाँ आया तो उससे मिलने आने वाले लोग हतप्रभ रह गए। वह सबको उनके नामों से पुकार रहा था। उसे हर व्यक्ति के बारे में मालूमात थी। संयोग से कुछ लोगों का ध्यान इस बात की ओर गया कि मैकमर्डो के आने के साथ ही भूरिया बाबा शहर से ग़ायब हो गया था। दोनों के बीच सीधा रिश्ता ज़ाहिर तौर से निकालना ख़तरे का काम था, लेकिन बहुत बाद में इस बारे में कुछ विदेशी इतिहासकारों ने प्रामाणिकता के साथ लिखा, जब मैकमर्डो का अपना लेखन सामने आया।

कच्छ, ख़ासकर अंजार के बारे में मैकमर्डो ने जितनी तफ़सील और प्रामाणिकता के साथ लिखा है, वह अपने आप में अद्‌भुत है। वह 16 जून, 1819 की सुहानी शाम थी जब मैकमर्डो अपने बँगले की छतरी में कुछ दोस्तों के साथ बैठा हुआ था। अचानक उसका ध्यान अपनी हिलती कुर्सी की तरफ़ गया। इससे पहले कि वह समझ पाता क्या हुआ, कुर्सी दोबारा हिली। भूकम्प की आहट पाते ही वह खुले मैदान की ओर भागा। बाद में वह लिखता है, "उस वक़्त मुझे ऐसा अहसास हुआ कि एक क्षण को मेरे सोचने-समझने की पूरी ताक़त ही चली गई हो। जब मैं होशो-हवास में आया तब क़ुदरत के इस चमत्कारिक आयाम से उपजे दर्द और पीड़ा के अलावा कोई भी छवि दिमाग़ में मौजूद नहीं थी।"

उसकी आँखों के सामने इमारतें रेत की तरह ढह रही थीं। साथ ही क़ुदरत की ताक़त पर इनसान के अख़्तियार का उसका भरोसा भी तार-तार हो रहा था। मैकमर्डो इस तबाही के बीच जब बाहर निकला तो उसे राम और कृष्ण के नाम का बेसुध जाप करते हुए लोग मिले। वह इस भूकम्प से इतना द्रवित था कि उसने बाद में लिखा, "इससे पहले भूकम्प से हुई किसी तबाही की कोई परम्परा ही नहीं रही। यहाँ के लोग ऐसी किसी परिघटना के लिए अजनबी थे, इसीलिए अपनी अज्ञानता में वे इतना ज़्यादा भयभीत हो गए।"

हक़ीक़त यह है कि बीते कुछ सौ साल से कच्छ में ऐसे गाँव और क़स्बे अब भी मौजूद हैं जिनके नाम भूकम्प या धरती के हिलने-डुलने का पता देते हैं। भुज म्यूज़ियम के क्यूरेटर रहे दिलीप भाई वैद्य बताते हैं कि यहाँ के लोगों को भूकम्प का ज्ञान सदियों से है। यह अलग बात है कि 1819 में इतिहास में

दर्ज पहला भूकम्प आया लेकिन यह धरती ऐसी है कि यहाँ भूकम्प का आना सामान्य बात है।

वोरा कहते हैं, "यहाँ तो हर तीस या पचास साल पर भूकम्प आते रहे हैं। लोग इससे अनजान नहीं हैं।" लोगों का भूकम्प के प्रति सचेत रहते हुए भी उसकी विभीषिका को भूल जाना एक दिलचस्प परिघटना है जो आपको कच्छ के वासियों से बात करके पता चलेगी। हर बार भूकम्प आया और हर बार उसे एक वरदान के रूप में देखा गया। 1819 में जेम्स बर्नेस कहते हैं कि भूकम्प ने 'औपनिवेशिक प्रोजेक्ट' के लिए अच्छा काम करने का अवसर मुहैया कराया। दूसरों के लिए यह कच्छ में हस्तक्षेप करने का बायस बना। बिलकुल यही बात 1956 में जवाहरलाल नेहरू ने कही, जब भूकम्प के बाद वे भुज में एक जनसभा को सम्बोधित कर रहे थे। उन्होंने भूकम्प को एक 'अवसर' के रूप में भुनाने का आह्वान किया था।

यहाँ एक झूरन गाँव हुआ करता था। झूरन नाम झूलने के बहुत क़रीब है। ऐसे सैकड़ों नाम इस धरती पर हैं जिनके अर्थ का भूकम्प से गहरा नाता रहा है। नेहरू ने यहाँ एक पुनर्वास केन्द्र बनवाया। एडवर्ड सिम्पसन बताते हैं कि अख़बारों के मुताबिक़ स्थानीय लोगों ने आग्रह किया कि इस गाँव का नाम बदलकर देश के नेता नेहरू के नाम पर रखा जाए, इसलिए झूरन को 1958 में जवाहरनगर कर दिया गया। नाम बदलने से गुण नहीं बदल जाते। 2001 में भूकम्प आया तो यह जवाहरनगर एक बार फिर से ढह गया। नेहरू ने अंजार के ही क़रीब एक नई बस्ती बसाई—नया अंजार। एल.वी. वोरा बताते हैं कि इस बस्ती के मकानों में जापानी तकनीक लगाई गई थी। यह सच है कि 2011 के भूकम्प में नया अंजार को ज़्यादा नुक़सान नहीं पहुँचा और वे लोग आज तक नेहरू के बनवाए इन मकानों के शुक्रगुज़ार हैं।

2001 के बाद नरेन्द्र मोदी ने दरअसल 'औपनिवेशिक क़ब्ज़े' की इसी प्रक्रिया को सुनियोजित तरीक़े से और आगे बढ़ाया। भूकम्प की तीसरी बरसी पर 2004 में मोदी ने भुज में पुनर्निर्माण की दो परियोजनाओं का लोकार्पण किया। इस वक़्त तक लोग बेघर थे और सैकड़ों परिवारों का कोई पुरसाहाल नहीं था। एक बार फिर हमेशा की तरह कच्छ की स्वायत्तता की माँग ज़ोर पकड़ रही थी। लोग बात कर रहे थे कि इससे तो बेहतर अंग्रेज़ी शासन ही था जब कच्छ भारत से 'आज़ाद' था। मोदी ने उस दिन अपने भाषण में एक बात कही थी। यह बात आज की सियासत को समझने के लिए बहुत मौज़ूँ है।

भुज में भाजपा कार्यकर्ताओं द्वारा जुटाई गई हज़ारों की भीड़ से उन्होंने कहा था, "भूकम्प को अब आप भी पीछे छोड़ दें क्योंकि बाक़ी गुजरात इसे भूल चुका है।"

इसके बाद की कहानी इतिहास है। गुजरात सरकार ने एक झटके में उद्योगों को कच्छ में निवेश करने पर पाँच साल का कर अवकाश दे डाला और कच्छ के लोगों ने पहली बार देखा कि 'विकास' कैसा होता है। यही 'विकास' 2014 में गुजरात मॉडल के नाम पर पूरे देश को बेचा गया।

मैकमर्डो के बँगले वाली पहाड़ी के पूरब में बसी नई बस्ती में इस्माइल खत्री की दुकान है। यहीं कोने में वह पार्क है जो भूकम्प में मारे गए बच्चों की याद में बनाया गया है। ये वाले इस्माइल भाई खत्री अंजार के ही हैं। नाम से अचानक भ्रम होता है कि अजरखपुर वाले इस्माइल भाई कहाँ से इधर आ गए। एक समानता बस इतनी है कि इनका धन्धा भी कपड़ों का ही है। इस्माइल भाई बँधनी और बँधेज के कपड़े बनाते और बेचते हैं। खत्री के घर के नौ लोग भूकम्प में मारे गए थे। यह सुनकर एक बार को दिल दहल उठा, लेकिन इस्माइल भाई के चेहरे पर शिकन तक नहीं आई।

ऐसे ही अंजार में शम्भूभाई की प्रेस पचास साल पुरानी है। भूकम्प में एक मशीन पूरी तरह ख़राब हो गई थी और पन्द्रह-बीस लाख का भारी नुक़सान हुआ था। उनके भतीजे इस भूकम्प में मारे गए थे। यहा के बाशिन्दों से मिलकर ऐसा लगता है कि भूकम्प बहुत पुरानी बात हो चली। सभी एक स्वर में कहते हैं कि भूकम्प के बाद जो काम अंजार और बाक़ी कच्छ में हुआ, उससे उनका मुनाफ़ा बढ़ा ही है और सबका 'विकास' हुआ है।

वन्दे मातरम्, खिस्सा कातरम्

गांधीधाम में गांधी की जो मूर्ति लगी है, उसके नीचे बड़े-बड़े अक्षरों में 'हे राम' लिखा है! गांधी ने अपनी मौत से पहले 'हे राम' कहा था। कुछ चीज़ें अनदेखे-अनजाने ही एक टिप्पणी बन जाती हैं और हमें उनका पता तक नहीं चलता। गांधी भले गुजरात के रहे हों, लेकिन कच्छ गुजरात का हिस्सा नहीं था। कच्छ में गांधी

की अस्थियाँ लाने से पहले भाई प्रताप ने अगर कच्छ और गांधी के ऐतिहासिक रिश्ते के बारे में थोड़ी छानबीन कर ली होती तो हो सकता है कि वे इन अस्थियों को यहाँ अपनी मौत मरने के लिए नहीं छोड़ते। उस वक़्त हालाँकि सरहद के दोनों ओर मची खूँरेजी के बीच प्राथमिकता अपने लोगों को भारत में बसाने की थी और गांधी से बड़ी कोई शख़्सियत थी नहीं जो ऐसा कर पाती, लिहाज़ा उन्होंने वही किया होगा जो उस वक़्त के लिए सही था। मुमकिन है अगर आज वे होते तो उन्हें इस बात का दुख सालता कि जिस गांधी के नाम पर उन्होंने नई बसावट का नामकरण किया और जिसकी अस्थियाँ दिल्ली से यहाँ लाकर इस भूमि को भी पवित्र बनाया, उस गांधी को कच्छ में न आज कोई जानता है, न पहले किसी ने क़द्र की।

गांधी का ज़िक्र आने पर अंजार के वोरा साहब एक चौंकाने वाली बात कहते हैं, "गांधी को लेकर अभी कच्छ के लोगों में कोई विचार ही नहीं बन सका है।" एक बार को सुनने में यह बात अटपटी लग सकती है, लेकिन सच यही है। दो बातें ध्यान में रखनी होंगी—पहली, गांधी भारत की आज़ादी की लड़ाई लड़ रहे थे और दूसरी, 1948 से पहले कच्छ भारत का हिस्सा नहीं था। इसका मतलब यह नहीं कि गांधी ने आज़ादी की लड़ाई में भारत की जनता को जोड़ने के क्रम में कच्छ को भुला दिया। गांधी बड़े आदमी थे। आज़ादी का आन्दोलन एक यज्ञ था जिसमें सबकी आहुति चाहिए थी। यह लड़ाई क्षेत्र, भाषा, जाति, रंग, नस्ल के परे साम्राज्यवाद के ख़िलाफ़ एक मुकम्मल मुक्तिसंग्राम होनी थी। समस्या कच्छ के साथ थी कि वह अपनी क्षेत्रीय अस्मिता और प्रशासनिक स्वयत्तता के घेरे में इतना बँधा हुआ था कि गांधी या गांधी का संघर्ष यहाँ के लोगों के लिए एक 'बाहरी' चीज़ थी।

दिलीप भाई वैद्य बताते हैं कि गांधी कच्छ आए तो यहाँ से बहुत नाराज़ होकर लौटे थे। उन्हें पता नहीं था कि कच्छ उनके आने को लेकर एकमत नहीं है। कुछ लोग ऐसे थे जिन्होंने कच्छ में उनके आने का विरोध किया था। उन्होंने लिखा है कि अगर मुझे पहले से पता होता कि लोग मेरे आने पर एकमत नहीं हैं तो मैं नहीं आता।

दिलीप भाई बताते हैं, "वे हिन्द स्वराज फ़ंड के लिए कुछ पैसे जुटाना चाहते थे। वे यहाँ आए तो उन्होंने देखा कि लोगों ने उनके ऊपर एक नारा बना दिया था—'वन्दे मातरम्, खिस्सा कातरम्।'" वे बताते हैं कि कच्छ के लोग यह नहीं चाहते थे कि कच्छ से इकट्ठा किया गया पैसा कहीं और ख़र्च हो, "महात्मा जी

इसके ख़िलाफ़ थे। तब लोगों को लगा कि ये तो हमारी जेब काटने आए हैं। इसी पर उन्होंने ये दो पंक्तियाँ बना दीं जिसका मतलब था कि महात्मा गांधी वन्दे मातरम् के नाम पर जेब कतरने आए हैं।"

दिलीप भाई कहते हैं, "मैं उस वक़्त बहुत छोटा था लेकिन मैंने अपने कान से ख़ुद यह नारा सुना है। महात्मा जी बहुत नाराज़ हुए। उन्होंने कहा कि कच्छ में तो कुछ है नहीं, आप लोग बाहर से कमाकर लाते हैं और कच्छ में ख़र्च करते हैं। फिर इसमें क्या दिक़्क़त है कि मैं कच्छ से कुछ पैसे जुटाकर बाहर ख़र्च करूँ।" इसके बाद महात्मा गांधी काफ़ी निराश होकर यहाँ से निकले। वे बताते हैं कि ख़ान अब्दुल ग़फ़्फ़ार ख़ान का भी अहमदाबाद में यही तजुर्बा रहा था। लोगों ने अफ़ग़ानिस्तान के लिए उन्हें पैसा नहीं दिया।

यहाँ एक और समस्या थी। दिलीप भाई बताते हैं, "गांधी जी के आगमन पर मांडवी में एक सभा हुई। वहाँ आयोजकों ने हरिजनों के लिए अलग से दरवाज़ा बनाया था और बैठने की व्यवस्था की थी। गांधी जी हरिजनों के लिए बने दरवाज़े से ही भीतर आए। बैठक के अध्यक्ष ने यह देखते ही सभा का बहिष्कार कर दिया। इतना ही नहीं, वहाँ मौजूद हरिजनों को ख़ूब पीटा गया। यह भी गांधी जी की नाराज़गी की बड़ी वजह रही।"

जब गांधी जी बाहर निकले तो एकाध उत्साही लोगों ने उन्हें कहा कि शहर में चलकर जनता को दर्शन दे दें। वे गांधी जी को लेकर शहर के भीतर गए तो गांधी जी ने रुककर देखा कि सड़क के दोनों ओर लोग खुले में शौच कर रहे थे। दिलीप भाई बताते हैं कि जो व्यक्ति उन्हें वहाँ लेकर आया था उससे उन्होंने पूछा, "तुम मेरा दर्शन लोगों को कराने लाए हो या मुझे मैदान के दर्शन कराने लाए हो।" वे यह दृश्य देखकर बहुत उदास हुए।

ऐसी ही एक और घटना का ज़िक्र वे करते हैं जो कच्छ के कोटड़ा रोहा गाँव में 25 अक्टूबर, 1925 को घटी। दो लोगों ने गाँव में एक हरिजन स्कूल खोलने के लिए पैसे लगाए थे। इसके लिए एक छोटी-सी ज़मीन वहाँ के जागीरदार ने दान की थी। इसके शिलारोपण के लिए महात्मा गांधी को बुलाया गया था। गांधी वहाँ पहुँचे तो पता चला कि दानदाताओं ने एक शर्त रखी है कि अध्यापक हरिजन बच्चों को बेशक पढ़ाएँगे, लेकिन स्पर्श नहीं करेंगे। गांधी जी ने तुरन्त शिलारोपण से इनकार कर दिया।

दिलीप भाई बताते हैं, "वहाँ सरदार पटेल भी साथ में थे। उन्होंने अन्दर जाकर उन लोगों से कुछ बात की तो वे इस शर्त को वापस लेने पर राज़ी हो गए। गांधी जी ने उसके बाद शिलारोपण किया।"

इसमें असली कहानी यह है कि वह स्कूल कभी बना ही नहीं।

वोरा बताते हैं कि 1947 में हरिजन संघ के सचिव ने यहाँ के मुख्य आयुक्त को पत्र लिखकर पूछा कि स्कूल अब तक बना क्यों नहीं। उसका कोई नतीजा नहीं निकला क्योंकि तब तक तो वैसे भी कई सरकारी स्कूल शुरू हो चुके थे और ऐसे स्कूल की ज़रूरत नहीं रह गई थी। आज भी वह मैदान वहाँ मौजूद है जहाँ स्कूल की नींव रखी गई थी, लेकिन उसमें एक भी ईंट कभी नहीं लगी।

वे बताते हैं कि गाँव में गांधी जी के साथ घंटा-डेढ़ घंटा लोगों की सभा हुई। वहाँ गांधी ने लोगों को प्रतिज्ञा दिलवाई कि वे ज़िन्दगी में कभी भी छुआछूत नहीं बरतेंगे। दिलीप भाई कहते हैं, "आज भी रोहा में एक हनुमान मन्दिर है जहाँ हरिजनों का जाना मना है। हर शनिवार को वे लोग कोई मेला करते हैं जिसमें हरिजनों को कुछ खाने को दे दिया जाता है।"

इसी तरह मांडवी में गांधी जी ने वृक्षारोपण किया था। वे वृक्ष कभी नहीं हुए। वास्तव में पता ही नहीं चला कि रोपण के बाद वे पौधे कहाँ गए।

ऐसे तमाम कारण थे, जिनके चलते गांधी जी कच्छ की यात्रा से बहुत हताश हुए। उन्होंने अपने अख़बार 'नवजीवन' में बाद में ये सारा वृत्तान्त लिखा और यह भी लिखा कि लोग अगर अब भी ख़ुद को दुरुस्त कर लें तो वे वहाँ लौटकर जाना चाहेंगे।

कच्छ के पास गांधी को गले लगाने की कोई वजह नहीं थी। उसने नहीं लगाया। गांधी के पास वहाँ लौटकर जाने की कोई वजह नहीं थी। वे नहीं गए। भाई प्रताप के पास एक भला कारण था, सो उन्होंने गांधी का आशीर्वाद लेकर कच्छ में उनके नाम पर एक शहर बसाया और इस तरह हमेशा के लिए गांधी की अस्थियों को गुमनामी के अँधेरे में छोड़ दिया।

गांधी की शख़्सियत इतनी विशाल है कि कच्छ में उनकी उपेक्षा और बाद में उनकी हत्या से भी गांधी के दुश्मनों का मन नहीं भर सका। आज़ाद भारत में गांधी सबसे बड़ा आइकॉन बना। गांधी का सत्य और अहिंसा का विचार दशकों तक सत्ताओं के सामने चुनौती बनकर खड़ा रहा। ईश्वर और अल्लाह को एक करने

वाले गांधी के गुजरात में जब 2002 आया तो झूठ, फ़रेब और हिंसा की राजनीति ने ईश्वर और अल्लाह को अलग-थलग कर डाला। गोधरा कांड, फिर मुसलमानों के क़त्लेआम और उसके तुरन्त बाद विधानसभा चुनाव में नरेन्द्र मोदी की जीत ने एक बात तो साफ़ कर दी कि हिंसा और नफ़रत को बहुसंख्य हिन्दू मतदाता ने आत्मसात कर लिया था और मारे गए सैकड़ों व बेघर हुए हज़ारों मुसलमानों को लेकर उसके मन में किसी क़िस्म का अफ़सोस नहीं था।

2002 का यह साम्प्रदायिक प्रयोग गुजरात की जनता का दरअसल इम्तिहान था कि वह गांधी-विचार को दफ़न करने के लिए कितनी तैयार है। जनता ने चुनावी जनादेश देकर सकारात्मक सन्देश दे दिया, सो अब कोई ख़ास अड़चन नहीं बचती थी। कच्छ ही क्या, गुजरात और देश के लोग तक नहीं जानते थे कि 2002 के गुजरात चुनाव के साल भर बाद एक और अस्थिकलश को कच्छ पहुँचना था। यह कलश 'क्रान्तिगुरु' की अस्थियों का था—क्रान्तिगुरु श्यामजी कृष्ण वर्मा।

मांडवी के 'क्रान्तिगुरु'

कच्छ की दीवारों में पड़ी दरारें अभी दो साल पहले आए भूकम्प की तबाही की ज़िन्दा गवाही दे ही रही थीं कि अगस्त 2003 में रातोरात भुज की इमारतें एक क़िस्म के पोस्टरों और परचों से पट गईं। परचे और पोस्टरों पर एक शख़्स का नाम लिखा था—श्यामजी कृष्ण वर्मा। कौन है यह शख़्स? इसका जवाब केवल सत्ता के पास था। पोस्टरों में ऐलान किया गया था कि इस नाम के एक 'भुला दिए गए' नायक, विद्वान और राष्ट्रवादी स्वतंत्रता सेनानी की अस्थियाँ जेनेवा से कच्छ आने वाली हैं, जहाँ 1930 में वर्मा की मौत के बाद से ही वे रखी हुई थीं। गुजरात में इन अस्थियों का जब आगमन हुआ तो पूरे गाजे-बाजे के साथ इसका स्वागत किया गया। नेताओं की भीड़ उमड़ आई। मीडिया में भी इसे ख़ूब कवरेज मिली। देश ने जाना कि कोई भुला दिया गया नायक बरसों बाद देश लौटा है। कम लोगों ने ही इतिहास के पन्ने पलटने की ज़हमत उठाई और जाँचना मुनासिब समझा कि

ये बन्दा दरअसल अंग्रेज़ों से माफ़ी माँगने वाले हिन्दू महासभा के संस्थापक कट्टर हिन्दूवादी विनायक दामोदर सावरकर का गुरु रहा है और विचारधारा के मामले में गांधी के हत्यारों का पूर्वज है।

पूरे सरकारी जश्न के साथ इन अस्थियों को मांडवी के उसी घर में स्थापित किया गया जहाँ श्यामजी कृष्ण वर्मा का 1857 में जन्म हुआ था। मौक़े पर सूबे के मुख्यमंत्री नरेन्द्र मोदी और भारतीय जनता पार्टी के नेता लालकृष्ण आडवाणी मौजूद थे। बाक़ी भाजपा का पूरा अमला वहाँ था, केवल कांग्रेस के लोग नहीं थे। वे चुपचाप अपने टीवी सेट पर महात्मा गांधी के समानान्तर एक भुला दिए गए राष्ट्रवादी को स्थापित होता देख रहे थे। वे तब भी चुप रहे जब एक झटके में नवनिर्मित विश्वविद्यालय और भुज के पुनर्निर्मित हवाई अड्डे का नाम श्यामजी कृष्ण वर्मा के नाम पर रख दिया गया।

एडवर्ड सिम्पसन 'द पॉलिटिकल बायोग्राफ़ी ऑफ़ ऐन अर्थक्वेक' में लिखते हैं, "भूकम्प के पश्चात श्यामजी कृष्ण वर्मा के नाम को खँडहरों के बीच रोप दिया गया।" कच्छ का यह शाश्वत दुर्भाग्य रहा है कि यहाँ हर बुनियादी बदलाव के ठीक पहले भूकम्प आया है या कहें यहाँ हर भूकम्प का इस्तेमाल सत्ता ने बुनियादी बदलाव लाने में किया है। बहरहाल, दिलचस्प यह था कि कच्छ के लोग जितना गांधी को जानते थे उससे भी कहीं कम वर्मा को जानते थे बल्कि न के बराबर जानते थे। जो शख़्स आजीवन विदेश रहा और वहीं सिधार गया, उसको जानने की कोई वजह भी नहीं हो सकती थी।

श्यामजी कृष्ण वर्मा के पिता बेटे के जन्म के बाद कच्छ छोड़कर पैसे बनाने बम्बई चले गए। वर्मा की पढ़ाई वहीं हुई और बाद में वे ऑक्सफ़र्ड पढ़ने चले गए। वहाँ से लौटकर उन्होंने वकालत की और रतलाम में अंग्रेज़ों के मातहत एक प्रशासनिक अधिकारी बन गए। 1880 के दशक में वर्मा ने अजमेर के आसपास कपास के कारोबार में पैसा लगाया। बम्बई में रहते हुए उनका जुड़ाव आर्यसमाजियों के साथ रहा था। उसका लाभ उठाते हुए अजमेर में उन्होंने आर्यसमाजियों के प्रिंटिंग प्रेस पर क़ब्ज़ा कर लिया। यह रिश्ता लम्बे समय तक नहीं चला और वे उदयपुर भेज दिए गए। उदयपुर से 1894 में उन्हें जूनागढ़ भेजा गया। जूनागढ़ में जो कुछ भी हुआ, उसने इन्हें देश छोड़कर भागने को मजबूर कर दिया। वर्मा ने राजकीय संसाधनों से ऑक्सफ़र्ड के दिनों के अपने एक मित्र को अनावश्यक लाभ पहुँचाया।

इनके ख़िलाफ़ भ्रष्टाचार और गबन के आरोप लगे और इन्हें प्रशासनिक नौकरी से निकाल दिया गया।

वर्मा 1897 में लन्दन चले गए और वहाँ उन्होंने 'सोसाइटी फॉर होम रूल ऑफ़ इंडिया' का गठन किया, इंडिया हाउस नाम से एक इमारत का नामकरण किया और एक पत्रिका निकालने लगे। उस पत्रिका के माध्यम से वर्मा ने गांधी, एनी बेसेंट आदि की पर्याप्त निन्दा की। पत्रिका ज़ब्त भी हुई और अंग्रेज़ों ने उनके ऊपर राजद्रोह का मुक़दमा भी किया। गांधी सहित तमाम भारतीय आन्दोलनकारी लन्दन में उनसे मिले और बात की, इसका लम्बा विवरण मौजूद है।

वर्मा के जीवनीकार इन्दुलाल याग्निक ने हालाँकि एक सटीक टिप्पणी की है कि वर्मा ने जो कुछ किया, वह केवल इसलिए कर सके क्योंकि वे भारत में नहीं लन्दन में बैठे थे। इस पर सिम्पसन एक जवाबी टिप्पणी करते हैं कि वर्मा की अस्थियों को इसलिए लाया जा सका क्योंकि वे विदेश में मरे थे और अस्थियाँ अब तक वहीं रखी हुई थीं। इस टिप्पणी में छुपा व्यंग्य ज़ाहिर है। जो भारत में मोर्चे पर लड़ रहे थे, उन्हें सात समुंदर पार एक इमारत में बैठकर पत्रिका निकाल रहे किसी स्वयंभू विद्वान से कम नहीं आँका जा सकता। दूसरे, ये कैसा राष्ट्रवाद है जो अपने नायक को आज़ादी के बाद साठ साल भुलाए रखता है और उसे 'रोपने' के लिए तबाही के ठीक बाद का समय चुनता है जब जनधारणा को आसानी से प्रभावित किया जा सके।

दिलीप भाई वैद्य कहते हैं कि श्यामजी कृष्ण वर्मा और गांधी जी की कोई तुलना ही नहीं की जा सकती। वर्मा के बारे में जिन लोगों ने भी लिखा है, वे ज़्यादा से ज़्यादा फ़र्श से अर्श पर पहुँचने वाले एक कारोबारी के रूप में उनका तसव्वुर करते हैं। स्वतंत्रता संग्राम के किसी भी लिखित इतिहास में उनका कहीं भी स्वतंत्रता आन्दोलन के सिपाही के तौर पर ज़िक्र नहीं आता है। दिलीप भाई बताते हैं कि भुज में अंग्रेज़ों के ज़माने का एक कॉलेज है। सरकार ने उसका नाम बदलकर भी श्यामजी कृष्ण वर्मा के नाम पर करना चाहा था। वहाँ के छात्रसंघ ने इस क़दम का क़ानूनी रूप से तगड़ा विरोध किया जिसके चलते यह फ़ैसला टाल दिया गया। यह अपने आप में इकलौता मामला था।

अस्थियाँ कच्छ लाए जाने के वर्ष 2003 लेकर से 2018 तक यानी कुल पन्द्रह साल के भीतर श्यामजी कृष्ण वर्मा को सरदार पटेल और महात्मा गांधी के बीच

सम्मानित तरीक़े से स्थापित कर दिया गया और लोगों ने अवचेतन में इसे स्वीकार भी कर लिया। नर्मदा पर सरदार पटेल की प्रतिमा लगाने के लिए जो एकता यात्रा अक्टूबर 2018 में निकाली गई, उसमें दिखाई जाने वाली फ़िल्म में श्यामजी कृष्ण वर्मा का भी ज़िक्र गांधी जी के साथ बराबरी से आया। देखते-देखते महात्मा गांधी के समानान्तर एक राष्ट्रीय आइकॉन खड़ा कर दिया गया और अहिंसा व शान्तिपूर्ण असहयोग के गांधीवादी मूल्यों को जनमानस में डाइल्यूट कर दिया गया।

कच्छ पर सत्ता की ओर से थोपे गए जिन नकली नायकों की बात हमने पिछले अध्याय में की थी, श्यामजी कृष्ण वर्मा उसका सबसे बड़ा उदाहरण हैं। अंजार में रहने वाले कहानीकार मावजी माहेश्वरी कहते हैं, "उस समय मोदी जी के लिए ज़रूरी था कि वे अपनी ताक़त दिखाएँ। भूकम्प के बाद जो कुछ भी घटा, वह दरअसल अलग-अलग रूपों में सत्ता का शक्ति प्रदर्शन था जिसने बने-बनाए परम्परागत मूल्यों को धीरे-धीरे विस्थापित कर दिया।"

इस वक्तव्य के लिए इससे बेहतर मुहावरा क्या हो सकता है, गांधीधाम में पार्क के भीतर 'हे राम' लिखी हुई गांधी की मूर्ति है और उसके ठीक बाहर 'निर्वासितेश्वर महादेव' की प्रतिमा है। ऐसा लगता है कि गांधी को यहाँ लाकर निर्वासितों ने हमेशा के लिए निर्वासित कर दिया।

बन्नी पहुँचा एक टेलर

कच्छ की वो रात शायद कभी नहीं भूलेगी। दिसम्बर का महीना था। रात के आठ बज चुके थे। अब्डासा का मोटी बेर गाँव। मैं, साथी अंकुर और लोकल सारथी मुकेश भाई। मूसा पीर के दर्शन करके हम निकलने को हुए तो ख़लीफ़ा और उनके छोटे भाई ने हमें चाय की पेशकश की। घने जंगल के बीचोबीच चाय? ख़लीफ़ा के भाई ने कहा कि बकरे पर चलते हैं, वहीं चाय पीएँगे। वे हमें वहाँ ले जा रहे थे जहाँ उनके मवेशी बँधे होते हैं। जंगल से बाहर निकलते ही थोड़ी दूर पर झाड़ियों से भेड़-बकरियों की आवाज़ आने लगी। वहाँ आग जलाए कोई चार-पाँच लोग उकड़ूँ बैठे हुए थे।

हमारी गाड़ी और ख़लीफ़ा की ट्राइसाइकिल रुकते ही वे खड़े हो गए। हमें सबसे मिलवाया गया। सब गाँव के ही लोग थे। आग को घेरकर हम गोले में बैठ गए। उनकी भाषा बिलकुल समझ नहीं आ रही थी। कच्छी ही रही होगी। उन सब की वेशभूषा तक़रीबन एक जैसी थी। सब पठानी सूट पहने थे सिवाय एक के। आकाश में तारे साफ़ दिखाई दे रहे थे। मौसम तक़रीबन शान्त था लेकिन दूर चल रही सुजलॉन की पवनचक्की रह-रह कर पत्तों को हिला देती थी। बीच-बीच में सियारों के रोने की आवाज़ आ रही थी। खुले आसमान से शीत पड़ रही थी। ऐसे में आग काफ़ी राहत पहुँचा रही थी।

एक छोटा लड़का था सिकन्दर। उसे बकरी का दूध निकालने को भेजा गया। ख़लीफ़ा के भाई ने बताया कि वे लोग शाम को घर पर चाय नहीं पीते। सब यहीं बकरे पर इकट्ठा होते हैं, एक-दूसरे से गप करते हैं, दिन भर का हालचाल लेते हैं और चाय पीकर मवेशियों को बाँधकर घर निकल लेते हैं। मवेशियों को देखना अपने आप में एक बड़ा काम है। कुछ जंगली जानवरों का ख़तरा हमेशा बना रहता है। मवेशी इतने हैं कि घर के पास नहीं रखे जा सकते। उनके लिए जंगल में अलग बाड़ बनानी ही पड़ती है। ये सभी एक ही ख़ानदान के लोग थे। सब आपस में रिश्तेदार। शर्ट-पैंट वाला नौजवान सुनील पास की सांघी सीमेंट फैक्टरी में नौकरी पर लगा था। बाक़ी सभी पशुपालक थे और खेती करते थे।

ऐसा लगा कि चाय बनने से पहले मुकम्मल बात होना मुश्किल है। सभी तलब में थे। सिकन्दर ने लोटा भर दूध लाकर सीधे आग पर रख दिया। उसमें पानी नहीं मिलाया। हल्का-सा दूध गरम हुआ तो उसमें मुट्ठी भर चीनी और दो चम्मच चाय पत्ती डाल दी। चाय रह-रह कर खौलती थी तो सबकी निगाहों में चमक आ जाती थी। दो-तीन बार खौलाकर सिकन्दर ने कटोरों में चाय छान दी। पहला घूँट भीतर गया तो लगा कलेजा निकलके बाहर आ जाएगा—इतनी सोंधी, ताज़ा और ख़ुशबूदार चाय मैंने ज़िन्दगी में नहीं पी थी। सीधे उसका असर दिल-दिमाग़ पर हुआ। दो घूँट में देह गरम हो गई। सुनील ने बताया कि सब बकरी के दूध का कमाल है, "गांधी जी बकरी का ही दूध पीते थे।"

यह वाक्य सुनते ही मैं चौक गया। इतने वीराने में, उजाड़ में, अब्डासा में, मोटी बेर में, जहाँ के लोगों के मुताबिक़ दिल्ली से पहली बार कोई वहाँ आया हो, गांधी जी का नाम और वो भी बकरी के दूध के सन्दर्भ में! फिर दिमाग़ ने काम

किया। गांधी जी तो हर जगह नोट पर छपकर पहुँचे ही हुए हैं। कौन नहीं जानता होगा इस देश में उन्हें। चाहे कितना ही अनपढ़ क्यों न हो। जब लखपत के उस्मान भाई कैम्पबेल और क्रॉमवेल को हूबहू उद्धृत कर सकते हैं तो फिर कच्छ में और कोई नई बात चौंकाने वाली नहीं हो सकती। थोड़ी दिलचस्पी जागी तो सुनील से ही बात आगे बढ़ी।

सुनील सांघी के सीमेंट कारख़ाने में गाड़ी चलाता है। साहब लोगों को यहाँ-वहाँ ले जाता है। बताता है कि कारख़ाना खुलने से गाँव के कुछ समझदार लोगों को नौकरी तो मिल ही गई है। बाक़ी, ज़मीन का दाम आसमान छू रहा है। सांघी के लिए हुए ज़मीन अधिग्रहण में लोगों को ख़ूब पैसा मिला। पैसे से लोगों ने मोटरसाइकिल ख़रीदी, दो सौ किलोमीटर दूर भुज में प्लॉट लिया, मांडवी में ऊँट-घोड़े चलवाए, मोबाइल आया, घर में टीवी सेट आया। अकेले सांघी ही नहीं, अब्डासा के तटीय क्षेत्र में सुजलॉन ने बड़े पैमाने पर जो विंडमिल लगाए, उसमें मामूली से प्लॉट के बदले लोगों को ख़ूब पैसा मिला। उसका कहना था कि इस इलाक़े ने पहली बार क़ायदे से पैसा देखा था। उसे पता चला था कि पैसा आता कहाँ से है। फिर ज़मीन बेचकर कुछ लोग दूसरों की ज़मीनों का सौदा करवाने और कमीशन खाने में लग गए। चरवाहे कम होते गए। आसान पैसे की आदत लड़कों को कम उम्र में ही लग गई। वे शहरों की ओर निकल लिए। आज गाँव में पुरुष आपको कम मिलेंगे। औरतें, बच्चे और बूढ़े ज़्यादा मिलेंगे। यह सब कुछ हुआ 2001 के भूकम्प के बाद। उससे पहले इस इलाक़े के लोगों ने पैसा नहीं देखा था।

अंजार के मावजी माहेश्वरी कहानीकार कम, सामाजिक विश्लेषक ज़्यादा हैं। कच्छ की पॉलिटिकल इकोनॉमी पर इनकी ज़बरदस्त पकड़ है। वे बताते हैं कि 2001 के भूकम्प के बाद यहाँ अचानक आए पैसे ने कच्छ को एक ख़तरनाक स्मृतिलोप की अवस्था में पहुँचा दिया है।

"भूकम्प के बाद बिना किसी नियोजन के जल्दबाज़ी में यहाँ औद्योगीकरण हुआ। यहाँ की ज़मीन बंजर थी। बारिश नहीं होती थी। लोग पारम्परिक व्यवसायों में लगे हुए थे। वो ज़मीन दस हज़ार या पाँच हज़ार में लोग बेचने को तैयार थे। उसकी क़ीमत लाखों में आने लगी तो लोगों ने सोचा कि ज़मीन बेचना बेहतर विकल्प है। वो कौन से लोग थे? दुख के साथ कहना पड़ता है कि जिनकी गिनती लेबर में की जाती है, जो पशुपालक लोग थे, छोटे किसान थे, ज़्यादातर एससी के

लोग थे। वही ज़मीन विनोबा भावे के कारण मिली, इन्दिरा गांधी के कारण 'पहुँच मर्यादा' (हदबन्दी) के तहत मिली। यह ज़मीन पीढ़ी-दर-पीढ़ी जीवन निर्वाह के लिए थी। वही ज़मीन लोगों ने उद्योगपतियों को बेच दी।"

वे बताते हैं कि छोटे-बड़े किसान, चरवाहे आदि अचानक ज़मीनों के धन्धे में आ गए। ये बात 2003 से 2012 के बीच की है। पूरे कच्छ में ऐसा हुआ। ख़ासकर अब्डासा से तटीय विस्तार और भचाउ के क्षेत्र में ऐसा हुआ। यह बेल्ट कोटेश्वर तक जाता है। इस इलाक़े में सुजलॉन ने छोटे से भूखंड का बहुत पैसा दिया। वे कहते हैं, "ज़मीन बेचने के पीछे एक और मानसिकता थी। जब कोई प्रजा सदियों तक अभाव में रहती है, सत्ता से बाहर रहती है और अचानक उसे कोई विकल्प मिलता है तो उसका अभाव अचानक सतह पर आ जाता है। चरवाहे, किसान आदि ने अपना पारम्परिक व्यवसाय छोड़ दिया। पता नहीं दस-बीस साल बाद क्या स्थिति होगी। किसी ने अभी पंचर की दुकान लगा ली है, कोई जंक फूड बेच रहा है, कोई टायर बेच रहा है...आप अभी अब्डासा या मुंद्रा के किसी भी गाँव में खड़े हो जाओ आपको दो-चार लोहार, सुथार, क़स्बी-कारीगर मिलेंगे। यह संख्या कम हो गई है। सब दूसरे धन्धे में चले गए। ट्रांसपोर्टेशन इतना बढ़ गया है...अब हुआ ये है कि तीसरी पीढ़ी के पास पारम्परिक कलाएँ नहीं होंगी। अभी पहली पीढ़ी और दूसरी पीढ़ी के पास कलाएँ बची हुई हैं। तीसरी पीढ़ी शहर में बड़ी हो रही है। उसके पास परम्परा नहीं बचेगी। ये बहुत ख़तरनाक बदलाव हुआ है।"

एक और बड़ा बदलाव टेक्नोलॉजी से पैदा हुआ। भूकम्प के बाद यहाँ टेलीफ़ोन नेटवर्क और सेलफ़ोन आया। लोगों के पास वैसे भी काफ़ी समय हुआ करता था। मोबाइल पर आने वाली सामग्री ने संस्कृति के स्तर पर समाज में बिखराव पैदा किया। मावजी समझाते हैं, "लोग आपस में जुड़ गए हैं। अब वे नरेन्द्र मोदी को जानते हैं, विजय रूपाणी को जानते हैं। गाँव में टीवी है, सेलफ़ोन है। देश में सरकारें क्या कर रही हैं, लोग सब जानते हैं। इसका ख़तरा क्या है? एक लेखक के नज़रिये से मैं देखता हूँ तो पाता हूँ कि यहाँ पचीस साल से एक ही सरकार है। बीस साल से हमारा सौभाग्य ये है कि भूकम्प के बाद से कभी यहाँ अकाल नहीं पड़ा। अच्छी बारिश हुई, दूसरे लोगों के पास पैसे के दूसरे स्रोत आ गए। ऐसे में पिछले अठारह साल में लोगों को पता ही नहीं चलने पाया कि यह प्रदेश परम्परागत रूप से अकाल का क्षेत्र है। अचानक अकाल आएगा तो

हम क्या करेंगे? अब तक क्या था, सिर्फ़ खाने का प्रश्न था। अब अकेले खाने का प्रश्न नहीं है। आप किसी भी गाँव में जाओ, सबके यहाँ एक न एक गाड़ी है, टीवी है, मोबाइल है। उसका महीने का ख़र्च लगता है। इसलिए अब सवाल केवल पेट का नहीं, नेट का भी है।"

वे बताते हैं कि यहाँ रण के इलाक़े में लोगों की बचत की प्रवृत्ति नहीं रही है। लोगों का स्वभाव खाने-पीने, मौज करने का रहा है। इस प्रदेश की मानसिकता ऐसी रही है। इतनी बचत गाँव वालों ने नहीं की है कि एक अकाल पार कर जाएँ। ज़्यादा ख़तरनाक यह है कि लोग भूल गए हैं कि यह धरती अकाल की है।

नई पीढ़ी को लेकर मावजी एक शिक्षक के नाते बहुत चिन्तित हैं। वे बताते हैं, "पूरे ज़िले में भूकम्प के बाद स्कूल बन गए हैं। वे स्कूल नेट से जुड़े हैं। गाँवों के जिन बच्चों को पहले पता ही नहीं था कि उसके ज़िले में क्या चल रहा है, अब वो देश और विदेश के बारे में जानता है। इससे उसकी महत्त्वाकांक्षा को बल मिल रहा है। वह बाहर निकलकर पैसा कमाना चाह रहा है। भूकम्प ने हमें वैसे तो बहुत कुछ दिया लेकिन जो हुआ, यकायक हुआ। नतीजा यह हुआ है, पहली पीढ़ी और दूसरी पीढ़ी एक-दूसरे को समझ ही नहीं रही है। नई पीढ़ी को पता ही नहीं है कि 2001 से पहले उसके घर की स्थिति क्या थी। यह एक ख़तरनाक स्थिति है।"

वे बताते हैं कि बन्नी और अब्डासा के लोग परम्परागत जीवन जीते थे। वे एक ही तरह के कपड़े पहनते थे। पहली बार बन्नी में टेलर जा रहा है। वहाँ फैक्टरियाँ आई हैं, उन्हें वर्दीधारी कर्मचारी चाहिए। "अब क्या करेंगे? पहले तो लोग भुज में जाकर एक बार कपड़ा सिलवा लेते थे और काम चलता रहता था। अब उन्हें टेलर की ज़रूरत है तो टेलर उनके गाँव तक पहुँच गया है।"

पठानी पहने अपने चरवाहे सहोदरों के बीच सांघी कारख़ाने में काम करने वाले सुनील के कपड़े देखकर मावजी की बात थोड़ा ज़्यादा समझ आती है। उसने इन सब में सबसे ज़्यादा दुनिया देखी है। वो हमसे हिन्दी में बात करता है। नम्बर का आदान-प्रदान करता है। बिना आवाज़ किए चाय पीता है। शहरी सभ्यता सुनील के रास्ते अब्डासा के एक ऐसे गाँव में प्रवेश कर रही है जहाँ हमसे पहले आज तक कोई दिल्ली से नहीं पहुँचा।

रात के साढ़े नौ बज चुके थे। सबने हमें विदा किया और पीर के सालाना उर्स पर अगले भादों में हमसे आने का वादा लिया। हम अँधेरे रास्तों से उजाड़ में

होते हुए भुज की ओर निकल लिए, यह सोचते हुए कि अगली बार आएँगे तो इस गाँव की तस्वीर कैसी होगी। क्या यहाँ भी कोई टेलर अपनी दुकान लगाए मिलेगा?

स्मृति गई वन में, सोचो अपने मन में

नरेन्द्र मोदी को दिल्ली आए सात साल से ज़्यादा हो गए लेकिन कच्छ उनके मन के किसी कोने में मज़बूती से जगह बनाए बैठा है। 2019 में उन्होंने एक बार फिर कच्छ को याद किया। यहाँ आए 2001 के भूकम्प की याद में एक 'स्मृतिवन' भुज में बनाया जा रहा है। कहते हैं, यह उनका ड्रीम प्रोजेक्ट था जो अब जाकर साकार हो रहा है। भूकम्प 2019 में जवान हुआ है। पूरे अठारह बरस का। अठारह बरस में ही किसी को याददाश्त का हिस्सा बना लेना बहुत साहस का काम है, जबकि आज से ठीक 200 बरस पहले आए 1819 वाले भूकम्प के बिछोह का ज़ख़्म अब भी कच्छ और सिन्ध के मन में हरा है। सिन्धु नदी अब भी बह रही है लेकिन लखपत निरन्तर दिन-ब-दिन अपनी मौत मरता जा रहा है, जिसे छोड़कर वह तब चली गई थी। ज़ाहिर है, मनुष्य की सीमाएँ होती हैं। उसकी स्मृति संक्षिप्त होती है। नरेन्द्र मोदी अपवाद नहीं हैं। उन्हें 1819 के भूकम्प की 200वीं बरसी याद आने की कोई वजह भी नहीं जान पड़ती। जिस ब्रिटिश एजेंट मैकमर्डो ने उस भूकम्प के बहाने कच्छ को फ़तह किया था, उसकी रूह शायद इस मौसम में कहीं काँपती होगी। जिसने 2001 के भूकम्प को कच्छ की दूसरी फ़तह का औज़ार बनाया, वह उसे स्मृतिवन में दफ़नाने निकला है।

मोदी ने भूकम्प के ठीक बाद भुज के जुबिली मैदान में लोगों से कहा था कि वे भूकम्प को भूल जाएँ और आगे बढ़ें। इसके बाद उन्होंने भूलने के तमाम भौतिक इन्तज़ाम भी कर दिए। लोग भूल भी गए। अब क़ुदरत का क्या करें जिसके सन्दूक में हर घटना ताज़ादम रहती है; जिसकी स्मृति का वितान इतना लम्बा है उसमें एक अदद मनुष्य के जीवन का कालखंड नगण्य हो जाता है। कच्छ में 2018 में कुल 46 छोटे-बड़े भूकम्प आए हैं। इनमें 36 भूकम्प अकेले 2018 के नवम्बर में आए। ये इतने भी छोटे-मोटे नहीं रहे। सबसे ज़्यादा तीव्रता वाला भूकम्प मार्च 2018 में आया

था जो रिक्टर पैमाने पर 4.8 था। इन हलचलों की अगर कहीं ख़बर नहीं बनी तो केवल इसलिए कि कोई प्रत्यक्ष विनाश नहीं हुआ वरना इससे पहले का हर भूकम्प न केवल विनाश लेकर आया, बल्कि हर बार एक नया आक्रान्ता भी पुनर्निर्माण के नाम पर यहाँ आया। ऐसा लगता है कि अब जबकि कच्छ का निर्माण निरन्तर हो रहा है तो भूकम्प भी निरन्तर आ रहे हैं। इस मुहावरे में कच्छ के निरन्तर बदलने की प्रक्रिया को देखिए। ऐसा लगता है कि दिलीप भाई जिसे कच्छ का 'इनवेज़न' कहते हैं, वह कब का मुकम्मल हो चुका। इस 'इनवेज़न' के पीछे जो बहाने थे, उन्हें संग्रहालय की वस्तु बना देना ही अब शासक का धर्म है।

केवल एक चेतावनी है। इसे चेतावनी कहें या गुजरात का स्वभाव मानें। यहाँ स्मारक काम नहीं करते। 2001 के भूकम्प की स्मृति में भचाउ में काले संगमरमर का एक स्तंभ लगाया गया था। उसके ऊपर बुलडोज़र चला दिया गया और सड़क बना दी गई। ऐसे ही महाराष्ट्र सरकार ने काले संगमरमर का एक स्मृति-स्तम्भ लगवाया था। वह टूटकर तक़रीबन विलुप्त होने के कगार पर है। बिल क्लिंटन ने 2001 में ही अंजार में एक छोटा स्मारक बनवाया था भूकम्प के नाम पर, लेकिन ज़मीन के एक विवाद के चलते आज वह एक व्यस्त सड़क के किनारे बिजली के खंभों के बीच उपेक्षित पड़ा है। अंजार के बाहर एक 'नया अंजार' बनाया जाना था। वह आज तक नहीं बन सका। जेसीबी मशीनें वहाँ ख़ाली खड़ी दिखती हैं। ऐसे कई स्मारकों की योजनाएँ बीते अठारह साल में बनीं लेकिन हक़ीक़त यही है कि कोई भी स्मारक लोक-मानस में अपनी जगह बना पाने में आज तक कामयाब नहीं हो सका।

इस बार का स्मारक भुजिया की पहाड़ी पर है। मुमकिन है सतह से ऊपर होने के चलते यह बचा रह जाए लेकिन महज़ 18 साल पुरानी घटना की ज़िन्दा निजी स्मृतियों को एक संग्रहालय में क़ैद करके सपाट बना देने का काम क्या इतना ही आसान है? अगर 2001 में घटी घटना के लिए स्मृतिवन बनाया जा सकता है तो 2002 के लिए भी और उसके बाद के लिए भी यह मुमकिन है। फिर तो सोचना होगा कि अतीत को बक्से में बन्द करने की हसरत रखने वाले अतीत से इतना डरते क्यों हैं? क्या इस बात से वे मुँह फेर सकते हैं कि कच्छ 2018 में 46 भूकम्पों को झेल चुका है? या फिर इस बात से गाफ़िल कि कच्छ फ़िलहाल एक निरन्तर सघन होते अकाल से गुज़र रहा है और उसकी एक पहाड़ी पर कृत्रिम वन बनाना कितने लोगों की प्यास की क़ीमत पर मुमकिन होगा?

कोई बता रहा था कि भूकम्प के बाद अंजार में मिनरल वाटर की इतनी बोतलें आ गई थीं कि लोग घर आने वालों को अपने तालाब का पानी पिलाना भूल गए थे। सबका स्वागत मिनरल वाटर से किया जाता था। मैं सोच रहा हूँ कि मिनरल वाटर की बोतल क्या स्मृतिवन के लिए एक उपयुक्त उपमा बन सकती है? एक ऐसी गिरफ़्त, जहाँ स्मृतियों को क़ैद करके बाहर से ऐसा मनोहारी बना दो कि लोग अपने निजी अनुभवों व स्मृतियों को भूल जाएँ? तबाहियों के स्मारक सत्ताओं के लिए कहीं विस्मरण का एक हथियार तो नहीं?

आला हज़रत डाउन

जनवरी, 2019 में स्मृतिवन के प्रस्तावित उद्घाटन से दो माह पहले आला हज़रत से लौटते हुए दीवाली मनाने घर जा रहे यूपी के मज़दूरों के बीच हमें नेपाल के एक सज्जन मिले। वे गांधीनगर से ट्रेन में चढ़े थे। प्रवासी मज़दूरों के हो-हल्ले और मोबाइल पर बजते गीतों के बीच वे अपेक्षाकृत शान्त थे। वे भूतपूर्व फ़ौजी थे और उम्र पचास के ढलान पर रही होगी। वे कांडला पोर्ट पर अडानी की सुरक्षा में नौकरी करते हैं। पूछने पर पता चला कि यहाँ से वे दिल्ली जाएँगे। फिर दिल्ली से गोरखपुर जाएँगे। उसके बाद सरहद पार करके नेपाल में अपने ज़िले महेन्द्रनगर जाएँगे। इतनी लम्बी यात्रा के बारे में सुनकर ही मन खिन्न हो गया। ज़ाहिर है, जितने खिन्न हम थे उससे कहीं ज़्यादा खिन्न वे रहे होंगे। उनके चेहरे की विश्रांति और विनम्रता ज़िन्दगी के इतने लम्बे सफ़र के बाद रोज़ी-रोटी के लिए इतना लम्बा सफ़र तय करने की मजबूरियों से आई होगी।

उनके उलट यूपी के मज़दूरों में उच्छृंखलता थी। सफ़र वे भी कर रहे थे। मामूली नहीं था। सीधे बरेली जाकर उतरना था जहाँ तक ट्रेन जाती है। ये सब गांधीधाम के वेलस्पन में नौकरी करते हैं। बस एक फ़र्क़ ये था कि सभी अपने बीवी-बच्चों के साथ यात्रा कर रहे थे। नेपाली फ़ौजी की तरह कोई अकेला नहीं जा रहा था। दरअसल, सफ़र के संग और उसकी दूरी से तय होता है कि आपमें गहराई कितनी है। जितना लम्बा सफ़र उतना गहरा असर। जितना एकाकी उतना अनकहा, बाक़ी।

इन्हें देखते हुए छह दिन पहले भुज की सुबह का वह दृश्य अचानक आँखों के सामने आ गया—हम तीन और हमारे ठीक सामने दो रबारी औरतें चाय पीते हुए। उनके चेहरे की विश्रांति उनके लम्बे सफ़र को बयान करती थी। उनकी आँखों में झलकता ठहराव उनके एकाकीपन का खुलासा था। क़ायदे से रबारी तो यह नेपाली फ़ौजी भी था। ये यूपी वाले अराजक मज़दूर भी। और हम भी।

कितने रबारियों का पीछा किया जाए? सबकी अपनी-अपनी विशिष्ट कहानियाँ हैं। सब बाहर से आए हुए लोग ही तो हैं। आँखों की गहराइयों को एक बार भूल जाएँ तो सबकी चाल भी कमोबेश एक जैसी है। सब झुंड में चलते हैं। एक साथ घर जाते हैं। एक साथ काम पर आते हैं। एक साथ हँसते हैं। एक साथ चाय पीते हैं। सब कुछ एक साथ, झुंड में, गोया कोई अदृश्य ताक़त इन्हें एक साथ हाँक रही हो।

कौन है वो गड़रिया? कौन है इस दुनिया का ईश्वर जो बरेली से लेकर नेपाल तक और दिल्ली से लेकर राजस्थान तब सबको एक ही दिशा में हाँक रहा है। जिसे हम लोकतंत्र कहते हैं, आख़िर वह कैसा है जहाँ सब के सब बाहरी हैं, रबारी हैं? आख़िर कैसी है यह लोकशाही जिसने लोक को ही विस्थापित कर दिया है? यह गांधी का कौन सा धाम है, जहाँ से ख़ुद गांधी ही निर्वासित है?

यह सवाल मेरा नहीं, तीस साल से प्रशासन को चिट्ठी लिख रहे और याचिकाएँ लगा रहे बहत्तर साल के अंजारी बुज़ुर्ग वोरा साहब का है। वे सवाल भी ख़ुद से करते हैं और जवाब भी ख़ुद ही देते हैं, अपनी लिखी इन दो पंक्तियों में :

लोको नु तंत्र छे एनी क्या ना छे
तंत्र माथी लोक बताओ तो ख़बर पड़े

गांधी नू नगर छे ए बरोबर
नगर माथी गांधी दिलाओ तो ख़बर पड़े

वे अर्थ समझाते हुए कहते हैं :

"लोगों का तंत्र है मगर तंत्र में लोग नहीं हैं।
गांधी का नगर है मगर नगर में गांधी नहीं है।"

इस अनुवाद के बाद शायद किसी और वाक्य की ज़रूरत नहीं पड़नी चाहिए थी, लेकिन वे सहसा बोल गए, "नगर में सब गोडसे हैं, कोई गांधी नहीं है!"

हरा डूंगर

भादों का एक दिन

इस दीवाली लखपत से उस्मान भाई का वॉट्सएप मैसेज आया। खाराघोड़ा के जूनागाँव से लालजी भाई का भी मैसेज आया। एक ने सिन्धी में दीवाली की बधाई का ऑडियो भेजा। दूसरे ने गुजराती में सन्देश लिखकर भेजा। यह अबकी हुई बारिश का असर है। वरना बीते तीन साल में जैसा सूखा कच्छ ने देखा, कच्छ को इस बीच जैसा सूखा मैंने देखा, वैसे में किसी रिश्ते में नमी आ भी नहीं सकती थी। रुँधे गले से दुआएँ नहीं दी जाती हैं। सूखे मन से कामना नहीं की जाती। प्यासे लोगों के जश्न कभी पूरे नहीं होते।

बारिश, किसी उम्मीद के पूरा होने की एक ज़िन्दा तस्वीर है। बारिश, इस धरती के मनुष्यों के जीवन में शायद सबसे आम पल है जब वह प्रामाणिक हो उठता है। दुआ में सबके हाथ बरबस उठ जाते हैं। जली हुई धरती, झुलसे हुए आकाश की ओर देखकर मुस्कराती है। फिर कुछ जादू-सा घटता है। और सब कुछ, सराबोर!

बीते तीन साल से अकाल झेल रहे कच्छ के बारे में हम दिल्ली बैठे सुन रहे थे कि इस बार बारिश काफ़ी हो रही है। एक रोज़ सरकार ने कच्छ को लेकर अलर्ट जारी कर दिया। बताया गया कि हरामी नाला उफान पर है। कुछ पाकिस्तानी कमांडो घुसपैठ कर सकते हैं। मौसम विभाग रोज़ भारी बरसात और तूफ़ान की चेतावनी जारी कर रहा था। सितम्बर के महीने में इतनी बारिश, वो भी गुजरात में, सहज विश्वास नहीं हो रहा था। मैंने कच्छ को कभी नम नहीं देखा था। एक आस थी कि कभी बरसे तो चला जाए। मौक़ा भी था और दस्तूर भी।

और इस सब पर कहीं भारी थी वह उम्मीद, कि छूटी हुई कामनाएँ बारिश में ही पूरी होती हैं। इन कामनाओं में सबसे भारी लालजी ठाकोर से दोबारा मिलने की

चाह थी, जो आज से साढ़े सात साल हुई पहली यात्रा के बाद कभी पूरी नहीं हुई। लालजी से ख़ास लगाव इसलिए था क्योंकि कच्छ के छोटे रण में हमारी पहली रात के मेज़बान वही थे। तब से लेकर आज तक जाने कितनी कोशिशें कीं उनसे मिलने की। आख़िरी बार पिछले साल अक्टूबर में नाकाम रहने के बाद मैंने उम्मीद लगभग छोड़ दी थी। जाने क्या हुआ कि अहमदाबाद पहुँचते ही लगा कि एक बार खाराघोड़ा हो आना चाहिए। सौ किलोमीटर ही तो है। क्या जाने...

वह भादों की पार्श्व एकादशी थी। चारों ओर रामदेव पीर की ध्वजायात्राएँ निकल रही थीं। लोग हाथ में अबीर-गुलाल और ध्वजाएँ लिये सड़कों पर उत्सव मना रहे थे। पाटड़ी से जूनागाँव के बीच बनी नई चमचमाती सड़क पर शीतलता के मारे कुछ कछुए निकल आए थे। एक, दो, तीन...हम गिनते गए और गाड़ी आगे बढ़ती गई। इतने कछुए एक साथ? इस रूट पर मैं चौथी बार जा रहा था लेकिन कछुए पहली बार दिखे। उम्मीद कुछ सघन हुई।

घर बैठे इस धरती के कुछ प्राणियों के होने का मतलब शायद समझना मुश्किल होता है। अनजान इलाक़ों में औचक अनियोजित यात्राओं पर निकल पड़ने वाले मुसाफ़िर चमगादड़ों, कछुओं, बाघों, सियारों, टिड्डों और चमेली की ख़ुशबू के मायने समझते हैं। इन्हें बताया नहीं जा सकता। कुछ बातें केवल समझने के लिए होती हैं। मेरे पुराने हमराह अंकुर ने जाने क्यों इसी बीच पूछ दिया—आपको लगता है कि लालजी मिलेंगे? मेरे मुँह से जाने क्यों यह बात निकली—इसीलिए तो चल रहे हैं।

जूनागाँव पहुँचकर सड़क से लगी छोटी-सी दुकान पर हम गए और लालजी के बारे में पूछा। बिलकुल यही काम दो साल पहले हमने किया था। किसी ने बताया कि रामदेव पीर के जुलूस में लालजी का परिवार मन्दिर पर गया है। मैंने उनसे बुलवाने का आग्रह किया। थोड़ी देर में कोई ख़बर लेकर आया कि लालजी मन्दिर में नहीं, घर पर ही है। फिर एक महिला को हमारे साथ उन्होंने लगा दिया, लालजी के घर ले जाने के लिए। घर का रास्ता मेरा देखा हुआ था। इसलिए बेसाख्ता बिना किसी ख़ास सतर्कता के मैं चलता गया।

जैसे ही लालजी की गली आई और हम उसमें मुड़े, किसी ने बिलकुल सामने से आकर मुझे पकड़ लिया और मुझसे लिपट गया। मैंने उसे आते हुए नहीं देखा था। मैं ठिठक गया था। गले मिलकर जब उसने चेहरा ठीक मेरे सामने किया तो

उसकी आँखों में पानी था। मैं हतप्रभ था। अंकुर हमें देखकर मुस्करा रहा था। लालजी को दुकान से किसी ने फ़ोन कर दिया था और वह भी मेरी ही तरह जान गया था कि उसका मुलाक़ाती कौन हो सकता है। वह घर से मुझे लेने निकला था और रास्ते में मिल गया।

लालजी को पता था कि दो साल पहले मैं उसके घर आया था उसे खोजते हुए। उसे यह भी पता था कि हम उसे खोजने वर्णीन्द्रधाम गए थे। वह लड़का जो मन्दिर के मैनेजर के बुलाने पर हमसे मिलने आया था, उसने जानबूझकर हमें नहीं बताया था कि लालजी वहीं काम करता है। यह कहानी सुनकर मुझे थोड़ा अजीब लगा, लेकिन उस लड़के का डर जब लालजी ने बताया तब बात समझ में आई— "उसने सोचा, कोई पैसे वसूली करने वाला आया है, इसलिए उसने आपको नहीं बताया। मेरा मोबाइल चोरी हो गया था तो आपका नम्बर भी खो गया। इसीलिए आपको मैं फ़ोन नहीं कर पाया। घर आया तो पता चला कि आप आए थे।"

लालजी साफ़ हिन्दी बोल रहा था। रण में नमक का काम छोड़ने के बाद शहर में बेलदारी पर काम करते हुए उसकी दुनिया बड़ी हो गई थी। उसे हिन्दी आ गई थी। उसका फेसबुक पर खाता भी था। उसकी बड़ी वाली लड़की पढ़ाई छोड़ चुकी थी। छोटी वाली गोपी नौवीं में थी। इन दोनों को मेरी याद थी। सबसे छोटा लड़का छठवीं में था। उसे हमारी याद नहीं थी। तब वह बहुत छोटा था। उसकी अम्मा और पत्नी पहले जैसी ख़ुशमिज़ाज थीं। अब लालजी की चिन्ता बड़ी लड़की के ब्याह की थी। बाप के मरने के बाद वह ज़िम्मेदार आदमी बन चुका था।

हम देर तक बैठे रहे और बात करते रहे। लालजी ने हमें कोल्ड ड्रिंक पिलाई। पहली बार की तरह नमकीन-चाय नहीं। अब वे नमकीन-चाय नहीं पीते। यहाँ दूध मिल जाता है। पानी भी रण की तरह खारा नहीं है। मीठा है। घर में दो मोबाइल हैं। टीवी है। लालजी को स्वामीनारायण मन्दिर की तरफ़ से दिल्ली जाने का ऑफ़र है, लेकिन उसने मना कर दिया है। उसे लगता है कि यहाँ काम चल जा रहा है, दिल्ली जाकर क्या करेंगे। उसके कुछ दोस्त हालाँकि दिल्ली जाने वाले हैं काम के सिलसिले में। उसने वक़्त पर इत्तला देने की बात कही। हमने एक-दूसरे का नम्बर लिया-दिया। मैंने फेसबुक पर उसे फ्रेंड रिक्वेस्ट भेजा। दिल्ली से कच्छ तक फैली समूची दुनिया एक झटके में सिमट गई।

नहीं मिलने तक सब कुछ अधूरा लगता है। मिलने के बाद कुछ बचता नहीं।

बरसों की साध पूरी हो चुकी थी। बारिश थम चुकी थी। नमी जम चुकी थी। हमें विदा करते वक़्त लालजी मोबाइल पर किसी से बात करने में व्यस्त था।

जिनमें नमक कम है

एल.एफ. रशब्रुक विलियम्स मेरे साथ होते तो अपनी किताब का नाम ब्लैक नहीं, 'ग्रीन हिल्स' रखते। आज काला डूंगर भी हरा दिख रहा था। गुरु धोरमनाथ ने कभी लावा उगलने वाले जिस सुप्त ज्वालामुखी के शिखर पर उलटे सिर तपस्या की थी, वह पहाड़ी भी हरी-भरी थी। पक्की सड़क के दोनों तरफ़ कच्ची पटरियों पर लम्बी घास उगी हुई थी, जो भादों की गीली हवा में मलमली गलीचे का सुख देती थी। सड़कों के किनारे बन्नी के मैदान हरे थे, जो डूबते सूरज की लालिमा में कहीं-कहीं सिंदूरी आसमान का अक्स दिखा रहे थे। भुजोड़ी के बुनकर ग्राम में जुलाहों के उस्ताद नारायण भाई के साथ कुछ वक़्त बिताकर हम अब धोरडो की ओर बढ़ रहे थे।

रण महोत्सव के तमाम सुराग, बोर्ड, होर्डिंगें आदि धुलकर साफ़ हो चुके थे। सौ किलोमीटर का वह चमकदार रास्ता एकदम सन्नाटे में था। बीच में एक जगह गायों और भेड़ों का झुंड हाँकते रबारी मिले। बाक़ी, न आदमी था, न पक्षी। घिरते अँधेरे में बारिश के बाद सब कुछ इतना भारी हो चुका था कि लग रहा था आकाश धरती पर आ गिरेगा। धोरडो से कोई बीस किलोमीटर पहले दोनों तरफ़ बन्नी के मैदानों में अँधेरे में कुछ प्रकाश पुंज अचानक चमके। थोड़ी-थोड़ी दूरी पर ऐसा लगता था कि भीतर कोई अलाव जलाए बैठा है। इतने सन्नाटे और अँधेरे में इसका आशय तलाशते हम बढ़ते ही जा रहे थे कि अचानक निगाह ठिठकी।

गाड़ी की हेडलाइट की रोशनी में सड़क किनारे बाईं ओर कुछ लोग बैठे दिखाई दिए। काले लिबास में तीन ख़ूबसूरत औरतें थीं, एक मालधारी पुरुष और एक किशोर। कुछ ड्रम और डिब्बे सड़क किनारे रखे थे। रात का नौ बज रहा होगा। हमने उन्हें देखकर पास पहुँचते ही गाड़ी धीमी की तो रोशनी से चेहरा बचाने के लिए औरतों ने अपने चेहरे पलटकर छुपा लिये। हमने आदमी से वहाँ बैठे होने

का सबब पूछा। उसने बताया कि सरकारी टैंकर का इन्तज़ार कर रहे हैं कि आए तो पानी भरें।

ये जत समुदाय के चरवाहे थे। बन्नी के मैदानों में इनका वास है। बारिश में इनकी रिहाइश डूब चुकी थी। अब इन्हें अगले दो महीने सड़क के किनारे ही बिताने हैं। वो जो अँधेरे मैदानों में प्रकाशपुंज हमें दिखे थे, इन्हीं जैसे लोगों के थे। ये आमतौर से बन्नी के मैदानों में बहुत भीतर रहते हैं लेकिन बारिश के बाद पानी भर जाने पर बाहर निकलने को मजबूर हो जाते हैं। आम दिनों में सरेराह इनसे मुलाक़ात मुमकिन नहीं है। बातचीत में किशोर ने बताया कि भाजपा वालों ने हेलिकॉप्टर से पानी भेजने का इन्तज़ाम कर दिया है।

याद आया गुजरात के मुख्यमंत्री का हालिया बयान, जिसमें उन्होंने मौसम का स्वागत करते हुए कहा था कि कच्छ में इस बार इतनी बारिश हुई है कि उसके लोगों की प्यास हमेशा के लिए बुझ गई है। यह बात आधा सच थी। प्यास केवल उनकी बुझी थी जिन्हें पानी की प्यास थी। जिनकी रिहाइशों को पानी ले डूबा, उनकी प्यास तो बढ़ गई थी। दुनिया की निगाहों से दूर अपनी एक अलग दुनिया में रहने वाली एक कौम को रात के घुप्प अँधेरे में सड़क किनारे सरकारी इमदाद का इन्तज़ार करना पड़ रहा था। क्या यह इतना ही सपाट था, जितना हमें दिख रहा था?

बारिश ने औरों को भी सड़क पर ला दिया था। आगे एक ढाबा मिला। धोरडो से थोड़ा ही पहले। रण महोत्सव के स्थल के पास। गुलबुद्दीन भाई की चाय की दुकान और जनरल स्टोर वहाँ थे। हमने उनसे भाखरवड़ी ख़रीदी और चाय को बोलकर चारपाई पर लम्बे हो गए। इतने में गुलबुद्दीन के बुज़ुर्ग पिता शकूर वहाँ आकर बैठ गए। दुआ-सलाम के बाद बातचीत में पता चला कि पास में एक गाँव गोरेवाली के ये लोग रहने वाले थे। वे गोरेवाली का इतिहास बताने लगे। अपने बारे में बताने लगे। ये लोग अहले हदीस को मानने वाले कच्छी मुसलमान हैं।

अब्दुल शकूर पुराने आदमी हैं। आज़ादी से पहले वे जिस स्कूल में पढ़ने जाते थे वह सिन्ध में पड़ता था। वे अपने मवेशी चराने भी सिन्ध तक निकल जाते थे। यहाँ से पैदल अपने स्कूल जाते थे। एक रोज़ मुल्क तक़सीम की मुनादी हुई तो वे इस पार ही रह गए। वे ख़ैर मनाते हैं कि जहाँ के थे वहीं रह गए, लेकिन रण की बदलती हुई सूरत और सीरत से थोड़ा परेशान हैं। वे कहते हैं कि बेशक विकास हुआ है लेकिन तहज़ीब की क़ीमत पर। जब से रण में सरकारी महोत्सव शुरू हुआ

है, क़िस्म-क़िस्म के लोग यहाँ आते हैं। उसका असर इनकी बिरादरी के लड़कों पर भी पड़ता है। वे अपनी संस्कृति भूलते जा रहे हैं।

इस इलाक़े में शकूर सबसे बुज़ुर्ग आदमी हैं। ज़हीन भी हैं। वे बताते हैं कि वैसे तो कच्छ में कभी साम्प्रदायिक माहौल नहीं बिगड़ा, हमेशा सब साथ मिल-जुलकर रहते आए हैं। हाँ, 2001 के भूकम्प के बाद जिस तरीक़े से यहाँ मदद पहुँची, उसने स्थानीय संस्कृति का बहुत नुक़सान किया। शकूर कहते हैं, "यहाँ देखने को है ही क्या। केवल नमक। कोई यहाँ क्यों आएगा। यहाँ तो वही आते हैं जिनमें नमक कम होता है।"

इस बात पर सभी ठहाका लगा देते हैं। दिन की आख़िरी नमाज़ का वक़्त हो चला था। गुलबुद्दीन से विदा लेकर हम धोरडो के रास्ते हाजी पीर की ओर निकल लिए।

चीर बत्ती

इस सड़क के बनने के बाद मैं दूसरी बार गुज़र रहा था। नमक के सफ़ेद रेगिस्तान में धोरडो से हाजी पीर तक बनी इस सड़क की ख़ूबसूरती भयावह है। दोनों तरफ़ नमक और पानी का असीम विस्तार दिखता है। इस इलाक़े को कुछ ऐसे समझा जा सकता है कि यदि आप सीधे चलते जाएँ तो हाजी पीर होते हुए लखपत और मांडवी के बीच अरब सागर में निकलेंगे। पीछे की ओर जाएँ तो धोलावीरा यानी खड़ीर बेट पहुँच जाएँगे। बाईं तरफ़ बन्नी के मैदानों में छारी डाँड़[1] का संरक्षित अभयारण्य है जहाँ 200 से ज़्यादा क़िस्म के पक्षी प्रवास पर आते हैं। उसके बाद विशाल भूभाग है जो भुज होते हुए एक बार फिर समुंदर किनारे गांधीधाम, मांडवी या मुंद्रा के तट तक ले जाता है। इस सड़क की दाहिनी ओर औसतन पचास किलोमीटर की दूरी पर पाकिस्तान की अन्तरराष्ट्रीय सीमा है और इसके बीच बसे छोटे-छोटे गाँवों में जहाँ कभी नमक ही नमक का सपाट विस्तार होता था, आज तीन बड़े कारख़ाने खुल चुके हैं।

1. उठी हुई नमकीली ज़मीन

पिछली बार जून की तड़कती दोपहर में हाजी पीर के पास नई बनी इस सड़क को देखते ही कौतूहल हुआ था कि यह कहाँ तक जाती होगी। इस पर चलते हुए हम जब धोरडो पहुँचे तो लगा कि ये तो कमाल है। डेढ़ सौ किलोमीटर की दूरी को महज़ चालीस किलोमीटर में पाट दिया। वह दिन का वक़्त था। दोनों तरफ़ केवल मैदान ही मैदान दिख रहे थे। कहीं-कहीं कुछ मशीनरी दिखती तो थी, लेकिन अन्दाज़ा नहीं लगा था कि इस निर्जन में चल क्या रहा है।

अबकी बारिश के कारण चूँकि चारों ओर पानी था, तक़रीबन समुद्र के बीच चलने जैसी अनुभूति हो रही थी। समय था रात दस बजे के बाद का। आसपास अनजान पक्षियों की केवल चींचीं की आवाज़ें आ रही थीं। गाड़ी सौ किलोमीटर प्रति घंटा की रफ़्तार से उस वीराने में दौड़ी जा रही थी। हमारे सारथी महेन्द्र भाई थोड़ा विचलित थे और बार-बार पूछ रहे थे कि पाकिस्तान किधर है। उन्हें डर था कि चलते-चलते कहीं वे सरहद न लाँघ जाएँ। दाहिनी ओर वीरान अँधेरे में उन्होंने जब कुछ रोशनियों की ओर इशारा करते हुए पूछा—ये पाकिस्तान की लाइटें हैं क्या? उस वक़्त हमारा ध्यान उधर गया। बाद में पता चला कि सफ़ेद रण के बीचोबीच पोटाश और ब्रोमीन का उत्पादन करने वाले रासायनिक कारख़ाने खुल गए थे। यह रोशनी वहीं से आ रही थी।

याद है पहली यात्रा जब रण में प्रवेश करते वक़्त बीएसएफ के जवानों ने पॉलीथिन, पानी की बोतलें और खाने के पैकेट गाड़ी में रखवा दिए थे। बताया गया था कि यह ईको सेंसिटिव ज़ोन है। जिस चमचमाती सड़क पर हम फर्राटा भर रहे थे, उसकी उपयोगिता अब समझ में आ रही थी। एग्रोसेल केमिकल्स, आर्चियन केमिकल्स और सत्येश ब्राइनकेम के ये तीन कारख़ाने नमक के रेगिस्तान में देखते-देखते उग आए थे। सरहद के इतने क़रीब ईको सेंसिटिव ज़ोन में समुद्री पानी से रसायन पैदा करने का कारख़ाना लगाने की अनुमति इन्हें कैसे मिली, यह एक अलग कहानी है। हाँ, इस देश में अख़बारों और पत्रकारिता की दुर्गति इस बात से समझी जा सकती है कि सत्येश ब्राइनकेम नाम की कम्पनी गुजरात के सबसे बड़े मीडिया समूह 'सन्देश' की है।

इन कम्पनियों को यहाँ इसलिए कारख़ाना लगाने का मन हुआ होगा क्योंकि मुफ़्त में नमकीले पानी का अथाह भंडार यहाँ मौजूद है। गूगल पर सैटेलाइट तस्वीरें देखने पर पता चलता है कि इस इलाक़े में भी नमक के आयताकार खेत कटे हुए

हैं जहाँ पानी को संगृहीत करके उसे रासायनिक प्रसंस्करण के लायक़ बनाया जाता है। सफ़ेद रण ही इकलौता क्षेत्र हुआ करता था जहाँ नमक बनाने की अनुमति नहीं थी। सरहद के क़रीब अँधेरे में चमकती बत्तियाँ और मशीनरी इस मिथक के टूट जाने का गवाह हैं।

रण में एक बहुत पुराना मिथक चीर बत्तियों का है। कहते हैं कि बन्नी के इन मैदानों में कुछ ऐसे प्रकाशपुंज दिखते हैं जिनकी व्याख्या आज तक कोई नहीं कर सका। सदियों से यहाँ के लोग ज़मीन से कुछ फुट की ऊँचाई पर हवा में तैरते और रंग बदलते प्रकाशपुंजों के गवाह रहे हैं। मानसून में यह परिघटना और तेज़ हो जाती है। कभी लाल, कभी नीली तो कभी पीली बत्तियों का लोगों ने पीछा भी किया है। ये आँख-मिचौली खेलती हैं। बीएसएफ के जवानों ने भी इनके बारे में बताया है। अमेरिका से एक पक्षी विज्ञानी दल इसके बारे में पता करने यहाँ आया था। उसने भी इस प्रकाश की पुष्टि की थी।

यहाँ के लोग सदियों से इसे भुतहा रोशनी मानते आए हैं। अपनी स्थानीय भाषा में वे इसे चीर बत्ती कहते हैं। चीर मने भुतहा और बत्ती मने रोशनी। लोगों ने चीर बत्ती के साथ रहना सीख लिया है। यह उनके जीवन का अंग बन चुका है। एग्रोसेल, आर्चियन और सत्येश नाम की जो नई भुतहा बत्तियाँ पैदा हुई हैं, उनसे अभी बन्नी के लोग परिचित नहीं हैं। क्या जाने दूर से वे इन कारख़ानों की रोशनी को ही चीर बत्ती मान बैठे हों? चीर बत्ती के रहस्य की ओट में तो कहीं इन कारख़ानों ने अपना कारोबार नहीं जमा लिया? और किसी ने चूँ तक नहीं की? कौन जाने?

उस रात दस किलोमीटर दूर से ही हरे रंग की लड़ियों में सजी हाजी पीर की गुम्बद दमक रही थी। हम वहाँ पहुँचे तो दरगाह के खादिम अबू बक्र मिले। गाँव में अलसाए कुत्तों के अलावा बस एक लाउडस्पीकर की आवाज़ आ रही थी। खादिम ने बताया कि मुहर्रम के मौक़े पर लखपत से एक मौलाना तक़रीर देने आए हैं। हमने बताया कि हम भी लखपत की ओर ही जा रहे हैं। बातचीत के बीच वहीं चबूतरे पर बैठे तीन नौजवानों पर निगाह गई। इनमें दो इलाहाबाद के थे और गांधीधाम में नौकरी करते थे। तीसरा उन्हें मुहर्रम के पर्व पर यहाँ लेकर आया था। पहचान-पत्र साथ नहीं होने के कारण दोनों अटक गए थे। वे डरे हुए थे कि पुलिस कहीं पकड़ न ले। बॉर्डर का इलाक़ा है।

रात कहाँ कटेगी? पूछने पर उन्होंने बताया कि रात भर यहीं दरगाह के बाहर

पड़े रहेंगे। सुबह बस आएगी तो वापस जाएँगे। हमने खादिम के सुपुर्द उन्हें किया कि ख़याल रखें और आगे बढ़ लिये। यहाँ से आगे कोई साठ किलोमीटर तक सड़क बहुत ख़राब निकली। हाजी पीर से दयापर होते हुए लखपत जाने का रास्ता खेत की मेंड़ से कुछ ही चौड़ा और दलदली था। उधर सड़क थी ही नहीं। बारिश ने पगडंडियों को भी नहीं बख़्शा था। हमने नखतराणा निकलना ठीक समझा। फ़ैसला सही था। उस रात ठहरने को ठिकाना भी मिल गया और खाना भी। रात ढाई बजे किसी ठिकाने पर साबुत पहुँच जाना इस बात की ताकीद कर रहा था कि इनसान के लोभ से बढ़कर भुतहा कुछ नहीं होता। चीर बत्ती जहाँ दिखे, समझो आदमी है। अगली सुबह जागने के लिए इतना ज्ञान काफ़ी था।

आदमी बनाम यहूदी

अगले दिन उस्मान भाई लखपत क़िले के दरवाज़े पर ही हमारा इन्तज़ार कर रहे थे। हम बीस किलोमीटर पहले एक चरवाहे रबारी के चक्कर में अटके पड़े थे। उसका नाम इब्राहिम था। अपनी भेड़ों के साथ हरी घास पर विचरते हुए वह कितना ख़ुश था। वह दो महीने से भेड़ें ही चरा रहा था। सौ-एक किलोमीटर घूम चुका था। उसके साथ एक लड़का भी था, सलीम। उनके पास एक कुल्हाड़ी थी। घास भेड़ें चर रही थीं, चमक उसकी आँखों में थी।

"बहुत साल बाद अच्छी बारिश हुई है," उसने कहा। और घूमकर चारों ओर हरी चादर में लिपटी पहाड़ियों को देखने लगा। बारिश फ़ज़ा में नहीं, उसके चेहरे पर दिखती थी। उससे विदा लेकर हम आगे बढ़े और लखपत के गेट पर जा रुके। उस्मान भाई क़िले के बाहर चाय की इकलौती दुकान से बड़े-बड़े डग नापते हमारी ओर बढ़ रहे थे।

दुआ-सलाम के बीच जाने कहाँ से एक लोकल इंटेलिजेंस वाला मोटरसाइकिल लेकर आ गया। "साहब पुलिस में हैं। बड़े अच्छे इनसान हैं।" उस्मान भाई ने यह कहते हुए परिचय करवाया। हमने भी अपना परिचय दिया। उसने नाम-नम्बर लिया और चला गया। "आजकल थोड़ा मुश्किल हो गया है," उस्मान भाई ने बताया।

हमने भी ज़िक्र किया कि सुना है, हाई अलर्ट है हरामी नाला को लेकर। वे हँसते हुए बोले, "कुछ नहीं, ये तो इनका रोज़ का काम है।"

लखपत के भीतर चीज़ें साल भर में काफ़ी कुछ बदली हुई थीं। गुरुद्वारे का रेनोवेशन हो रहा था। रेनोवेशन प्लान का एक बड़ा सा बोर्ड वहाँ रखा था। हो सकता है यह पुराना ढाँचा एकाध साल में पहचान में ही न आवे। पीर ग़ौस के आसपास भी बहुत काम हुआ था। बग़ल में मन्नत वाला तालाब साफ़ करके घेर दिया गया था। सामने कुछ दूरी पर एक पार्किंग स्पेस बना दिया गया है। तालाब के उधर से देखने पर ताजमहल टाइप महसूस होता है। अब पीर ग़ौस का कुबा वैसा नहीं रह गया जैसा हमने पहली बार देखा था। जादू तो ख़ैर काफ़ी पहले टूट चुका था।

उस्मान भाई ने चलते-चलते बताया कि इस बारिश में उनका मकान गिर गया है। वे हँसते हुए बोले, "आप जिस घर में आया था न, रात में रुका था, उसी कमरे में हमारा पूरा परिवार रह रहा है। सामने वाला घर का दीवार ढह गया। वो तो शुक्र मनाओ किसी को चोट नहीं आया। जानवर भी सब बच गया।"

फिर वे थोड़ा दुखी होकर बोले, "ये सब तो चलते रहता है। ज़िन्दगी है, कभी सुख, कभी दुख। कल रात मेरा नातिन को बुख़ार हो गया। उसको लेकर डॉक्टर के पास जाना पड़ा।"

इतने साल इतनी मुलाक़ातों के दौरान उस्मान अली ने कभी हमसे निजी बातें नहीं की थीं। हमेशा साधु-संतों, फ़क़ीरों के क़िस्से सुनाते थे। दोहे, श्लोक, शायरी सुनाते थे। पहली बार वे थोड़ा परेशान दिख रहे थे। कुछ जल्दी में भी थे। क़िले की प्राचीर पर पीछे रण का पानी देखते हुए बोले, "सब आदमी यहूदी हो गया है।" मैंने पूछा, "मतलब?"

वे बोले, "अब देखो, आज मोहर्रम है। सब जश्न मना रहा है। सब जाहिल लोग है। अरे, आज तो शहादत का दिन है। मैं ये सब नहीं करता। लोग पढ़ा-लिखा नहीं है। किसी के ग़मी में जश्न मनाना यहूदी का काम है।" इतना कहते ही उनके चेहरे पर वितृष्णा का भाव तैर गया। जेब में रखे फ़ोन की घंटी बजी। उधर उनकी बेटी थी। जल्दी से उसे जवाब देकर वे बोले, "पूछ रही थी, पापा घर कब आओगे। मेरा नातिन बीमार है न। बेटी कहता है, पापा तुम ये सब काम क्यों करते हो। लियाक़त भी यही कहता है।"

उस्मान भाई वाक़ई परेशान थे। बस, लिहाज़ में हमारे कहने पर चले

आए थे। हम उनके साथ उनके घर तक गए। उनका घर क़िले की प्राचीर से मुख्य द्वार तक जाने के रास्ते में ही पड़ता है। सामने की दीवार ढह चुकी थी। परिवार एक कमरे में सिमटा था। बारिश सबके लिए उम्मीद लेकर नहीं आती। कुछ पुरानी दरारों को खोलकर उघाड़ भी देती है। जर्जर ढाँचों को ढहा भी देती है।

लालजी ठाकोर मेरे लिए कच्छी तहज़ीब का पहला झरोखा हैं। उस्मान अली नोतियार मेरे लिए कच्छ की रूहानियत का खुला दरवाज़ा। दोनों इस बार जैसे मिले, कभी नहीं मिले थे। इन दोनों के बीच भले चार सौ किलोमीटर का फ़ासला है, लेकिन तासीर में कोई फ़र्क़ नहीं है। इसे कच्छी तासीर कहते हैं।

इस बारिश ने कुछ नये मकान खड़े किए होंगे तो कुछ पुराने कमज़ोर मकानों को गिराया भी होगा। इस धरती पर तीन साल बाद गिरी मूसलाधार बारिश ने केवल पहाड़ों को नहीं बदला था। आदमी ने भी रंग बदला था। कच्छ मेरे क़रीब जितना इस बार था, उतना कभी नहीं रहा। बारिश होती ही ऐसी है। उस्मान चचा के शब्दों में कहें तो, यह आदमी को यहूदी बना देती है और यहूदी को आदमी।

वबा के बाद

अन्तिम महाराव

मौत आ जाए वबा में ये अलग बात मगर
हम तिरे हिज्र में नाग़ा तो नहीं कर सकते
—साबिर आफ़ाक़

पिछली बारिश में बस कुछ मकान ढह गए थे। अबके आई वबा ने घर के घर तोड़ दिए। बारिश आदमी को यहूदी बना देती है, उस्मान भाई ने कहा था। वबा दोनों में फ़र्क़ नहीं बरतती। सबकी जान लेती है। बराबर।

कच्छ का जो हरापन 2019 के भादों में हमने देखा था, उसमें कमी तो नहीं आई थी। बारिश ख़ूब हुई है इस बार भी। काला डूंगर फिर से हरा दिखता है। बस, रवायतें बदल गई हैं। एक के बाद एक आई महामारी की दो लहरों ने चुपके से उन परम्पराओं और रस्मों को बदल डाला है जिनमें इस धरती की रूह बसती थी। मसलन, काला डूंगर के ऊपर दत्तात्रेय के मन्दिर में अब सियार नहीं आते। भुज से बाहर निकलते ही मोरों की जगह डैने फैलाए पवनचक्कियाँ दिखती हैं। काले लिबास में लिपटी ख़ूबसूरत रबारी औरतों के चेहरे पर रंगीन मास्क उग आए हैं। सबसे बड़ा बदलाव कच्छ के राजघराने में हुआ है। अब कच्छ का कोई राजा नहीं बचा। हज़ार साल पुराने जडेजा वंश के महाराव की परम्परा अबकी ख़त्म हो गई।

कोरोना की दूसरी लहर की चपेट से महाराव प्रागमल जी नहीं बच सके। महारानी प्रीति देवी किसी तरह बच गई हैं। दोनों को मई में संक्रमण हुआ था। महाराव के निधन की ख़बर दिल्ली में हमें अख़बारों से मिली थी। साथ में ये भी ख़बर आई कि एक नये महाराव हनवन्तसिंह का अभिषेक (तिलक विधि) किया

गया है। चूँकि राजघरानों में ऐसी रस्में आम हैं तो इस पर सोचने की ज़रूरत मुझे महसूस नहीं हुई। कच्छ जाने की भी कोई ख़ास योजना जैसी नहीं थी, लेकिन अगस्त 2021 में धोलावीरा को यूनेस्को के विश्व विरासत स्थलों में जगह मिलने की ख़बर ने ख़ुद-ब-ख़ुद टिकट कटा दिया। मामला एक पंथ दो काज जैसा हो गया। ज़ाहिर है, पहला काज धोलावीरा ही था।

दरअसल, चार साल पहले धोलावीरा का एक अध्याय मैं अधूरा छोड़कर आ गया था। उस शख़्स से मिलना बाक़ी था जिसे धोलावीरा के लोग वहाँ हड़प्पाकालीन अवशेषों का पहला निशानदेह मानते हैं। शम्भूदान गढ़वी, पुरातत्त्व विभाग का वह चतुर्थ श्रेणी कारिंदा, जिसका नाम इतिहास तो क्या वर्तमान के फुटनोट में भी कहीं नहीं पाया जाता। दुनिया ने धोलावीरा को तो मान्यता दे दी थी, लेकिन गढ़वी जी इस भव्य विमर्श में कहीं नहीं थे। शायद वे भुज में कहीं होंगे अपने बेटे के यहाँ, बशर्ते बच रहे हों।

ऐतिहासिक ज़िम्मेदारी के बोध से प्रेरित मैंने दलपत जी को फ़ोन लगाया। उनसे गढ़वी जी का हालचाल लिया। वे दुरुस्त थे। दलपत जी को मैंने सूचना दी अपने आने की। उत्साहित होकर वे फ़ोन पर बोल उठे, "वेलकम बैक टु कच्छ।" अपना रूट प्लान और ठहरने का ठिकाना उन्हें बताया। उस्मान भाई और लियाक़त को भी फ़ोन करके बता दिया कि हम आ रहे हैं। हवा में वबा का असर अब भी था। हमने टीका भी नहीं लगवाया था, लेकिन हिज्र में नाग़ा करना गवारा नहीं था। सो सितम्बर के दूसरे हफ़्ते में हम निकल पड़े—हम यानी मैं, अंकुर और नित्यानंद। नित्यानंद पहली बार कच्छ जा रहे थे। अंकुर तो पुराने हमराह हैं।

ट्रेन वही पुरानी थी, लेकिन इस बार यात्रा का रूट अलग रहा। दिल्ली से न तो भुज, न अहमदाबाद, बल्कि सीधे सामख्याली। तकनीकी रूप से सामख्याली को ही कच्छ का प्रवेशद्वार माना जाता है, हालाँकि हम इससे पहले हमेशा भुज या गांधीधाम या अहमदाबाद से ही यहाँ आए थे। अबकी योजना सामख्याली से रापर होते हुए धोलावीरा जाने की थी। साधन सार्वजनिक परिवहन, समय चाहे जितना भी लगे। वापसी में भुज आने का तय था, जहाँ गढ़वी जी से हमें मिलना था और राजघराने की भी सुध लेनी थी।

अब, धोलावीरा तो एक पूरी दुनिया ही है, कटी हुई राज समाज से। सो, वहाँ खँडहरों और फ़ॉसिल के अलावा आदमी का क्या ही पता लगना। राजघराने में

आए बदलाव तो दूर की कौड़ी हैं वहाँ के लिए, जहाँ से ज़िला मुख्यालय भुज की दूरी ही दो सौ किलोमीटर से ज़्यादा है। वो तो भुज पहुँचकर पता चला कि दिल्ली में छपी नये महाराव के तिलक की ख़बर विवादों में घिर चुकी है। ऐसा कुछ भी नहीं था। वाक़ई, कच्छ का अब कोई राजा नहीं बचा था।

भुज में हमेशा की तरह हमारा पहला ठिकाना था प्रागमहल। परिसर में घुसते ही सामने भुज आरकाइव्स का दरवाज़ा हमने खोला तो दलपत जी दिख गए। वे हमारे इन्तज़ार में ही थे। वहीं एक और सम्भ्रान्त सज्जन बैठकर कुछ पढ़ रहे थे। दलपत जी ने परिचय करवाया। वे देवपर के ठाकुर कृतार्थसिंह जडेजा थे—उन तीन व्यक्तियों में से एक, जिन्हें दिवंगत महाराव अपनी वसीयत में अपना उत्तराधिकारी बनाकर गए हैं। दलपत जी ने बताया कि महाराव अपनी वसीयत में साफ़ लिखकर गए हैं कि आज के वक़्त में राजा का कोई मायने नहीं रह गया है इसलिए उनके बाद महाराव बनाने की परम्परा समाप्त हो जानी चाहिए। उन्होंने अपनी रियासत और जायदाद आदि की देखभाल के लिए तीन व्यक्तियों को नामित किया है।

महाराव ने अपनी वसीयत 31 अगस्त, 2016 को ही लिख दी थी। इसमें उन्होंने नलिया के ठाकुर कुँवर इन्द्रजीत सिंह जडेजा, देवपर के ठाकुर कृतार्थसिंह जडेजा और तेरा के ठाकुर मयूरध्वजसिंह जडेजा को समान प्रतिनिधि नामित किया था। ये तीनों ही प्रतिनिधि वसीयतनामे के मुताबिक़ सभी परम्परागत धार्मिक कृत्य और सार्वजनिक व सामाजिक कर्तव्यों को निभाते रहेंगे, जैसा प्रागमल जी महाराव की पदवी पर रहते हुए कच्छ में करते आए थे। इस वसीयत की सार्वजनिक घोषणा महारानी प्रीतिदेवी ने महाराव के निधन के बाद 5 जून, 2021 को अपने वकील एडवोकेट भरतमणि भाई ढोलकिया और एडवोकेट देवेन्द्रसिंह जडेजा के मार्फत की। इस घोषणा की प्रति दलपत जी ने जब हमें उपलब्ध कराई, तब जाकर अख़बारी भ्रम टूटा।

दलपत जी से हमने पूछा कि ये नये महाराव के तिलक वाली जो ख़बर और तस्वीरें आई थीं उसका क्या मामला है। उन्होंने बड़े संक्षेप में बताया कि जैसे फ़िल्मों में होता है, कोई बाहरी खलनायक परिवार में घुस जाता है और गड़बड़ कर देता है, वही हुआ। महाराव के छोटे भाई के सम्पर्क में कोई बाहरी व्यक्ति आ गया। उसके प्रभाव में वे आ गए। दरअसल, महारानी द्वारा की गई सार्वजनिक घोषणा के

अगले ही दिन 6 जून, 2021 को दिवंगत महाराव प्रागमल के छोटे भाई हनवन्तसिंह जडेजा ने शरदबाग़ पैलेस में आयोजित तिलक विधि से ख़ुद को राजकुल का मोभी यानी मुखिया घोषित कर दिया था। इस पर क़ानूनी विवाद छिड़ गया। मामला भुज की अदालत में गया जहाँ सितम्बर में महाराव की वसीयत के अनुसार महारानी प्रीतिदेवी को परिवार का मुखिया मानते हुए अदालत ने हनवन्तसिंह जडेजा की इस दलील पर आश्चर्य ज़ाहिर किया कि एक महिला राजकुल के धार्मिक और परम्परागत कृत्यों को अंजाम नहीं दे सकती।

मतलब जिस दिन हम भुज में थे, मोभी पर खड़ा हुआ विवाद निपट चुका था। आरकाइव्स में बैठे कृतार्थसिंह जडेजा बड़े ध्यान से कोई किताब पढ़ रहे थे। बातचीत में वे भले आदमी लगे। भुज आरकाइव्स के उस छोटे से स्पेस में आए बदलाव बता रहे थे कि वे पढ़ने-लिखने के शौक़ीन भी हैं। प्रागमहल की देखरेख का ज़िम्मा उन्हीं के पास है। दलपत जी ने बताया कि जब से इनके ज़िम्मे कामकाज आया है, इनका यहाँ आना बढ़ गया है। वे देवपर में रहते हैं और बच्चों का एक स्कूल चलाते हैं। अब चूँकि इन्होंने महल में दिलचस्पी लेना शुरू किया है तो उसका असर काग़ज़ात के रखरखाव, साफ़-सफ़ाई और नये प्रयोगों पर भी दिख रहा था।

आज से दो साल पहले तक यह कमरा अँधेरा कूप होता था जिसमें दलपत जी पुराने काग़ज़ों और जीवाश्मों के बीच प्रेत की तरह अकेले मँडराते रहते थे। अब यहाँ पर्याप्त रोशनी थी, उस पार के झरोखे से ख़ूब हवा आ रही थी और हर एक चीज़ क़रीने से रखी थी, जैसा किसी आरकाइव या लाइब्रेरी में होनी चाहिए। कृतार्थसिंह जी को बाहर वाले कमरे में एकान्त में छोड़कर हम भीतर वाले कमरे में बैठे। दलपत जी पहले से काफ़ी स्वस्थ और ख़ुश लग रहे थे। उनकी इस तन्दुरुस्ती के पीछे का दुख हम नहीं देख पाए।

कोरोनाकाल के अनुभवों पर बातचीत के बीच उन्होंने बताया कि 14 दिसम्बर, 2020 को उनकी पत्नी नहीं रहीं। कह रहे थे कि पत्नी को बहुत डर लगता था। जिसे ज़्यादा डर लगता है भगवान उसे पहले उठा लेता है। बड़ी सहजता से यह कहते हुए उन्होंने लोगों का दुख और महामारी का आतंक बयान किया। हमने बुज़ुर्ग इतिहासकार दिलीप भाई वैद्य के बारे में पूछा। पता चला कि उन्हें भी कोरोना हुआ था, लेकिन अब ठीक हैं। ऐसे ही कुछ और लोगों के बारे में हमने दरयाफ़्त की। सब कुशल थे, सुनकर अच्छा लगा।

आसपास नज़र दौड़ाई। कुछ प्रदर्शनीनुमा माहौल था। सामने बोर्ड पर धोलावीरा की हड़प्पाकालीन स्क्रिप्ट लिखी हुई थी। दलपत जी ने बताया कि कच्छ की कला-संस्कृति पर दो प्रदर्शनियों की योजना है। बच्चों के बीच कच्छ के इतिहास और संस्कृति को ले जाने के लिए कुछ कार्यक्रम चलाए जाने हैं। उसी की तैयारी है। ज़ाहिर है, बातचीत धोलावीरा पर आ गई। उन्होंने बताया कि इसका तो यहाँ सबको इन्तज़ार ही था। सबको यूनेस्को वाली ख़बर से आनन्द आया है। लोग अब सोच रहे हैं कि शायद इसी बहाने खड़ीर बेट का विकास हो जाए।

वाक़ई? रण के बीचोबीच स्थित खड़ीर और उसके आख़िरी गाँव धोलावीरा में ऐसा कौन सा आदमी है भला जिसे यूनेस्को की मान्यता के बहाने विकास का इन्तज़ार था? मैंने दिमाग़ पर ज़ोर डाला। बीते तीन दिन के दौरान धोलावीरा में मिले एक-एक शख़्स से हुई बातचीत को याद किया तो दो दिन पहले धोलावीरा की चौपाल पर नीम के नीचे उछला एक कटाक्ष याद आया, "लो, आ गई हमारी फ़्लाइट!" सामने सवारियों से लदी एक मिनी बस धूल उड़ाती हुई रापर से चली आ रही थी। मेरे बग़ल में बैठे बुज़ुर्ग शम्भूदान गढ़वी हवा में डायलॉग उछालकर यूनेस्को और विकास पर मुस्करा रहे थे।

संयोग देखिए, कि जिनसे हम भुज में मिलने की राह देख रहे थे वो गढ़वी जी अपने पुश्तैनी गाँव धोलावीरा में पाए जा रहे थे। यानी असल काम तो धोलावीरा पहुँचते ही पूरा हो जाना था! संयोग इतना ही होता तो भी हमारे लिए पर्याप्त था, लेकिन क़ुदरत तो अपने भीतर कुछ और ही इत्तेफ़ाक़ समेटे हुए थी। जैसे रेगिस्तान में बरसों भटकते किसी को पानी दिख जाए...

पीछे चलते हैं।

खड़ीर में फ्लेमिंगो

सामख्याली से एक सवारी जीप में बैठकर हम दोपहर 12 बजे के आसपास रापर पहुँचे। रापर से धोलावीरा की सरकारी बस शाम पाँच बजे थी। सामने एक मिनी बस खड़ी थी, लेकिन उसके पूरा भरकर चलने में एक घंटा बाक़ी था। ज़बरदस्त

धूप, उमस और गर्मी में हमने घंटे भर सीट छेंककर पसीना बहाया तब कहीं जाकर 'फ़्लाइट' की खिड़की से हवा का पहला झोंका देह से लगा। मेरे बग़ल में बैठे बड़ी मूँछों वाले एक सज्जन लगातार मुझे पसीना छोड़ता देख मुस्कुरा रहे थे। मैंने मुस्कुराहट का सबब पूछा। पता चला वे धोलावीरा के अमर सिंह हैं। अपने लड़के का नाम लिखवाने के लिए दो दिन से रापर के सरकारी स्कूल के चक्कर लगा रहे हैं।

धोलावीरा में हमें एक धर्मार्थ स्कूल के गेस्ट हाउस में रुकना था। अमर सिंह ने बताया कि उनका लड़का वहीं से हाईस्कूल पढ़कर निकला है। भरोसा हुआ कि स्कूल आते ही वे हमें चेता देंगे। वरना धोलावीरा में कहाँ उतरना है और कहाँ तक जाना है, दस साल पहले आधी रात हुआ इसका भयावह अनुभव अब तक मेरे ज़ेहन में था।

हम तीनों उस बस में अजायबघर से भागे हुए जीव की तरह थे। तक़रीबन सभी एक-दूसरे को जानते थे, सिवाय हमारे। बस चली तो थोड़ी देर बाद अमर सिंह ने एक महिला के लिए सीट ख़ाली कर दी। वे भी एक-दूसरे को जानते थे। महिला के पति मेरे दाईं ओर की सीट पर बैठे थे। बातचीत से पता चला कि वे स्टेट रिजर्व पुलिस में भचाऊ तैनात हैं। परिचय के दौरान उनके चेहरे पर एक अनमना-सा भाव था, हल्का ग़ुस्सा और क्षोभ जैसा कुछ। यह विशुद्ध पुलिसिया भाव नहीं था। वे दरअसल अपनी पत्नी की बीमारी से परेशान थे। भुज से आ रहे थे। दूसरी बार। थोड़ा-सा छेड़ने पर उनके वलवले उभर आए और विकास को वे गाली देने लगे।

धोलावीरा और भुज के बीच आवाजाही का एक ही रास्ता है। रापर होकर आना-जाना पड़ता है। रापर ही धोलावीरा वालों के लिए पहला बाज़ार भी है। इस बाज़ार तक पहुँचने की क़ीमत है तीन घंटे और साठ रुपए। गिनती की दो बसें हैं और दूरी 90 किलोमीटर। इसका मतलब है कि अगर आपको खड़ीर के किसी भी गाँव से बाज़ार करने रापर जाना है तो मानिए कि पूरा दिन चला जाएगा। बाज़ार ही नहीं, सब्ज़ी-फल, एटीएम से लेकर अस्पताल और सेकंडरी स्कूल तक सब कुछ रापर में है। बीच में नब्बे किलोमीटर नमक की ज़मीन का खल्वाट। दो सम्पर्क मार्ग बरसों से बन रहे हैं। एक सीधा धोलावीरा से भचाऊ और दूसरा धोलावीरा से खावड़ा। खावड़ा वाले रास्ते पर अभी मिट्टी है लेकिन मोटरसाइकिल से लोग

आते-जाते हैं। फ़िलहाल हफ़्ते भर हुई बारिश में ये रास्ता बेकार हो चुका है। भचाऊ वाले रास्ते को लेकर इन सज्जन को शिकायत थी।

बता रहे थे कि रापर के व्यापारी नहीं चाहते कि वो रास्ता बने। इससे उनका एकमुश्त व्यापार चला जाएगा। इसीलिए हर बार उम्मीद जगती है और डूब जाती है। व्यापारियों को राजनीतिक संरक्षण प्राप्त है। जनता की कोई नहीं सोचता। बात राजनीति पर आई तो उनका लहज़ा तल्ख़ और चेहरा सुर्ख़ हो गया। एक सुर में वे नेताओं को गाली देने लगे। बस रण के बीच में थी और बाईं ओर पानी की मोटी पाइप लाइन दिख रही थी। उधर ही इशारा करते हुए उन्होंने बताया कि नर्मदा नहर का पानी धोलावीरा पहुँचाने के लिए ये लाइन डाली गई थी बरसों पहले। पानी आज तक नहीं आया। आज भी वे लोग नमक का पानी छानकर पीते हैं।

लेकिन अब तो काम होगा? धोलावीरा विश्व विरासत स्थल बन चुका है? इस सवाल पर अग़ल-बग़ल बैठे लोग हँसने लगे। सिपाही जी बोले, "कुछ नहीं होगा। ये सब राजनीतिक लोगों के स्टंट हैं। विदेशियों को मिट्टी का टीला दिखाकर पैसा कमाएगी सरकार। जनता भूखे मरेगी।"

"मिट्टी का टीला?"

और क्या रखा है वहाँ पर? सामने खड़े अमर सिंह सिर हिला दिए। वे लगातार इस बातचीत पर मुस्कुरा रहे थे। बाक़ी सवारियाँ जाने कहाँ आकाश में देख रही थीं, बशर्ते ठसाठस भरी हुई बस की पिछली सीटों से आकाश दिख रहा होता। पास में एक बेहद बुज़ुर्ग जोड़ा बैठा था। दो घंटे से वे एक ही मुद्रा में थे। बिलकुल सामने देख रहे थे। चेहरे पर कोई भाव नहीं था। बस कुछेक नौजवान लड़कियाँ थीं जो गेट के पास चहचहा रही थीं।

आधा धोलावीरा तो इस सफ़र में ही समझ आ गया था। हमारे उतरने तक सब शान्त ही बैठे रहे। अमर सिंह ने अगले दिन गाँव में मुलाक़ात की बात कहकर सामान बाँधने को कहा। एक आवाज़ पर गाड़ी रुक गई। दाएँ हाथ फ्लेमिंगो गेस्ट हाउस था। लड़के और लड़कियों के दो धर्मार्थ स्कूलों का एक हिस्सा, जिसे आरती केमिकल्स नाम की कम्पनी यहाँ अपनी सामाजिक ज़िम्मेदारी (सीएसआर) के तहत चलाती है। पूरे खड़ीर में रुकने की तीन-चार जगहों में सबसे सस्ता यही था, सो हमने फ़ोन पर ही बुकिंग करा ली थी। किसी मोहन भाई से बात हुई थी। हम गेट के भीतर घुसे तो मोहन भाई के ही साक्षात् दर्शन हुए। दिन के तीन बज चुके थे

लेकिन मोहन भाई हमारा खाना बनाकर रखे हुए थे। थकान चौबीस घंटे से ज़्यादा की थी, लिहाज़ा उस वक़्त ज़्यादा बात नहीं हो पाई। रात के खाने पर हम इत्मीनान से बैठे। वहीं पहला संयोग खुला।

जैसे ही हमने बताया कि हम धोलावीरा को समझने आए हैं और भुज लौटकर शम्भूदान गढ़वी से मिलने वाले हैं, तपाक से उन्होंने बताया कि वे तो यहीं हैं। अपने बड़े बेटे के घर पर। छूटते ही उन्होंने गढ़वी जी के बेटे को फ़ोन लगाकर कल की मुलाक़ात भी तय करवा दी। हम चाहते थे कि गढ़वी जी के साथ ही पुरातात्त्विक स्थल पर जाएँ और सीधा उन्हीं से समझें, लेकिन उम्र और घुटनों की दिक़्क़त के चलते वे इसके लिए तैयार नहीं हुए। सो हमने तय किया कि पहले फ़ॉसिल पार्क जाएँगे, फिर उनसे मिलने वापस आएँगे। हमारा गेस्ट हाउस धोलावीरा से कोई बीसेक किलोमीटर पहले था। अब संकट यहाँ से वहाँ जाने का था। इसका भी इन्तज़ाम मोहन भाई ने फ़ोन पर कर दिया।

अगली सुबह पास के एक गाँव से एक सज्जन अपनी कार लेकर आ गए। रास्ते में गाँव दर गाँव छोड़ते हुए आख़िरी गाँव धोलावीरा तक पहुँचने का अनुभव उस अंग्रेज़ी फ़िल्म की तरह था जिसमें दुनिया ख़त्म हो जाती है और चार लोग सन्नाटे में सपाट धरती पर भाग रहे होते हैं। रास्ते में बड़ी सींगों वाली गायों के झुंड के अलावा कुछ नहीं पड़ा। जैसे ही हम धोलावीरा में घुसे, हमारे सारथी ने सामने से आते एक बुज़ुर्ग की तरफ़ इशारा किया—'यही हैं शम्भूदान गढ़वी।'

देह पर ढीली सफ़ेद बनियान, सिर पर टोपी, आँख पर चश्मा, कान में सुनने वाली मशीन और कन्धे पर गमछा। उम्र कोई सत्तर के आसपास। वे हमारी गाड़ी को ऐसे देख रहे थे, जैसे पहचान रहे हों। पहले यहीं रुकें या म्यूज़ियम होकर आवें? दस सेकंड में ये तय करना था। रुक जाते तो घंटों बातचीत के बाद खड़ी दोपहरी फ़ॉसिल पार्क में जाना बहुत कष्टदायी हो जाता। ड्राइवर साहब ने सुझाया कि ये तो यहीं पेड़ के नीचे पड़े रहते हैं, कभी भी मिल जाएँगे। पहले पार्क होकर आते हैं। वहाँ जाना इसलिए ज़रूरी था क्योंकि धोलावीरा की पिछली तीनों यात्राओं में मैं फ़ॉसिल पार्क तक नहीं जा सका था। उसने गढ़वी जी को कुछ इशारा किया और स्थानीय बोली में कुछ बोलते हुए गाड़ी आगे बढ़ा ली।

फ़ैसला सही था। फ़ॉसिल पार्क के बाहर गाड़ी खड़ी करके रण तक नीचे पैदल जाने और वापस आने में देह का सारा मसाला चुक गया था। वापसी में हम

धोलावीरा आए और नीम के नीचे गढ़वी जी के साथ जो सत्संग चला तो दो घंटा कब बीत गया इसका अन्दाज़ा ही नहीं हुआ।

कोटड़ा टिम्बो के चौकीदार

धोलावीरा में सिन्धु घाटी सभ्यता के अवशेष मिलने की जो कहानी है, उसके दो मुख्य सरकारी किरदार हैं—जगतपति जोशी और रवींद्र सिंह बिष्ट। दोनों ही भारतीय पुरातत्त्व सर्वेक्षण के बड़े अधिकारी थे जो दिल्ली में बैठते थे। जोशी जी तो काफ़ी पहले दिवंगत हो गए। पद्मश्री से सम्मानित बिष्ट जी से मिलना मेरे लिए वैसे ही इत्तेफ़ाक़ रहा जैसे गढ़वी जी से मुलाक़ात। कई लोगों से उनका पता-ठिकाना पूछा, फिर इंटरनेट पर खोजते-खोजते पता चला कि बिष्ट जी तो ग़ाज़ियाबाद में मेरे पड़ोसी हैं। बीती दीवाली के दूसरे दिन उनसे लम्बा साक्षात्कार हुआ। बातचीत में एक और अधिकारी का नाम अकसर आता है, रावत जी। वे भी पुरातत्त्व विभाग के ही अधिकारी थे और धोलावीरा के उत्खनन का हिस्सा रहे।

शम्भूदान गढ़वी की ही तरह दो और किरदार हैं जिनका नाम धोलावीरा के लिखित इतिहास में कहीं नहीं आता—भुज के बुज़ुर्ग इतिहासकार दिलीप भाई वैद्य और राजकोट में रह रहे पुरातत्त्व विभाग के पूर्व अधिकारी यूनुस भाई चितलवाड़ा। वैद्य जी के साथ तो भुज में लम्बी बैठकी हुई ही थी, उनके माध्यम से चितलवाड़ा जी से भी फ़ोन पर बात हो गई। इस तरह धोलावीरा के अन्वेषण से जुड़े सभी जीवित किरदारों से उनकी कहानियाँ हमने सुनी हैं। सबके अपने-अपने पक्ष और आग्रह हैं, लेकिन कुछ बातें समान रूप से निकलकर आती हैं जिन पर बात करना ज़रूरी है।

पहली बात और सबसे अहम बात ये है कि जिस पुरातात्त्विक स्थल को यूनेस्को ने विश्व विरासत स्थल का दरजा दिया है, उसे किसी ने 'खोजा' नहीं है। इस बात पर सभी अपने-अपने तरीक़े से सहमत हैं, हालाँकि इस 'खोजने' में कई अर्थच्छवियाँ छुपी हैं। मसलन, आधिकारिक रूप से इस स्थल को 1965 से 1967 के बीच 'खोजने' का श्रेय जगतपति जोशी को जाता है। बिष्ट जी के मुताबिक़ जोशी जी ने ऐसे 60 पुरातात्त्विक स्थल कच्छ में खोजे थे। वे बताते हैं कि जोशी जी तब

अफ़सर हुआ करते थे विभाग में और कालीबंगा के उत्खनन में शामिल थे। उस वक़्त बिष्ट जी वहाँ प्रशिक्षु थे। जोशी जी लोथल में भी काम कर चुके थे। उन्हें हड़प्पाकालीन साक्ष्यों की पहचान पर्याप्त थी। बिष्ट जी साफ़ कहते हैं कि टिम्बा तो वहाँ था ही, लेकिन जंगल में मोर नाचा किसने देखा? कोई पहचानने वाला तो होना चाहिए। जोशी जी ने सबसे पहले उसका महत्त्व पहचाना।

दिलीप भाई वैद्य मानते हैं कि साइट बहुत साफ़ थी, कुछ भी खोजे जाने जैसा वहाँ नहीं था। जोशी जी ने 1967 में उसे आधिकारिक रूप से बस भविष्य में खुदाई के लिए दर्ज कर लिया था। गढ़वी जी ख़ुद पीढ़ियों से धोलावीरा में रहते आए हैं। उनका कहना है कि उनके बाप-दादा से लेकर तमाम पीढ़ियाँ ये जानती थीं कि यहाँ 'कुछ' तो है। ऐसा कुछ भी नया नहीं है जिसे खोजा गया या जो अपने आप प्रकट हो गया हो।

यहाँ जो 'कुछ' भी था, उसे खड़ीर बेट के लोग परम्परागत रूप से 'कोटड़ा टिम्बा' के नाम से जानते हैं। उत्खनन स्थल का नाम धोलावीरा कभी नहीं था। धोलावीरा तो बेट के आख़िरी गाँव का नाम था जिसके बाद कोटड़ा टिम्बा पड़ता है। गढ़वी बताते हैं कि पुरातत्त्व सर्वेक्षण वालों ने कोटड़ा टिम्बा का नाम बदलकर धोलावीरा कर दिया। वे बताते हैं कि इसे स्थानीय बोली में 'कोटड़ा टिम्बो' कहने की प्रथा रही है। बचपन में उनके स्कूल के मास्टर वहाँ ले जाया करते थे। जब कभी बारिश आती तो वहाँ की धरती पुराने मृद्‌भांड से लेकर मुहरें और गहने तक तमाम चीज़ें उगल देती थी। इसलिए लोगों को हमेशा से पता था कि इस ज़मीन के नीचे कुछ बहुमूल्य दबा हुआ है।

कोटड़ा टिम्बो के इर्द-गिर्द प्रचलित मिथकीय कहानियाँ दिलचस्प हैं। इस सन्दर्भ में एक बार फिर नाथ सम्प्रदाय के योगी गुरु धोरमनाथ का नाम सामने आता है और उनकी सूक्ति 'पट्टन सो डट्टन—माया सब मिट्टी' की याद दिलाते हुए गढ़वी जी बताते हैं कि उनके शाप से ही यह धरती ऐसी है। एक और मिथक सिन्धी लोककथा के पात्र मूमल-सूमल से जुड़ता है। इस मिथक के तार सिन्ध से लेकर जैसलमेर तक फैले हुए हैं। राजस्थान में इसे मूमल-महेन्द्र की प्रेमकथा के रूप में जानते हैं तो सिन्ध में 'शाहजी रिसालो' में इसका ज़िक्र मूमल-रानो की प्रेमकथा के रूप में आता है। तीसरा मिथक यह है कि धोलावीरा राजा धनानंद का गाँव था जो समुंदर में डूब गया। इस बारे में बहुत जानकारी नहीं मिलती।

गढ़वी जी अपने गाँव धोलावीरा का अर्थ बताते हैं, सफ़ेद कुआँ। धोला का अर्थ है सफ़ेद और विरो यहाँ कुएँ को कहते हैं। धोलावीरा के लोगों को लगातार यहाँ की मिट्टी में कुछ न कुछ बरामद होता रहा, लेकिन इसका महत्त्व बताने वाला उन्हें कोई नहीं था। गढ़वी कहते हैं, "मुझे हमेशा से लगता था कि इस ज़मीन के नीचे कुछ तो है। मैंने किसानों से कह रखा था कि उन्हें कुछ भी मिले तो उसे फेंकें नहीं, मुझे दिखाएँ। मैं उन्हें इसके लिए पाँच-दस रुपए भी दे देता था। यहीं मुझे एक दिन एक ठीकरो मिला।"

ठीकरो मतलब मुहर या सील। एक सींग वाले बैलनुमा जीव यानी यूनिकॉर्न की सील। यह सील देखकर गढ़वी जी को स्कूल की किताबों में पढ़े सिन्धु घाटी सभ्यता के चिह्नों की याद आई। ये बात कब की है, उन्हें ठीक-ठीक साल की याद नहीं। शायद सत्तर के दशक की शुरुआत रही होगी। उन्होंने अपने गाँव के सरपंच वेलूभाई सोढ़ा को इसकी जानकारी दी। सरपंच जी सील लेकर इस अन्दाज़े से भुज के म्यूज़ियम चले गए कि ऐसी चीज़ें इसी विभाग की होनी चाहिए। म्यूज़ियम में दिलीप भाई वैद्य उस वक़्त चीफ़ क्यूरेटर हुआ करते थे। वैद्य जी बताते हैं कि भुज म्यूज़ियम उस वक़्त पुरातत्त्व विभाग के मातहत नहीं था। कच्छ में उस समय पुरातत्त्व सर्वेक्षण का कोई दफ़्तर भी नहीं होता था। कच्छ तब एएसआई के राजकोट सर्किल में आता था। अपनी सहज बुद्धि से सरपंच सील लेकर म्यूज़ियम में उनके पास आए थे।

नाम पूछे जाने पर आरएस बिष्ट भी गढ़वी जी और उन्हें मिली सील की घटना को सही बताते हैं। इस घटना की पुष्टि वैद्य जी ख़ुद करते हैं, लेकिन सील की खोज को वे धोलावीरा में उत्खनन का कारण मानने से इनकार करते हैं। वैद्य जी ने देखते ही उस सील का महत्त्व समझा। वे बताते हैं कि इससे पहले भी ऐसी ही एक सील नखतराणा के एक सरकारी स्कूल मास्टर उनके पास लेकर आए थे। उनका नाम है नारायण जोशी 'कारायल', जिन्हें कच्छी भाषा के प्रचार-प्रसार और संरक्षण के लिए पद्मश्री मिल चुका है।

सील मिलते ही वैद्य जी ने एक डेंटिस्ट डॉक्टर पांधी (दिवंगत) से उसकी प्रतिकृतियाँ बनवाईं। हमने अचरज जताया कि एक डेंटिस्ट कैसे हड़प्पाकालीन सील की प्रतिकृति बना सकता है। वैद्य जी हँसते हुए कहते हैं कि उस वक़्त सभी लोगों के मन में यही सवाल था कि ऐसा कैसे हो सकता है, लेकिन उस डॉक्टर

ने वाक़ई ऐसा किया था। वे बताते हैं कि इसके बाद उन्होंने पुरातत्त्व विभाग को इस सील की सूचना दी और इसकी प्रतिकृतियाँ स्कूलों में शिक्षण के लिए बँटवाईं। अस्सी पार हो चुके कृशकाय वैद्य जी दिमाग़ पर ज़ोर डालते हुए इस घटना का वर्ष 1971 बताते हैं। गढ़वी जी ने भी सत्तर के दशक की बात कही थी। उससे पहले ही जगतपति जोशी पुरातत्त्व स्थल के रूप में आधिकारिक रूप से धोलावीरा को शामिल कर चुके थे।

इस कहानी में सबसे दिलचस्प बात ये रही कि गढ़वी जी को सील मिलने और पुरातत्त्व विभाग को वैद्य जी द्वारा सूचना दिए जाने के बाद भी लम्बे समय तक उत्खनन शुरू नहीं हो सका। वैद्य जी बताते हैं कि उन्होंने ख़ुद उत्खनन के लिए अपनी ओर से पुरातत्त्व विभाग को कहा था। उस वक़्त भुज में पुरातत्त्व का काम यूनुस भाई चितलवाड़ा देखते थे। वो चितलवाड़ा ही थे जिन्होंने भुज में पुरातत्त्व सर्वेक्षण का दफ़्तर खुलने के बाद गढ़वी को धोलावीरा की साइट पर चौकीदार की नौकरी दी थी। हमने चितलवाड़ा जी से फ़ोन पर बात की। उनके पास बहुत कुछ बताने को नहीं था क्योंकि वे 1980 में ही विभाग को छोड़कर जा चुके थे, जबकि खुदाई का काम इसके कोई दस साल बाद आरएस बिष्ट की अगुवाई में शुरू हो सका।

1967 में पुरातत्त्व स्थल के रूप में दर्ज किए जाने, 1971 में खुदाई की सिफ़ारिश किए जाने के कोई दो दशक बाद खुदाई का चालू होना अपने आप में चौंकाने वाली बात है। दिलीप भाई वैद्य बताते हैं कि अव्वल तो भुज में पुरातत्त्व विभाग का कोई दफ़्तर नहीं था। दूसरे, खुदाई के लिए बजट की समस्या बताई गई। राज्य के पुरातत्त्व विभाग ने केन्द्र सरकार से साफ़ कह दिया कि उसके पास उत्खनन के लिए संसाधन ही नहीं हैं।

बिष्ट जी भीतर की कहानी बताते हैं। उस वक़्त जगतपति जोशी की योजना कच्छ के छोटे पुरातत्त्व स्थलों को पहले खोदने की थी। उनका मानना था कि सुरकोटड़ा की खुदाई करके उसे थोड़ा जानने-समझने के बाद ही धोलावीरा में हाथ लगाया जाए। उनका कहना है कि उत्खनन शुरू होने में देरी का कारण मंजूरी मिलने में देरी नहीं थी, बल्कि जोशी जी का इरादा था कि मैं ही खोदूँगा, "इत्तेफ़ाक़ होता है कि नहीं हो पाता है कभी...'हज़ारों ख़्वाहिशें ऐसी कि हर ख़्वाहिश पे दम निकले...।'"

"कई बार वो होता है न कि *मैन प्रपोजेज़ गॉड डिस्पोजेज़...* नहीं मिला मौक़ा उन्हें...रिटायर होने के छह महीने पहले उन्होंने मुझे परमिशन दे ही दी...," कहते हुए आरएस बिष्ट हँस देते हैं।

ज़ाहिर है कि पुरातत्त्व विभाग के भीतर की कथा तो लोग नहीं जानेंगे। धोलावीरा के लोग या कहें पूरे खड़ीर बेट के लोग तो इसी बात पर गर्व करते हैं कि शम्भूदान गढ़वी को मिली सील ही उत्खनन का कारण बनी। हर आदमी उनका नाम जानता है और इसी वजह से जानता है। दिलचस्प विडम्बना है कि स्थानीय लोक में धोलावीरा के उत्खनन का श्रेय विभाग के चौकीदार को जाता है जबकि धोलावीरा के लिए पद्मश्री विभाग के मुखिया आरएस बिष्ट को मिलता है। इस बारे में बिष्ट जी से हमने खुलकर पूछा।

"जब जोशी जी एक्सप्लोरेशन कर रहे थे, तब गढ़वी छोटे थे। ये छोटे-छोटे बच्चे उनकी जीप के पीछे-पीछे भागते थे। इनको कुछ पता नहीं था। हुआ क्या कि हमारी खुदाई के कुछ साल पहले वहाँ एक बाँध बना रहे थे। लोअर टाउन में अब भी बाँध का कुछ हिस्सा बचा हुआ है। तभी इनको एक सील मिली।" इतना कहते हुए बिष्ट जी अन्दाज़े से इसे अस्सी के दशक की शुरुआत का समय बताते हैं। गढ़वी कुछ नहीं तो आज साठ पार होंगे। सत्तर के भी हो सकते हैं। इस लिहाज़ से अस्सी के दशक की शुरुआत में उनका बच्चा होना मेल नहीं खाता।

बिष्ट जी बताते हैं, "हमारी खुदाई से पाँच-छह साल पहले की ये बात है। अब उनको क्या पता। वे म्यूज़ियम में गए। इन्होंने वहाँ दे दी वो सील। तो इतना क्रेडिट है इनको...अब इन्होंने आ के कहा होगा हड़प्पा हड़प्पा हड़प्पा...अब लोगों को हड़प्पा क्या समझ आएगा। लेकिन इतना क्रेडिट जाता है उनको कि जितने दिन हम वहाँ रुके थे, ये 1984 की बात है और मुझे तब खुदाई की मंजूरी नहीं मिली थी, ये दिन भर हमारे साथ रहते थे। उस समय एक्सप्लोरेशन करके मैंने पूरे शहर का नक़्शा बनाया। तो मैं ये कहूँगा कि *ही इज़ ए फ्रेंड ऑफ़ आर्कियोलॉजी एंड सिंसियरली इंटरेस्टेड...*अब रेगुलर ट्रेनिंग नहीं है, नॉलेज नहीं है, लेकिन हमारे साथ खुदाई में भी बारह-तेरह साल सुबह से शाम तक घर-बार छोड़कर वहीं रहते थे। इसलिए क्रेडिट तो है।"

एक और बात थी। शम्भूदान गढ़वी ही अकेले थे जो हिन्दी जानते थे। बिष्ट जी बताते हैं कि उस समय वहाँ कोई व्यक्ति हिन्दी नहीं जानता था जिससे बातचीत की

जा सके। सब लोग कच्छी ही बोलते थे। वो भी अपने-अपने घर में, सबकी कच्छी अलग-अलग थी। बाहर वालों से हालाँकि सारे लोग गुजराती में ही बात करते थे।

धोलावीरा के उत्खनन में गढ़वी जी की भूमिका और श्रेय पर दिलीप भाई मुस्कराते हुए बहुत साफ़गोई से कहते हैं, "चाहूँ तो मैं भी इसका श्रेय ले सकता हूँ, ये कहकर कि मेरे कहने के बाद ही खुदाई चालू हुई, लेकिन ये ग़लत होगा। मैं तो संग्रहालय में बैठकर कुर्सी तोड़ रहा था और बैठे-बैठाए मुझे सील मिल गई। ये बात एक मिथ है कि सील मिलने के बाद खुदाई हुई। जगतपति जोशी ने बहुत पहले ही अन्वेषण शुरू कर दिया था और गढ़वी उस काम का हिस्सा शुरू से थे।"

जहाँ तक गढ़वी जी की बात है, वे ठेठ देसी लहजे में कहते हैं कि "मेरे को भगवान के अलावा अब किसी की परवाह नहीं है।" वाक़ई, अपने गाँव के नीम के नीचे बैठे गढ़वी किसी सिद्ध संत की तरह यहाँ-वहाँ उँगली दिखाते हुए जिस तरह विश्व विरासत के इर्द-गिर्द पसरी ग़रीबी, लाचारी और गन्दगी का नज़ारा दिखाते हैं, ऐसा लगता है कि इस धरती का भगवान ही मालिक है।

गोबर के देवता

"अच्छा है कि हमारा गाँव दुनिया की विरासत में शामिल हो गया है। हेरिटेज़ बनने के बाद इतने लोग यहाँ आ गए, आप म्यूज़ियम जाकर देखो कोई नहीं है वहाँ। जिसको हम कह सकें ज़िम्मेवार, कोई नहीं है। अभी वहाँ पानी भी नहीं है। हमारे गाँव में तो नहीं ही है। हमारे गुजराती में कहावत है कि अगर हम गोबर का देवता बनाते हैं तो उसके रतन की आँखें नहीं लगाते, ककड़ी की लगाते हैं। ऐसा हाल है यहाँ। म्यूज़ियम के हेड का मैं क्या कहूँ आपको, जो आदमी संडास साफ़ करता था, वो अभी क्यूरेटर बनकर बैठा है।"

हम गढ़वी जी से बात कर रहे थे और आसपास भीड़ जमा हो गई थी। उनके सबसे बड़े बेटे भी साथ थे और थोड़ी देर में छोटे वाले बेटे भी मोटरसाइकिल से आ गए। वे यहीं ख़ुफ़िया ब्यूरो में तैनात हैं। इसी बीच एक और मोटरसाइकिल आकर रुकी। गढ़वी जी ने परिचय कराया। वे म्यूज़ियम और साइट के सरकारी गाइड

थे। गढ़वी जी ने हमें घुमाने के लिए उनसे कह रखा था पहले से ही, लेकिन हम साइट पर नहीं गए। बातचीत के बीच में ही उन्होंने गाइड साहब से पूछा, "बताओ इनको, कौन-कौन है वहाँ?"

गाइड साहब मोटरसाइकिल पर बैठे-बैठे ही बोले, "दस सिक्योरिटी गार्ड और आठ कैजुअल लेबर। अधिकारी कोई नहीं है फ़िलहाल।"

"बताओ, मुझे समझ नहीं आता कि क्या हो गया है, कोई ज़िम्मेदार अधिकारी नहीं है यहाँ। एक समय था कि लोथल से यहाँ अधिकारी आते थे। अब विश्व हेरिटेज़ बन गया है तो देखने वाला एक आदमी नहीं।" इतना कहने के बाद गढ़वी जी अचानक तल्ख़ हो जाते हैं, "देखो, हम जिस जगह रह रहे हैं न, हमारे पूर्वजों का शाप है यहाँ। कोई हमको क्या दे सकता है? पानी तो है नहीं यहाँ, कैसे ले आएँगे। नीचे समुंदर है, बोरिंग कैसे होगा। हमारा एक-एक पत्थर फ़ॉसिल है। हम ग़रीब लोगों का कुछ नहीं होगा, सब अपनी क़िस्मत की खाएगा, हेरिटेज़ हो जाए चाहे कुछ हो।"

हमारे सामने धोलावीरा का पोस्ट ऑफ़िस है। नया-नया रँगा हुआ। बोर्ड भी नया लगा है—धोलावीरा पोस्ट ऑफ़िस। इसी पोस्ट ऑफ़िस में खुदाई के दौरान बिष्ट जी रुकते थे। उसे दिखाते हुए वे कहते हैं कि इसके भीतर पंखा नहीं है, इसका लड़का बाहर बैठकर काम करता है। हमारे ठीक पीछे लगी बेंच पर दिखाते हुए वे कहते हैं, "वो देखो, वहाँ बैठकर पैसा गिन रहा है। ये भी कल से ही शुरू हुआ है।" वे कहते हैं कि "हेरिटेज़ बनने का बस इतना फ़ायदा है कि यहाँ हम बैठे-बैठे गिनते रहते हैं कि कितनी गाड़ी गुज़री...दस गई, पन्द्रह गई..."

धोलावीरा गाँव में वाक़ई चारों तरफ़ गोबर ही गोबर है। हाँ, गाँव के मुख्य द्वार पर हड़प्पा की विशिष्ट आकृति वाले दो पत्थर दोनों ओर रखे हुए थे। ऐसे पत्थर पूरे गाँव में सजे मिल जाएँगे। वे कहते हैं, "हम लोग गोबर में रहते हैं न तो वे लोग इससे लीपापोती करके ढक देते हैं। हमारे गाँव में घूमकर देखो, पता चलेगा कि विकास पागल हो गया है।"

पीछे से गुजराती में कोई इसी बात को बोल देता है और सब हँस देते हैं।

बीस साल पहले आए भयावह भूकम्प के बाद धोलावीरा गाँव को भाजपा के नेता प्रमोद महाजन ने गोद लिया था। उसके बाद से नरेन्द्र मोदी दो-तीन बार यहाँ आए हैं। गढ़वी जी बताते हैं कि मोदी जी को यहाँ से थोड़ा-बहुत लगाव

है। इसीलिए हेरिटेज़ की इतनी कोशिश की गई। वे मोदी को इसका श्रेय देते हैं। गढ़वी जी से इतर, नौजवानों का इस बार भारतीय जनता पार्टी से मोहभंग होता दिख रहा है।

सुबह की सैर पर एक युवक मिला—कपिल। हाईस्कूल पास है। बेरोज़गार है। बिजली, पानी से लेकर तमाम समस्याएँ गिनवाने के बाद उसने आम आदमी पार्टी का नाम लिया। कपिल का कहना है कि इस बार लोग भाजपा को सबक सिखाने के मूड में हैं। पिछली बार मामला बनते-बनते रह गया था। ज़्यादातर युवा और अधेड़ मतदाता इस बात से सहमत हैं। हमारे ड्राइवर हों या मोहन भाई, दोनों का मानना है कि भाजपा के इतने लम्बे राज से लोग आजिज़ आ गए हैं। केवल ठेकेदारों और बनियों को फ़ायदा होता है इस सरकार में, जनता की हालत जस की तस रहती है।

इस सन्दर्भ में मोहन भाई अपने साथ घटी एक आश्चर्यजनक घटना बताते हैं। वे अपने खेत में काम कर रहे थे। तभी विधायक प्रतिनिधि का फ़ोन उनके मोबाइल पर आता है। उधर से वोट की गारंटी माँगी जाती है। मोहन भाई कहते हैं, "मैं काम में बिजी था। तो मैंने ग़ुस्से में ऐसे ही कह दिया कि इस बार किसी को वोट नहीं देना।" इसके बाद मोहन भाई घर लौटकर आए तो बिजली कटी हुई थी। मोहन भाई बताते हैं कि इस घटना को विधायक ने इतनी गम्भीरता से ले लिया कि वो उनके घर चला आया।

वे कहते हैं, "यहाँ इसी बात का डर है। आप इन्हें वोट न दो, इनके ख़िलाफ़ कहीं कुछ बोल दो तो बिजली-पानी की सप्लाई काट देंगे। तरह-तरह से परेशान करेंगे। अन्त में आप थक-हारकर चुप हो जाओगे। यही गुजरात मॉडल है। यही इतने लम्बे समय से यहाँ बीजेपी की जीत का राज़ है।"

पिछले दस साल से मैं कच्छ आ रहा हूँ। पहली बार इतना खुलकर लोगों को राजनीतिक बात करते हुए और ख़ासकर भाजपा के राज के ख़िलाफ़ बोलते सुना। इसी तरह धोलावीरा की यह मेरी चौथी यात्रा है। सामान्य जानकारियों के अलावा पुरातात्त्विक स्थल के बारे में तो अब बहुत कुछ इंटरनेट पर ही उपलब्ध है, लेकिन इस बार धोलावीरा की दो-तीन ख़ास बातें हमें जानने को मिलीं जो चौंकाने वाली थीं। उनमें एक तो गढ़वी जी ने ही हमें बताई, जो आज तक किसी गाइड ने नहीं बताई थी।

"यहाँ की खुदाई में ऊर्ध्वलिंगम शिव की एक सिरकटी प्रतिमा मिली थी। ये बात तुम्हें कोई नहीं बताएगा, धर्मनिरपेक्ष देश है न, सब गड़बड़ हो जाएगा इससे।"

इस बात पर हम थोड़ा विस्मित हुए। गढ़वी जी ने समझाया, "देखो, जैसे कृष्ण के मन्दिर में जाने वाला कृष्णपंथी होता है। राम का मन्दिर हो तो रामपंथी जाएँगे। हर पंथ का आदमी अपने पंथ के मन्दिर में जाता है। ये जो यहाँ का देवता है न, सभी का देव है। क्या हिन्दू, क्या मुस्लिम, सिन्धु घाटी का देवता सबका देवता है। सबसे पुराना है। हड़प्पा या मोहेंजो दारो से एक प्रतिमा मिली थी तो मुसलमान लोग इसे इस्लामिक सभ्यता बतलाने लगे। वो तो आराम से कह रहे हैं। हम लोग इंडिपेंडेंट नहीं हैं न तो खुलकर नहीं कह सकते। ये देश धर्मनिरपेक्ष है न, इसलिए ऊर्ध्वलिंगम शिव की प्रतिमा को छुपा लिया गया। किताबों में भी नहीं है। नेपाल में ऊर्ध्वलिंगम शिव का मन्दिर है, पता कर लो।"

गढ़वी जी का दावा था कि उन्होंने ख़ुद खुदाई में इस मूर्ति को देखा है लेकिन इस मूर्ति के बारे में कोई पुरातत्त्व का अधिकारी हाँ या ना में नहीं बोलेगा क्योंकि हमारी 'धर्मनिरपेक्षता टूट जाती है।' मूर्ति कहाँ है, इस पर उनका कहना था कि आर्कियोलॉजी विभाग के पास है। उस वक़्त ये सारी बात हँसी में आई और गई, लेकिन बाद में आरएस बिष्ट से हमने इस बारे में सवाल पूछा था। उन्होंने इस बात की पुष्टि की। बिष्ट जी ने इस बारे में बताया था, "एक देवता की मूर्ति निकली थी, यूनीक। नॉर्थ गेट में एक आदमी बैठा था न्यूड। ये हड़प्पा के स्टेज-6 की मूर्ति है। इस स्टेज के लोग हड़प्पाकालीन लोगों से वैचारिक रूप से अलग थे। उनका धार्मिक विचार बदल चुका था। इसलिए उनकी सीलों में चित्र नहीं मिलते, बैल के, हाथी के आदि। उनकी आकृति भी आयताकार है, गोल नहीं, बल्कि प्लेनो-‍-कॉन्वेक्स। सारे मोटिफ भी हटा दिए उन्होंने। ये जो पत्थर की मूर्ति मिली हमें ये 68 सेंटीमीटर की थी। गर्दन टूटी हुई। घुटने तोड़ रखे हैं, कुहनी तोड़ रखी है। पीछे की तरफ़ से उलटा करके रखा था। लगता है उसके शिश्न को घिस दिया गया हो। नग्न देवता कह सकते हैं इसे। सिर तो ग़ायब था, क्या पता कौन देवता है। क्या पता यही शिश्न देव हो। ऋग्वेद में जिसका ज़िक्र शिश्न देव के रूप में आता है। ऐसे लोग जो लिंग की पूजा करते हैं। बाद में शिव का भी वही रूप बना। ये ऊर्ध्वलिंग शिव का हो सकता है।"

यह मूर्ति अभी कहाँ है?

"नेशनल म्यूज़ियम में होगी...होनी चाहिए...हाँ, है।"

बिष्ट जी के मुताबिक़ धोलावीरा के पुरातात्त्विक स्थल के विकास का चौथा और पाँचवाँ चरण विशुद्ध हड़प्पन था। उससे पहले के तीन चरण प्राक्-हड़प्पन कहे जा सकते हैं। पाँचवें चरण के बाद हड़प्पाकालीन संस्कृति मिटने लगी थी क्योंकि सियासी अस्थिरता के चलते मेसोपोटामिया के साथ सीधे व्यापार में गिरावट आ गई थी। ईसा पूर्व 2000 में भयानक भूकम्प आता है। उसके बाद 1900 ईसा पूर्व तक की अवधि उत्तर-हड़प्पन काल के रूप में पहचानी जाती है। शिश्न देव या ऊर्ध्वलिंगम शिव की मूर्ति इसी काल की है।

गढ़वी जी मज़ाक़ के लहजे में कहते हैं, "हमारा तो एक ही देव है, कामदेव।"

ऊर्ध्वलिंगम शिव के बाद दूसरा मसला सरस्वती नदी का है जिसके बारे में बिष्ट जी तक़रीबन पूरे विश्वास से कहते हैं कि सरस्वती वहाँ बहती थी। वह पूरा इलाक़ा सीर, कोरी और सरस्वती का डेल्टा हुआ करता था। बिष्ट जी विस्तार से बताते हैं कि आठ हज़ार ईसा पूर्व से पाँच हज़ार ईसा पूर्व के बीच भारत में बहुत नदियाँ बहती थीं। वो 'वेट फेज़' था। सिन्धु के डेल्टा में सीर के अलावा एक और डिप्रेशन सरस्वती का मिलता है। हरियाणा के शिवालिक से लेकर इसको ट्रेस कर सकते हैं रण तक। इसका नाम कहीं रंगोई हो गया, कहीं हाकड़ हो गया, कहीं घग्घर हो गया। अमरकोट के पास से होते हुए ये सरस्वती रण में आती थी।

तो क्या सरस्वती का अस्तित्व साबित हो चुका है?

"मैं तो मानता हूँ। जियोलॉजिस्ट मानते हैं। आर्कियोलॉजिस्ट मानते हैं। सन्देह करने वाले बहुत कम हैं, मानने वाले बहुत हैं। कोरी क्रीक में सीर और सरस्वती दोनों चैनल बहते थे।"

गढ़वी जी का कहना है कि लुप्त सरस्वती की बात अब तक तय नहीं हुई है। यह बहुत कठिन विषय है। असल सवाल यह है कि लुप्त नदियों को खोजने के बजाय हमें पीने को साफ़ पानी दिया जाए। हाल तक ये लोग छोटे-छोटे बोर करके साफ़ पानी निकाल लेते थे लेकिन आज स्थिति यह हो गई है कि समुंदर के पानी का स्तर ऊपर तक आ चुका है और धोलावीरा के लोग खारा पानी पीने को मजबूर हैं।

भचाऊ से एक अंडरग्राउंड पाइप यहाँ तक लाने का प्रस्ताव सरपंच की ओर से गया है। उसको लेकर गढ़वी जी थोड़ा आश्वस्त दिखते हैं। इत्तेफ़ाक़ से धोलावीरा गाँव के सरपंच वेलुभाई सोढ़ा के बेटे हैं—वही वेलुभाई, जिन्होंने बरसों पहले ख़ुद

सरपंच रहते हुए गढ़वी जी को बरामद सील भुज म्यूज़ियम तक पहुँचाई थी। बाक़ी, गाँव में टैंकर भी आते हैं पानी के लेकिन उनमें तो पैसा लगता है। और वे भी कहीं बाहर भचाऊ या रापर से पानी लेकर नहीं आते। यहीं का पानी लाकर यहीं बेचते हैं।

"ख़रीदेगा कौन? पैसा किसके पास है?" गढ़वी जी तंज कसते हैं। वाक़ई, सौ किलोमीटर के दायरे में इतनी बड़ी आबादी पर एक भी एटीएम या बैंक का न होना चौंकाता है। गढ़वी कहते हैं, "एटीएम से निकालेंगे क्या? पैसा होगा तब न?"

हम तो गेस्ट हाउस में रुके थे। हमारे पास नकद पैसे भी थे। हमें कहने को मिनरल वाटर मिल रहा था पीने के लिए। बावजूद इसके दूसरी सुबह से जो पेट ख़राब हुआ तो दो दिन तक हालत पतली रही। वह पानी था, खाना था या वहाँ की हवा? कहीं, कुछ तो ज़हरीला था धोलावीरा में।

खावड़ा से धोलावीरा वाला नया रास्ता खुलने से जीवन के लिए ज़रूरी बुनियादी चीज़ों की कुछ बेहतर सम्भावनाएँ बन सकती हैं, हालाँकि गढ़वी जी की असल चिन्ता कुछ और है। वे खावड़ा से यहाँ उस रास्ते मुसलमानों के आने का ज़िक्र करते हैं। इसी दौरान वे 'कच्छ का इस्लामीकरण हो रहा है' कहकर बात को घुमा देते हैं। उनके छोटे बेटे बताते हैं कि इंटेलिजेंस में अब चुनौती बाहर के दुश्मन से नहीं, भीतर के लोगों से ज़्यादा है जो अशान्ति फैला सकते हैं।

गढ़वी फिर से कहते हैं, "सिन्धु घाटी के देव हिन्दू-मुसलमान नहीं, सबके देव हैं। कभी-कभी अपने देवों को बचाने के लिए उन्हें छुपाना पड़ जाता है। जैसे हमने भंजड़ा देव को दत्तात्रेय के अवतार में छुपा दिया है।" उनका इशारा रण में खड़ी भंजड़ा की पहाड़ी की ओर है जिसे यहाँ के लोग देवता मानते हैं, लेकिन उसकी पूजा दत्तात्रेय के रूप में रण के किनारे बनाए एक मन्दिर में करते हैं।

"ऐसे ही हमने काला डूंगर को भी दत्तात्रेय के अवतार में छुपा दिया है। करना पड़ता है कभी-कभार।" इसके आगे कान में अपने आप उनका कहा जुमला गूँज गया, 'धर्मनिरपेक्ष देश है न'...और सहज ही मेरे मुँह से निकल गया, "लेकिन कच्छ को तो अब तक हम कौमी एकता की धरती के रूप में देखते-समझते और महसूस करते रहे?"

गढ़वी जी हँसते हुए कहते हैं, "ये एकता-फेकता कुछ नहीं, सब बकवास है।"

कच्छ के अन्तिम छोर पर स्थित एक वैश्विक विरासत का यह बुज़ुर्ग 'चौकीदार'

ऐसी बातें क्यों कर रहा है? ये कौन-सी नई बीमारी है? महामारी के दो दौर के बाद अब ये कौन-सा ज़हर घुल रहा है कच्छ की फ़ज़ाओं में?

बाहरी कौन?

धोलावीरा से भुज पहुँचकर हम केवल दो रात वहाँ रुके। आधा दिन दलपत जी के साथ आरकाइव्स में गुज़रा। बाक़ी वक़्त दिलीप भाई वैद्य के साथ उनके पुराने वाले घर में सत्संग हुआ। दलपत जी की आदत है कि वे हर बार कुछ नई जगहों की लिस्ट थमा देते हैं। इस बार ग़नीमत है कि उनकी बताई ज़्यादातर जगहें एक ही रूट पर थीं। भुज के पास पुअरेश्वर महादेव का मन्दिर, जख बोतेरा का मन्दिर—जहाँ यक्ष की बहत्तर मूर्तियाँ रखी हैं, नलिया और नखतराणा के पास स्थित दो पुरातात्त्विक स्थल, अमिया-खटिया नाम का एक पुरातात्त्विक स्थल लखपत के पास...और ढेर सारे नये लोग भी। व्यक्तियों में हमारी दिलचस्पी केवल एक में थी—पद्मश्री नारायण जोशी 'कारायल', जिनका ज़िक्र दिलीप भाई वैद्य ने भी एक सील के सन्दर्भ में किया था।

पुअरेश्वर महादेव और जख बोतेरा होते हुए हम नखतराणा में जोशी जी के घर पहुँचे। जोशी जी से पहला सवाल हमारा यही था कि जो सील उन्हें शम्भूदान गढ़वी से भी पहले बरामद हुई थी, उसका मामला क्या रहा। उन्होंने बताया कि उस सील को उन्होंने पढ़वाया था, उससे पता चला था कि वो राजा नहुष के स्वास्थ्य विभाग की सील थी। उनके मुताबिक़ राजा नहुष कृष्ण से पाँच-सात पीढ़ी पहले हुआ था। हिन्दू मिथकों में नहुष का ज़िक्र चन्द्रवंशी राजा के रूप में महाभारत में आता है। इसी सील के आधार पर जोशी जी ने सुझाया था कि बहुत मुमकिन है कच्छ के पुरातात्त्विक स्थल हड़प्पाकाल से भी पहले के हों। उनकी इस बात पर किसी ने कान नहीं दिया।

जोशी जी का मानना है कि धोलावीरा के अलावा कई ऐसे हड़प्पाकालीन पुरातात्त्विक स्थल पूरे कच्छ में मौजूद हैं जिन पर बात नहीं हुई है। वे आसपास के कुछेक का नाम भी गिनवाते हैं—नेत्रा तोरण, नेत्रा के पास खिरसार नाम का एक स्थल जहाँ से ट्रक भर-भर के राख और हड्डियाँ बरामद हुई हैं जिसे ख़ुद

अपनी आँखों से उन्होंने देखा है। वे कहते हैं कि पहली समस्या तो इन स्थलों पर उत्खनन के लिए सरकारी बजट की है। दूसरी समस्या यह रही है कि यहाँ मिलने वाली मुहरों पर क्या लिखा है, उसे पढ़ने वाला कोई आधिकारिक विद्वान नहीं है।

वे एक विद्वान का ज़िक्र इस सन्दर्भ में करते हैं जिन्हें सीलों पर लिखी लिपि को पढ़ना आता था। वे बताते हैं कि सरकार ने उनके काम को मान्यता नहीं दी क्योंकि वे पर्याप्त शैक्षणिक योग्यता नहीं रखते थे। कच्छ के साथ शैक्षणिक योग्यता वाली यह समस्या विशिष्ट है। इसकी बुनियादी वजह यह है कि यहाँ शिक्षण का सारा काम गुजराती में होता रहा है लेकिन लोग अपने घर, परिवार, समाज में कच्छी बोलने के आदी हैं। इस वजह से लोग पढ़-लिखकर आगे नहीं निकल पाए। जो कुछ भी तरक़्क़ी हुई साहित्य, कला आदि में सब वाचिक परम्परा में बँधी रह गई। उसका दस्तावेज़ीकरण नहीं हुआ।

वे उदास होकर कहते हैं, "यहाँ के लोगों की संस्कृति के विषयों में कोई रुचि नहीं है। सब पैसे के पीछे भागने वाले लोग हैं।"

नारायण जोशी के ज्ञान का वितान वैसे तो संस्कृति, इतिहास से लेकर पुरातत्त्व तक जाता है लेकिन उनका मूल काम कच्छी भाषा पर रहा है, जिसके लिए भारत सरकार ने उन्हें पद्मश्री से नवाज़ा है। उनका कहना है कि कच्छी लिपि का व्यावहारिक प्रयोग सम्भव नहीं है। सवाल ये है कि यदि कच्छी में लिखा भी जाए तो उसे पढ़ेगा कौन। दरअसल, कच्छ के लोग वाचिक परम्परा के रहे हैं। यही कारण है कि कच्छी भाषा और संस्कृति तो आज तक ज़िन्दा है लेकिन कच्छ के लोग बोलने से आगे अपनी भाषा-संस्कृति का महत्त्व नहीं समझ पाए। वे मृतप्राय संस्कृत का हवाला देते हुए कहते हैं, "बोलने वाले जब तक ज़िन्दा हैं, भाषा तब तक बची रहेगी।"

कच्छी भाषा की संरचना भी ऐसी है जो उसे आज तक ज़िन्दा रखे हुए है। जगह-जगह से अपने पशुओं को चराने के लिए यहाँ जो लोग आए, उनके हेलमेल से कच्छी भाषा बनी। इसका मूल संस्कृत ही है, लेकिन इस पर सिन्धी, राजस्थानी, हिन्दी आदि का प्रभाव है। मिश्रित शब्दों के कारण कच्छी का जीवित रह जाना एक बात है लेकिन यह इसके विकास का पर्याय नहीं हो सकता क्योंकि बाहरी दुनिया के सारे कामकाज के लिहाज़ से कच्छी अनुपयुक्त और अव्यवहार्य है।

अपनी भाषा के साथ जुड़ी बुनियादी समस्या से जोशी जी का पहला साक्षात्कार सरकारी स्कूल में मास्टरी के दौरान हुआ। यहाँ के बच्चे स्कूल में गुजराती भाषा में

शिक्षा लेते थे लेकिन अपने घरों में कच्छी बोलते थे। इस वजह से यहाँ से प्रतियोगी परीक्षाओं से लेकर सरकारी पदों तक कच्छी लोगों का प्रतिनिधित्व ही नहीं था। इस कारण कच्छी भाषा को सरकारी मान्यता दिलवाने का भी ख़याल कभी किसी को नहीं आया था। जोशी जी ने कुछ विद्वानों के साथ मिलकर इस मुद्दे को सबसे पहले उठाया था।

इन्होंने सरकार से कहा कि वे बीते दस साल का रिकॉर्ड देख लें, कच्छ से एक भी बच्चा परीक्षा में उत्तीर्ण नहीं हुआ है क्योंकि बच्चे शिक्षक की भाषा को समझते ही नहीं हैं। दिक़्क़त ये भी है कि अगर कच्छी में अलग से पाठ्यक्रम का सुझाव दिया गया तो इससे कच्छ में रहने वाले गुजराती भाषियों में असंतोष पैदा हो सकता है क्योंकि कच्छ के भीतर हर आदमी कच्छी नहीं बोलता।

विडम्बना यह है कि कच्छी बोलने वाले आज बीस से पचीस लाख लोग मौजूद हैं, लेकिन जनगणना में अपनी भाषा वे गुजराती ही दर्ज करवाते हैं। एक और बड़ा दुर्भाग्य यह रहा है कि यहाँ के राजा की मातृभाषा कभी कच्छी नहीं रही। कच्छी कच्छ के राजाओं की पितृभाषा रही है। इसीलिए राजकाज से जुड़े लोग भी कभी कच्छी नहीं रहे।

इन्हीं सब समस्याओं के चलते जोशी जी को विचार आया कि क्यों न कच्छ के शिक्षकों को कच्छी में प्रशिक्षित किया जाए। शिक्षक प्रशिक्षण विभाग (डाइट) ने उनकी संस्तुति पर शिक्षकों के लिए कच्छी प्रशिक्षण का कार्यक्रम शुरू किया और कक्षा एक से चार तक की कच्छी भाषा में किताबें राज्य के शिक्षा बोर्ड ने मंजूर कर लीं।

पहली बार ऐसा हुआ कि यहाँ के सबसे लोकप्रिय अख़बार 'कच्छमित्र' ने कच्छी भाषा में एक कॉलम शुरू किया जो आज तक जारी है। कच्छी के विकास में गुजरात राज्य शिक्षण अनुसंधान और प्रशिक्षण विभाग (जीसीआरटी), कच्छमित्र और रेडियो की बहुत भूमिका रही है। आकाशवाणी ने कच्छी में जो कार्यक्रम शुरू किए, उनका बहुत प्रभाव रहा। शिक्षकों के प्रशिक्षण का भी बहुत असर पड़ा।

एक दिन पहले ही दिलीप भाई वैद्य हमसे कह रहे थे कि आज कच्छियों की स्थिति ये हो गई है कि वे पूरी तरह कच्छी बनकर रहने को तैयार नहीं हैं। ऐसे में सवाल उठता है कि कच्छी भाषा और संस्कृति से जुड़ी अस्मिता यदि ख़तरे में है भी तो इसे किसके लिए बचाया जाए? और सवाल ये भी है कि ख़तरा विशुद्ध बाहरी हो तो समझ आता है, यहाँ तो ख़तरा आन्तरिक भी है?

इस विषय पर नारायण जोशी का मत बहुत स्पष्ट है। वे मानते हैं कि एक बार यदि कच्छी को बँधारण (राजकीय भाषा) की मान्यता मिल जाए और संवैधानिक दर्जा प्राप्त हो जाए तो कच्छियों के भीतर अपनी भाषा में अपनी महत्त्वाकांक्षाओं को स्वर देने में सहूलियत मिलेगी। अभी तो ऐसे कोई रास्ते ही नहीं हैं कि यहाँ के विपुल साहित्य का अनुवाद हो सके, लेखकों को फ़ेलोशिप मिले, स्थानीय भाषा, साहित्य और संस्कृति पर अनुसंधान या शोध हो सकें। चूँकि इन सुविधाओं का अभाव है, इसलिए अपनी भाषा और संस्कृति को लेकर लोगों में कोई प्रेरणा भी नहीं है।

क्या उस प्रेरणा के लिए कच्छ के लोगों के भीतर कोई बीज बचा है? मतलब, एक समय था जब सिन्ध का हिस्सा होने की स्मृति कच्छ के लोगों को अपनी स्वतंत्र पहचान के लिए प्रेरित करती थी। एक ज़माने में अलग कच्छ के आन्दोलन की आहट भी सुनाई दी थी। बाद में कच्छ को अक्षुण्ण रखने के लिए यहाँ का सारा आन्दोलन गुजरात आन्दोलन के साथ नत्थी हो गया। इस बात को भी अब पचास साल से ज़्यादा बीत चुके हैं।

हमारी इस जिज्ञासा के जवाब में जोशी जी संस्कृति निर्माण की प्रक्रिया को बहुत धीमा बताते हुए कहते हैं कि पिछले चालीस साल की मेहनत के बाद वे कच्छी साहित्य अकादेमी के गठन तक पहुँचे हैं। अब लक्ष्य है कि केन्द्रीय साहित्य अकादेमी की एक भाषा के रूप में कच्छी को शामिल करवाया जा सके। एक बार ऐसा हो गया तो बहुत सी दबी-छुपी चीज़ें अपने आप बाहर आ जाएँगी।

उनके मुताबिक़ इसके लिए सबसे ज़्यादा ज़रूरी ये है कि बाहर के लोग यहाँ आएँ और कच्छी लोक संस्कृति को अपने साथ बाहर ले जाएँ, उसका प्रचार-प्रसार करें। पिछले बीस साल में इसका ठीक उलटा हुआ है। लोग बाहर से तो ख़ूब आए हैं, लेकिन उन्होंने केवल कारोबार के नज़रिये से यहाँ के लोगों और परिवेश को बरता है। बिलकुल इसी बात पर तो गढ़वी जी भी चिन्ता जता रहे थे कि लोग बाहर से आ रहे हैं, हालाँकि बाहरी से उनका आशय खावड़ा के मुसलमानों से था।

वे इस बात से भी चिन्तित थे कि उनके गाँव की लड़कियाँ अब परम्परागत कढ़ाई-बुनाई का काम नहीं करती हैं क्योंकि सबके हाथ में मोबाइल आ गया है। उनकी इस बात से अंजार के लेखक मावजी माहेश्वरी की बात याद आ गई कि कैसे बन्नी के मैदानों में पहली बार एक दर्जी के पहुँचने की घटना ने पूरा सांस्कृतिक परिदृश्य ही बदलकर रख दिया था। ऐसे में जोशी जी द्वारा कच्छी भाषा

के शिक्षण पर लिखी किताबों या संस्कृति के प्रचार-प्रसार के लिए दलपत जी की बाल प्रदर्शनियों का क्या कोई ख़ास मतलब रह जाता है?

यही सब सोचते हुए हम उनके घर से दयापर के लिए निकल पड़े। वहाँ उस्मान भाई के बेटे लियाक़त को हमें लेने आना था। निकलते हुए लियाक़त को हमने फ़ोन कर दिया क्योंकि नखतराणा से जितना समय दयापर पहुँचने में लगता है उससे कुछ ही ज़्यादा समय में लखपत से दयापर पहुँचा जा सकता था। मतलब हमें वहाँ थोड़ी देर उसका इन्तज़ार करना पड़ सकता था, इसका मुझे अन्दाज़ा था।

दयापर में कुछ देर के पड़ाव की एक ख़ास वजह थी। यह वजह वैसे तो दिसम्बर 2020 में ही पैदा हो चुकी थी। ये अलग बात है कि उस वक़्त मैं बिलकुल नहीं जानता था कि अगली कच्छ यात्रा कब लिखी है, लेकिन जब भी ऐसा होता हमारा दयापर में रुकना तो तय था ही। कच्छ में स्थानीय और बाहरी के द्वन्द्व को समझने के लिए दयापर का बाज़ार एक चमकीला उदाहरण पेश करता है। बिलकुल रेगिस्तान में किसी तालाब की तरह...।

दयापर के 'सरदार'

यह 15 दिसम्बर, 2020 की बात है। दिल्ली की सरहदों पर बीस दिन पहले शुरू हुआ किसान आन्दोलन उस वक़्त अपने उरूज पर था और प्रधानमंत्री नरेन्द्र मोदी कुछ विकास परियोजनाओं का लोकार्पण करने कच्छ आए थे। इस मौक़े पर समाचार एजेंसी एएनआई ने कुछ तस्वीरें जारी की थीं जिसमें उन्हें कुछ सिखों के साथ बैठा हुआ दिखाया गया था। इस तस्वीर को गुजरात बीजेपी से लेकर राज्य के तत्कालीन मुख्यमंत्री विजय रूपाणी ने भी ट्वीट किया। मूल ट्वीट में विवरण लिखा था, "प्रधानमंत्री मोदी ने आज कच्छ में विभिन्न समूहों के लोगों से मुलाक़ात की।" भाजपा और उसके कुछ नेताओं ने 'विभिन्न समूहों' में 'किसानों' को भी जोड़ दिया था। एक व्यक्ति ने तस्वीर के साथ लिखा था कि अपने नेतृत्व में वे "कच्छ के सिख किसानों का प्रतिनिधिमंडल लेकर प्रधानमंत्री से मिलने गए हैं।" इनका नाम था जुगराज सिंह उर्फ़ राजू भाई सरदार।

सोशल मीडिया पर दोपहर तक ये माहौल बना कि प्रधानमंत्री ने कच्छ में सिख किसानों से मुलाक़ात की है और उनका दुख-दर्द सुना है। जिन्हें निन्दा करनी थी, उन्होंने भी झट से यही मान लिया और फिर सवाल उठा दिया कि प्रधानमंत्री ने दिल्ली में डेरा डाले किसानों से नहीं, बल्कि कच्छ जाकर सिख किसानों से मुलाक़ात क्यों की। शाम होते-होते तस्वीर पर विवाद खड़ा हो गया क्योंकि कुछ वेबसाइटों और चैनलों पर ख़बर चल गई कि प्रधानमंत्री से मिलने आए लोग बेशक किसान रहे हों लेकिन सभी भारतीय जनता पार्टी के कार्यकर्ता थे। इसके बाद जुगराज सिंह उर्फ़ राजू भाई सरदार की प्रोफ़ाइल कई जगहों पर आ गई जिसमें उन्हें भारतीय जनता पार्टी का मंडल महासचिव बताया गया।

दिल्ली में और सोशल मीडिया पर तो जो हुआ सो हुआ, ज़्यादा दिलचस्प यह रहा कि जीएसटीवी नाम के चैनल ने इसी मुलाक़ात के बीच लखपत के एक गाँव कोठारा में प्रधानमंत्री और कृषि क़ानूनों का विरोध करते हुए किसानों की फुटेज चला दी। भाजपा नेता के नेतृत्व में किसानों का प्रधानमंत्री से मिलने जाना अपने आप में कोई समस्या नहीं थी, सवाल बस इतना था कि ये किसान किस समस्या का ज़िक्र करने प्रधानमंत्री के पास गए थे। क्या उन्होंने कृषि क़ानून पर कोई चर्चा की? इसका जवाब हमें आजतक की रिपोर्टर के एक सवाल में मिलता है जब नरेन्द्र मोदी के साथ बैठक करके लौट रहे एक सिख से उसने पूछा कि किसान क़ानून पर उनकी प्रधानमंत्री से क्या बात हुई। उन्होंने साफ़ कह दिया कि क़ानून पर कोई बात नहीं हुई, केवल गुरुद्वारा बनाने पर बात हुई है।

मीडिया में ऐसे विवादों की उम्र चौबीस घंटे से ज़्यादा नहीं होती लेकिन स्थानीय स्तर पर विभिन्न पक्षों के बीच इसका कुछ भी परिणाम हो सकता है। दिल्ली का मीडिया फ़ैक्ट चेक करते वक़्त उससे ग़ाफ़िल रहता है और बाद में अपने किए का फ़ॉलो-अप भी नहीं करता। हुआ यह कि इस प्रकरण पर लखपत के कुछ सिख बहुल गाँवों में 15 दिसम्बर के बहुत बाद तक तनाव बना रहा। इस तनाव को समझने के लिए यह बताया जाना ज़रूरी है कि इस पूरे प्रकरण में केन्द्र में राजू भाई सरदार नाम के जो शख़्स हैं, उनका एक और अहम परिचय यह है कि वे लखपत में उदासी पंथ के ऐतिहासिक गुरुद्वारे के अध्यक्ष भी हैं। इसके अलावा वे प्रधानमंत्री के अल्पसंख्यक 15 सूत्री कार्यक्रम के सदस्य हैं और सिख बहुल नरा गाँव के सरपंच रह चुके हैं। उनके बाक़ी परिचय उन्हीं के नाम की निजी वेबसाइट

पर देखे जा सकते हैं। इनमें सबसे ग़ैर-ज़रूरी परिचय यह है कि वे दयापर स्थित सरदार होटल के मालिक हैं। अब बताने की ज़रूरत नहीं है कि हम नखतराणा से सीधे लखपत जाने के बजाय दयापर में क्यों रुके थे।

दयापर बाज़ार से कुछ फ़र्लांग आगे बाईं पटरी पर स्थित सरदार होटल कच्छ के रेगिस्तान में किसी तालाब की तरह दूर से चमकता है। बेहतरीन आधुनिक डिज़ाइन वाली उम्दा लकड़ी और काँच से बनी इमारत और परिसर में लगे हुए हरे-हरे पेड़-पौधे उड़ती धूल और बरसती आग के बीच आँखों को राहत देते हैं। बारिश हुए तीन दिन हो चुके थे और मौसम गरम था। भूख परवान चढ़ चुकी थी और लियाक़त हमें लेने अब तक नहीं पहुँचा था। मौक़ा था और दस्तूर भी, सो दोपहर का भोजन राजू भाई के सरदार होटल में हुआ। बाहर तीन सौ साठ डिग्री नज़र दौड़ाकर जितने प्राणी गिने जा सकते थे, आश्चर्यजनक रूप से होटल के भीतर उससे ज़्यादा इनसान मौजूद थे। आसपास चल रही परियोजनाओं के ठेकेदार, इंजीनियर से लेकर सीमा सुरक्षा बल के गश्ती दल के सिपाही और कुछ सम्भ्रांत राहगीर व पर्यटक, सब भोजन पर जुटे थे।

दिल्ली के किसी भी तीन सितारा रेस्तराँ को मात देने वाली व्यवस्था है राजू भाई के होटल में, ऐसा कहने में कंजूसी नहीं करनी चाहिए। ईमानदारी का तक़ाज़ा है कि यह भी कह दिया जाए कि भोजन बेहद उम्दा और लजीज़ था—शुद्ध पंजाबी दाल और मुलायम नान। लखपत के उजाड़ के बीच ऐसा वैभव इससे पहले मैंने नहीं देखा था गोकि दयापर होते हुए ही हर बार लखपत जाना हुआ। इसकी वजह यह है कि यह होटल दो साल पहले से ही ऐसा बना है। उसके पहले यह एक सामान्य ढाबा था। लोग बताते हैं कि भुज में भी राजू भाई का एक होटल है।

राजू भाई से मिलने की हमने कोशिश नहीं की। उनका नम्बर था। बात की जा सकती थी, लेकिन इस किताब के लिए उससे कुछ सधता नहीं। हमने लोगों से बात की। गुरुद्वारे में बात की। पूरी कहानी समझी कि आख़िर कच्छ के सिख किसानों का मसला क्या है। लोगों के अनुभव अपनी जगह हैं, लेकिन लखपत और अब्डासा की राजनीतिक तस्वीर को जाने बग़ैर उन अनुभवों को समझना मुश्किल होगा।

दरअसल, कच्छ के लखपत तालुका का नरा और अब्डासा तालुका का कोठारा दो ऐसे गाँव हैं जो सिख बहुल हैं। नरा को यहाँ का मिनी पंजाब कहा जाता है। लखपत के लोगों से बात करने पर पता चला कि जितने भी सिख किसान

प्रधानमंत्री से मिलने गए थे, ज़्यादातर नरा के थे। राजू भाई नरा के सरपंच रह चुके हैं। गुरुद्वारे के ग्रंथीजी भी नरा में ही रहते हैं, हालाँकि मूलनिवासी वे उत्तराखंड के रुद्रपुर के हैं। पिछले स्थानीय निकाय चुनाव में अकेले लखपत तालुका ही था जिसे भाजपा ने कांग्रेस से छीन लिया था। इससे पहले वह कांग्रेस का गढ़ हुआ करता था। स्थानीय अख़बारों की मानें तो 2018 के इस चुनाव में कांग्रेस को पटकनी देने के लिए भाजपा ने कर्नाटक मॉडल पर काम किया था। 20 जून, 2018 के 'कच्छ ख़बर' ने इस शीर्षक से एक समाचार छापा था, 'घर का भेदी लखपत ढाए'। इसके बाद बीते दो साल में लखपत तालुका की स्थानीय राजनीति में भाजपा की पैठ गहरी हो गई। इस पैठ की बड़ी वजह बना लखपत का गुरुद्वारा, जिसके अध्यक्ष राजू भाई सरदार हैं और आजकल वे वहाँ 18 कमरों का रिज़ॉर्ट बनवा रहे हैं।

बताते हैं कि चुनावी जीत और सियासी वर्चस्व के बावजूद भारतीय जनता पार्टी को अब भी यहाँ के बहुसंख्य सिख किसानों का सामाजिक समर्थन प्राप्त नहीं है। इसकी वजह यह है कि भाजपा के ही राज में आज से दस साल पहले यहाँ के सिख किसान अपनी ज़मीनों से महरूम हो गए थे। नरेन्द्र मोदी के आख़िरी मुख्यमंत्रित्व काल में गुजरात सरकार ने क़रीब 800 सिख किसानों की ज़मीनों के खाते फ्रीज़ कर दिए थे। वे न अपनी ज़मीन बेच सकते थे, न उन पर लोन उठा सकते थे।

2010 में पहली बार कच्छ के ज़िलाधिकारी के माध्यम से आए नोटिस से इन किसानों को पता चला कि ये ज़मीनें उनकी नहीं हैं क्योंकि वे गुजरात के मूलनिवासी नहीं हैं। यह साबित करने के लिए 1973 का कोई सरकारी सर्कुलर इस्तेमाल किया गया जो कांग्रेस की तत्कालीन सरकार ने जारी किया था। इसके बाद ये किसान इस मसले को लेकर गुजरात हाईकोर्ट गए जहाँ 2012 में इन्हें जीत मिली, लेकिन गुजरात की तत्कालीन मोदी सरकार ने हाईकोर्ट के फ़ैसले को सुप्रीम कोर्ट में चुनौती दे दी।

किसान आन्दोलन के बीचोबीच नरेन्द्र मोदी के कच्छ दौरे के बहाने फिर से उभर आया यह पूरा मामला संक्षेप में पंजाब के वरिष्ठ पत्रकार जतिंदर तूर ने उसी दौरान एक पंजाबी चैनल पर समझाया था, जिसके बाद बात निकलकर दिल्ली के मीडिया तक पहुँची। बताते हैं कि हाईकोर्ट के फ़ैसले के बाद कोई 52 किसानों की ज़मीनों का मामला निपट गया। उसके बाद से ये 52 किसान लगातार एक स्वर में यह बात कहते रहे हैं कि केवल वही किसान बचे हुए हैं जिनके पास 1973 के सर्कुलर के हिसाब से काग़ज़ात नहीं हैं। उनके मुताबिक़ इनकी भी संख्या 700 से ऊपर है।

सुप्रीम कोर्ट में कच्छ के इन सिख किसानों का मुक़दमा लड़ रहे चंडीगढ़ के अधिवक्ता हिम्मत सिंह शेरगिल के मुताबिक़ अपनी ज़मीन से महरूम ऐसे कच्छी सिख किसानों की संख्या कम से कम 5000 है। कुछ साल पहले जब यह मामला पंजाब चुनाव में उछला था तब कांग्रेस नेता प्रताप सिंह बाजवा ने इनकी संख्या 50,000 के क़रीब बताई थी।

हिम्मत सिंह शेरगिल फ़िलहाल चंडीगढ़ में रहते हैं। फ़ोन पर विस्तार से पूरे मामले की पृष्ठभूमि को समझाते हुए उन्होंने बताया, "कुल फ्रीज़ की गई ज़मीन कोई एक लाख एकड़ से ज़्यादा है जिसे गुजरात सरकार उद्योगपतियों को देना चाहती थी। इस केस में सुप्रीम कोर्ट में आख़िरी तारीख़ 2015 में पड़ी थी। उसके बाद से सुप्रीम कोर्ट में कोई तारीख़ ही नहीं लगी।" स्थानीय लोगों के बयान इस दावे से बेमेल हैं। यह पूछे जाने पर कि 52 किसानों को तो ज़मीन वापस मिल गई थी न? उनका जवाब था, "ये जानकारी मुझे नहीं है कि ऐसा कुछ हुआ था। मेरे ख़याल से तो सबका मुक़दमा गुजरात सरकार ने सुप्रीम कोर्ट में अटका रखा है। राहत मिलेगी तो सबको एक साथ मिलेगी। क़ानून सब पर एक बराबर लागू होता है, अलग-अलग नहीं। हाईकोर्ट ने भी सभी किसानों के हक़ में निर्णय दिया था।"

यही वे 52 किसान हैं जो हर बार नरेन्द्र मोदी के लिए संकटमोचक बनकर सामने आते हैं। राजू भाई सरदार इन्हीं के नेता हैं। नरेन्द्र मोदी के भाजपा में प्रधानमंत्री पद का आधिकारिक उम्मीदवार चुने जाने के बाद जब आम आदमी पार्टी और कांग्रेस ने कच्छ के सिख किसानों की ज़मीन का मामला दिल्ली में उठाया था, तब इन्हीं किसानों का समूह राजू भाई की अगुआई में दिल्ली आया था।

लोकसभा चुनाव 2014 के दौरान अरविन्द केजरीवाल और कांग्रेस पार्टी दोनों ने ही तत्कालीन गुजरात सरकार और मोदी पर सवाल उठाया था कि वे सुप्रीम कोर्ट के सहारे क्यों सिख किसानों की ज़मीन हड़पना चाह रहे हैं।

केजरीवाल दो दिन के फ़ैक्ट फ़ाइंडिंग मिशन पर गुजरात के कच्छ 2014 के मार्च में पहले सप्ताह में गए थे। वहाँ उन्होंने अब्डासा के किसानों से मुलाक़ात की थी और बहुत विस्तार से राज्य की मोदी सरकार पर सवाल उठाया था।

इससे पहले पंजाब कांग्रेस नरेन्द्र मोदी पर सवाल उठा चुकी थी। पंजाब में कांग्रेस के अध्यक्ष प्रताप सिंह बाजवा ने नरेन्द्र मोदी को इस मसले पर एक पत्र भी लिखा था और 2010 में कच्छ के ज़िलाधिकारी के आदेश को भेदभावकारी ठहराया

था। इससे भाजपा की गठबन्धन सहयोगी अकाली दल पर बहुत दबाव बन गया था।

इस दबाव से अकाली को उबारने और तत्कालीन गुजरात सरकार को क्लीन चिट देने में राजू भाई सरदार और वही पचास किसान दिल्ली आए थे, जो 15 दिसम्बर, 2020 को प्रधानमंत्री से कच्छ में मिलने गए।

सवाल है कि 15 दिसम्बर को जो सिख किसान मोदी से कच्छ में मिले, उन्होंने बात क्या की? कुछ जगहों पर यह सूचना फैलाई गई कि इन किसानों ने अपनी फ्रीज़ ज़मीनों के बारे में बात की। यह तो तथ्यात्मक रूप से ग़लत बात है क्योंकि ये उन्हीं किसानों का समूह है जिनकी ज़मीनों का मामला सुलझ चुका है, फिर ये ज़मीन पर बात क्यों करने जाएँगे। ख़ुद इस तथ्य को राजू भाई सरदार सही ठहराते हैं जब वे कच्छ के सिख किसानों पर अंकित अग्रवाल के बनाए एक यूट्यूब वीडियो को प्रमाणित करते हुए ट्वीट करते हैं कि "यही सच्ची कहानी है और सभी विवरण दुरुस्त हैं।"

इस तरह एक बात तो तभी तय हो गई थी कि इस बैठक का न तो किसान क़ानूनों से कोई लेना-देना था, न ही कच्छ में बसे सिख किसानों की समस्या से। किसान आन्दोलन से तो इसका दूर-दूर तक कोई वास्ता नहीं था। बिलकुल वैसे ही, जैसे 19 नवम्बर, 2021 को प्रधानमंत्री द्वारा कृषि क़ानूनों को वापस लेने सम्बन्धी की गई घोषणा का न तो किसान आन्दोलन से लेना-देना था न किसानों की समस्याओं से, बल्कि यह विशुद्ध चुनावी निर्णय था। इस बात को दिन चढ़ते-चढ़ते इस देश का हर मतदाता समझ चुका था।

दुख और अलगाव

कच्छ में दुख की कई परतें हैं। यहाँ के सिखों का सबसे ज़ाहिर दुख यह है कि उनके ऊपर किसी कलंक की तरह 'पर-प्रान्ती' की मुहर लगाई जा चुकी है। इनके दुख यहीं से निकलते हैं और यहीं जाकर पनाह पाते हैं। जो लोग ख़ुद को कच्छी मानते हैं और सिखों को बाहरी, ऐसा नहीं कि उनके दुख कम हों। वे ख़ुद को गुजरातियों की तुलना में देखकर दुखी होते हैं। फिर तीसरी परत कच्छी हिन्दुओं और

मुसलमानों के बीच रह-रह कर उभारे जाने वाले तनावों से उपजे दुख की है। ये तमाम दुख जिन जगहों पर पनाह पाते हैं, वहाँ अलगाव के ख़तरे और बढ़ जाते हैं।

दयापर में हमें लेने लियाक़त के साथ उसके पिता उस्मान भाई भी आए थे। देखकर सुखद आश्चर्य हुआ लेकिन दुख भी कम नहीं। उनकी देह सूखकर जर्जर हो गई थी। दो साल पहले बारिश में मकान की दीवार ढही थी, तब भी वे इतने बूढ़े नहीं दिखते थे। अबकी तो शरीर ही ढल गया था। लियाक़त ने बताया कि भुज में उनका इलाज चल रहा है। बहुत-सी अन्दरूनी दिक़्क़तें हैं। सबसे बड़ी दिक़्क़त बेटी के ससुराल चले जाने से पैदा हुई। बाप-बेटे के खाने-पीने का अब कोई ठिकाना नहीं था। ग़नीमत है कि लियाक़त की शादी तय हो चुकी थी तो थोड़ी राहत और उम्मीद बँधी है कि परिवार सँभल जाएगा। अभी साल भर पहले ही लियाक़त ने एक कार ख़रीदी है जिसे लेकर वो आया था। इससे हमारा सफ़र बहुत आसान हो गया। इसी के सहारे कई जगहों पर जाने की हमने काफ़ी लम्बी-चौड़ी योजना बना ली थी।

दयापर से हम लोग सीधे अमिया-खटिया गाँव के उत्खनन स्थल गए। वहाँ बहुत कुछ था नहीं। खुदाई के बाद मिट्टी से सब कुछ ढक दिया गया था। फिर हम लोग स्योत की बौद्ध गुफाएँ देखने गए। सातवीं सदी में इन 80 गुफाओं को चीनी यात्री ह्वेन सांग ने रिपोर्ट किया था। यहाँ एक सील मिली थी जिस पर बुद्ध बने थे और ब्राह्मी लिपि का प्रयोग किया गया था। यह साइट पुरातत्त्व सर्वेक्षण के सुपुर्द है। यहाँ लगे सूचनापट्ट के मुताबिक़ पूरब की ओर मुँह वाली मुख्य गुफा के मन्दिर से पता लगता है कि यहाँ पहली या दूसरी सदी में कौई शैव मन्दिर रहा होगा जिसे बाद में बौद्धों ने अपना लिया।

गुफा के भीतर चमगादड़ों का डेरा था। जाना मुश्किल था, सो हम बाहर ही एक पहाड़ी के ऊपर हल्की धूप में बैठ लिए। रण के उस पार दिख रही पाकिस्तान की धरती क्षितिज में उदास गुलाबी रंग की परत बना रही थी। चारों ओर दूर-दूर तक आसमान में सिर उठाए पवनचक्कियाँ उदास मन से घूम रही थीं। न आदमी का नामोनिशान, न बकरी का। भादों के बीचोबीच हुई अच्छी बारिश में हरा-भरा कच्छ पहली बार ख़ाली बरतन सा घन्न-घन्न आवाज़ कर रहा था। इस सन्नाटे को अकेले उस्मान चाचा अपने दिलचस्प क़िस्सों से तोड़ रहे थे।

पुरातत्त्व और इतिहास तो अपनी जगह है, लेकिन कच्छ की लोक-स्मृतियों का अपना महत्त्व है। उस्मान भाई यहाँ की वाचिक परम्परा के ऐसे बिरले लोगों

में हैं जो समानान्तर कहानियों की खदान हैं। पिछले कई बरस से वे अपना सारा लोक-ज्ञान लियाक़त को दे रहे हैं ताकि उनकी विरासत क़ायम रह सके। मसलन, उस्मान भाई बताते हैं कि यहाँ के लोगों को ह्वेन सांग और लिखित इतिहास की कोई स्मृति नहीं है। वे लोग स्योत की बौद्ध गुफाओं को खापरा-कोटिया की गुफा बोलते हैं। खापरा और कोटिया किसी ज़माने के दो चोर होते थे। वे अपना चोरी का माल इन गुफाओं में लाकर जमा करते थे। लोक-स्मृति में इन गुफाओं का नाम वहीं से निकला है। रास्ते में उन्होंने अमिया-खटिया के गाँवों का आपसी रिश्ता बतलाया और नारायण सरोवर में कोटेश्वर महादेव का लोक इतिहास भी सुनाया। बहुत सी ऐसी चीज़ें रहती हैं जो बातचीत के क्रम में उनके मुँह से निकलती हैं और हमारे कैमरे या ऑडियो में दर्ज नहीं हो पाती हैं।

वे कहते हैं कि दुनिया में उन्होंने जो इज़्ज़त कमाई है वह इसी ज्ञान की बदौलत है। अपना सारा ज्ञान वे अब बेटे को दे रहे हैं ताकि परम्परा क़ायम रह सके। लियाक़त ने भी अपने हाथ-पाँव फैला लिए हैं। वे कच्छ के वन्यजीवों पर डॉक्यूमेंट्री फ़िल्में बना रहे हैं। स्थानीय स्तर पर एक एनजीओ भी चला रहे हैं। साथ में गाइड का काम तो करते ही हैं। उनके पास इसका सरकारी लाइसेंस है। उस्मान भाई ज़िन्दगी भर बिना किसी लाइसेंस और फीस के दुनिया भर से आए लोगों को घुमाते रहे। अब न दुनिया वैसी रही, न लोग। पिछले कुछ बरस के अपने सीमित अनुभव और घुमक्कड़ी के आधार पर इस बार लियाक़त ने पहली बार गुजरात पर्यटन विभाग की प्रतियोगिता में अपनी प्रविष्टि भेजी थी। साथ में लाइफ़टाइम अचीवमेंट अवॉर्ड के लिए पिता के काम को भी अलग से नत्थी कर दिया था। बातचीत के दौरान उसने बताया कि दो दिन बाद उसे अहमदाबाद पुरस्कार समारोह में जाना पड़ सकता है क्योंकि अन्तिम सूची में कच्छ से उसका भी नाम चुना गया है, सम्भव है इस बार पुरस्कार मिल जाए। ऐसा कहते हुए लियाक़त के चेहरे पर एक सन्तुष्टि भरी मुस्कान आ जाती है।

इस सन्तुष्टि का मतलब उसी को समझ आएगा जो उस्मान भाई की कोठरी में जाकर एक रात रुके। पिछले कुछ वर्षों में हम तीसरी बार उनके यहाँ रुके। कुछ भी नहीं बदला था, बल्कि लियाक़त की माँ के गुज़रने और बहन के चले जाने से घर तक़रीबन उजाड़ ही हो गया था। देर रात हम बात करते रहे। आसपास काली बिल्ली किसी शाप सी मँडराती रही। पिछली बार भी यही बिल्ली थी या कोई और,

पता नहीं। थी ऐसी ही। सुबह नींद खुली तो कोठरी से बाहर निकलते ही सामने ठूँठ पर एक नीलकंठ बैठा दिख गया। सामने एकाध मोर भी टहल रहे थे। कुत्ते भी थे।

सुबह-सुबह एक ख़बर के आने से आगे की योजना में हमें कुछ तब्दीली करनी पड़ी। दरअसल, कुछ ही दिन पहले मुंद्रा पोर्ट पर हज़ारों करोड़ की हेरोइन बरामद हुई थी। उससे कच्छ का माहौल वैसे ही चौकस था। ख़बर आई कि पिछली शाम जखाऊ के तट पर कुछ विस्फोटक बरामद हुआ है और वहाँ घर-घर की तलाशी ली जा रही है। सुरक्षा बल चारों ओर तैनात हैं। हमने सोचा था कि सुबह लखपत के गुरुद्वारे में लंगर चख के पहले मोटी बेर चलेंगे। फिर जखाऊ होते हुए मांडवी निकल लेंगे। दरअसल, मोटी बेर में मूसा पीर की दरगाह पर फागुन का मेला लगना था। चार साल पहले ख़लीफ़ा ने इस मेले का हमें न्योता दिया था और इस बार चूँकि इत्तेफ़ाक़ बन गया था तो छोड़ना ठीक नहीं था। हमने जखाऊ की योजना टाल दी। अब केवल मोटी बेर जाना था।

कहते हैं कि जब तक दरबार की इच्छा न हो, आप चाहकर भी नहीं जा सकते। मूसा पीर के रहते जब जमादार फतेह मोहम्मद चाहकर भी मोटी बेर में नहीं घुस सका तो हमारी क्या बिसात! तो हुआ यों कि गुरुद्वारे में कुछ लोगों से हमारी मुलाक़ात हुई और बात चल निकली। बातचीत में कच्छ के सिख किसानों का दर्द उभर आया। एक के बाद एक कहानियाँ निकलने लगीं। इन अनुभवों और कहानियों को लिखने की मेरी सीमा को पिछली कहानी में दिए गए केवल एक तथ्य से समझिए कि गुरुद्वारे के अध्यक्ष राजू भाई सरदार ही भाजपा के स्थानीय प्रमुख भी हैं। शिकायत का एक भी लफ़्ज़ किसी की बिजली काट सकता है, किसी का दाना-पानी रोक सकता है। धोलावीरा के मोहन भाई की ऐसी कहानी हम पढ़ चुके हैं। इसलिए 'कम कहा ज़्यादा समझना' की तर्ज पर बस इतना ही कि हर कहानी नहीं कही जाती और हर दुख नहीं बताया जाता।

दुख कभी माँजता रहा होगा। अब दुख बाँटता है। यहाँ दिसम्बर की घटना ने सिखों को आपस में बाँटा है। बँटवारे दूसरी बिरादरियों में भी हुए हैं। लियाक़त कहता है कि उसे पहली बार पता चला है कि मुहर्रम शिया लोग मनाते हैं। इसलिए यहाँ के सुन्नियों ने अब मुहर्रम मनाना छोड़ दिया है। लखपत के भीतर जहाँ नवरात्र में सब एक होते थे वहाँ मुहर्रम उन्हें बाँट रहा है। किसने बताया ये सब? बरेली और बम्बई से आने वालों ने।

इसी लखपत के भीतर एक दरगाह है। दरगाह है औलिया अल्लाह हज़रत पीर सैयद शाह अबू तुराब कादरी की। यह सूफ़ी सम्मत में कादरी सिलसिले की एक मशहूर दरगाह है जहाँ दूर-दूर से लोग दर्शन करने आते हैं। कथा वही है जो पीरों के बारे में यहाँ बरसों से जुबानी चली आ रही है। एक बार एक हिन्दू औरत पीर के पास अपनी व्यथा लेकर पहुँची। उसकी गाय लुटेरे खोल ले गए थे। पीर उसकी गाय खोजने निकले और लुटेरों से मुठभेड़ हो गई। गाय के लिए उन्होंने लुटेरों से जंग लड़ी। लुटेरों ने उनका सिर क़लम कर दिया।

पहले सुन चुकी यह कहानी हमें सुनाते हुए उस्मान चाचा की आँखें भर आती हैं। वे कहते हैं, "आज जाने इस देश में क्या-क्या हो रहा है—जबकि यहीं हमारे औलिया एक हिन्दू औरत की गाय के लिए शहीद हो गए थे।"

ऐसे बँटवारे घर-घर में हैं। शहर तो शहर, इन वीरानों में भी आदमी अलगाव का शिकार हो रहा है। लोग बता रहे थे कि लखपत का नौजवान कवि सावजराज बीच में पागल हो गया था और आने-जाने वालों को पत्थर मारा करता था। पता नहीं यह कितना सच है, लेकिन सावजराज जो अपने फेसबुक पर लिख रहा है उसमें उसका अलगाव और दर्द साफ़ झलकता है, "सिन्धी, गुजराती में मुझे कोई पढ़ता नहीं था इसलिए हिन्दी में लिखना शुरू किया। अब हिन्दी में भी मुझे कोई नहीं पढ़ता पर मुझे कोई अन्य भाषा नहीं आती तो यहीं पड़ा सड़ रहा हूँ।"

बातचीत के चक्कर में लंगर की देरी हुई। लंगर के चक्कर में मेले की। उठते-उठते डेढ़ बज गया। लियाक़त ने बताया कि मूसा पीर का मेला तो अब तक उठ चुका होगा। अब बहुत कुछ बच नहीं रहा था। सीधे मांडवी ही निकला जा सकता था। उदास मन से हम गाड़ी में लद लिए और बढ़ते गए, जब तक कि लियाक़त के पास आए एक फ़ोन ने सबको नींद से जगा दिया। फ़ोन अहमदाबाद से था। पर्यटन विभाग की ओर से किसी ने फ़ोन करके लियाक़त से कहा था कि वे अपने पिता को भी साथ ले आएँ। मतलब साफ़ था। लाइफ़टाइम अचीवमेंट वाला पुरस्कार उस्मान चाचा को मिलना तय हो चुका था। सबकी जान में जान आई। बैठे-बैठे पार्टी का माहौल बन गया। बस मांडवी पहुँचने की देरी थी और गाड़ी नखतराणा बाज़ार को पार कर चुकी थी। शाम के चार बज रहे थे।

दुख और दुर्भाग्य हमजोली हैं। कल लखपत आने के बाद से ही मन से जो दुख चिपटा, वो दुर्भाग्य बनकर बीच सड़क सामने आकर खड़ा हो गया। अचानक

कार ख़राब हो गई। और ऐसी ख़राब हुई कि बैठ ही गई। वो भी ऐसी जगह जहाँ से भुज और मांडवी की दूरी लगभग बराबर, यही कोई साठ किलोमीटर बच रही थी। गाड़ी बनने में देर रात भी हो सकती थी। हमारे पास वक़्त सीमित था। अगले दिन वापसी की ट्रेन थी। संयोग से मांडवी की एक मिनी बस ने रोककर हमें बैठा लिया। लियाक़त से इस तरह बिछड़ने का हमने नहीं सोचा था। एक साथी बीच राह छूट गया। मूसा पीर का मेला भी छूट गया। मन में दोहरी खलिश लिये हम मांडवी निकले।

अगले दिन भुज से जब हम दिल्ली की ट्रेन में बैठे तो सफ़र में बस एक ही बात का सुख था। जैसे भवानी प्रसाद मिश्र 'घर की याद' में लिखते हैं न—
"...एक यही बस बड़ा बस है..."

यह इकलौता सुख सभी दुखों पर भारी था।

उत्तर रंग

रतनपुर बाग़ीचे में...

> अक्टूबर को यह बात अच्छे से पता थी कि एक पन्ने को पलट देना, एक अध्याय का ख़त्म होना या किताब को बन्द करके रख देना ही कहानी का अन्त नहीं होता। यह जानते हुए भी उसे इतना भरोसा बेशक था कि सुखद अन्त की तलाश करना कोई मुश्किल काम नहीं है। इसलिए उसने अप्रैल को समझाया, "देखो, ये बहुत आसान काम है, बस बाग़ीचे में सूरज के नीचे थोड़ी सी जगह खोजनी है जहाँ ऊपर सुनहरा प्रकाश हो और नीचे मुलायम घास; एक ऐसी जगह जहाँ तुम थोड़ा सुस्ता सको, पढ़ना बन्द करके थोड़ा संतोष का अहसास कर सको।"
>
> **—नील गैमन, सीज़न ऑफ़ मिस्ट्स**

कच्छ पर आए गुजरात के सरकारी विज्ञापन से साल भर पहले 2009 में देव बेनेगल ने एक फ़िल्म बनाई थी 'रोड, मूवी', जिसे कॉन फ़िल्म महोत्सव में जगह मिली थी। यह फ़िल्म कच्छ का एक ऐसा सफ़रनामा है जिसमें सतीश कौशिक का किरदार (ओम) पूनम की रात वहाँ लगने वाले किसी मेले की तलाश में भटक रहा है। उसे पता है यह मेला कभी नहीं लगेगा, कभी नहीं दिखेगा, लेकिन एक मरीचिका है जो उसे बहलाए हुए है, जिसकी पीनक में अभय देओल (विष्णु) का ट्रक रण के विस्तार में ज़मीन नापे चला जाता है।

कोई उस मरीचिका का क्या करे जो उसे किसी न किसी बहलावे में अपनी ओर खींचे चली जाती है? इसी मरीचिका ने मुझे पहली रात रण के बीच लालजी

के झोंपड़े में पनाह दी थी, जिसका नतीजा ये हुआ कि नमक का यह दलदल वक़्त के साथ मुझे भीतर और भीतर खींचता चला गया।

दस साल हो गए हैं इस बात को, लेकिन एक तपिश लगातार बनी रही भीतर। वही, जो सतीश कौशिक के किरदार को खाए जा रही थी—पूनम का मेला!

वबा की दो लहरों और दो लॉकडाउन के बाद अबकी धोलावीरा में भादों की पूनम पर दो मेले लगने थे। एक दत्तात्रेय मन्दिर पर। दूसरा रतनपुर गाँव में। पहला मेला रतनपुर में था, हमारे प्रवास के तीसरे दिन। फ्लेमिंगो गेस्ट हाउस से रतनपुर कोई तीन किलोमीटर पीछे रहा होगा। मेले की जानकारी तो हमें पहुँचते ही मिल गई थी। बस, इन्तज़ार था।

बीती रात भयंकर आँधी, पानी, तूफ़ान लेकर आई थी। सुबह उठे तो पूरा टापू ताज़गी में नहाया हुआ था। मौसम उतना खुला नहीं था। हल्की धूप थी, हवा थी और बारिश की गुंजाइश भी। मेले तक जाने के लिए हमारे पास कोई साधन नहीं था। हम रोड किनारे खड़े हो गए। आगे के ज़्यादातर गाँवों के लोग मेले के लिए निकल चुके थे। कुछ अभी जा ही रहे थे। आगे के किसी गाँव से आते हुए इन्हीं में एक ट्रैक्टर को मोहन भाई ने हाथ मारा और उसकी ट्राली में हमें चढ़ा दिया।

हिचकोले खाते ट्राली में बैठी कोई आधा दर्जन लड़कियाँ और महिलाएँ थोड़ा पास होकर आपस में सिमट गईं और खुसुर-फुसुर करने लगीं। एक लड़की ने अपरिचय की जमी हुई बर्फ़ तोड़ी और पूछा, "आप लोग कहाँ से हो?" और बात चल निकली। अधिकतर लड़कियाँ आठवीं पास और अविवाहित थीं। उनके लिए ये मनोरंजन वाली बात थी कि दिल्ली से आए तीन लोग खड़ीर में रतनपुर गाँव भादों के मेले में जा रहे हैं। शुरुआती परिचय के बाद लड़की ने पूछा, "आप लोग किस बिरादरी से हो?" ऐसा सीधा सवाल किसी ने आज तक नहीं पूछा था। किसी तरह जवाब समझाना पड़ा। फिर उन्होंने बताया कि वे सब दरबार बिरादरी से हैं। दरबार यहाँ की दबंग कौम मानी जाती है।

ट्रैक्टर मुख्य सड़क से गाँव के भीतर बाएँ मुड़ा तो भीतर की आँत-वाँत सब हिल गई। उसके बाद कच्ची सड़क पर कोई डेढ़ किलोमीटर चलना था। बातचीत में लड़कियों ने बताया कि उन्हें आठवीं से आगे यहाँ पढ़ने नहीं दिया जाता है। सबको घर के काम में लगा दिया जाता है। इस दौरान भी सब हँस रही थीं, खिलखिला रही थीं। आगे बैठी औरतें भी मुँह छुपाकर हँस रही थीं। सामने भीड़-भाड़ दिखना

शुरू हो गई। चौतरफ़ा गाड़ियाँ लगी हुई थीं और माइक से गाने की ऊँची आवाज़ आने लगी। हम मेले के बीच में थे।

रतनपुर में 2021 के भादों की पूनम का यह मेला गाढ़े-चटक रंगों का एक भव्य और बेतरतीब कोलाज था। जिसके पास जो था, सब ओढ़कर चला आया था। परम्परागत गहनों में लदी-फँदी महिलाएँ और लड़कियाँ, बड़ी-बड़ी पगड़ी सिर पर टिकाए पुरुष, रंगीन चश्मे पहने गाँवों के फ़ैशनेबल लड़के और इन बहुरंगे लिबासों के बीच यहाँ-वहाँ छिटकी रबारी औरतें, जो अपने काले लिबास में अलग से पहचान में आ रही थीं।

कहीं मूँगफली और सींगदाना भुन रहा था। कहीं मेवाड़ प्रेम आइसक्रीम बिक रही थी। कोई फलों का ठीहा लगाए पड़ा था तो कहीं नमकीन छन रही थी। कोई शरबत बेच रहा था। कोई पानी। इस टापू पर दुनिया की जितनी भी लज़्ज़तें उपलब्ध हो सकती थीं, सब अधिकतम मात्रा में मौजूद थीं। ज़बरदस्त उमस और गर्मी के बीच हर किसी के चेहरे पर निश्छल मुस्कान थी।

ठीक सामने तीन रबारी औरतें दिखीं। सबसे बुज़ुर्ग ने सबसे छोटी वाली के सिर पर हाथ रखकर आशीर्वाद दिया। फिर दूसरी बुज़ुर्ग महिला के गले लगी। तभी पगड़ी पहने बड़ी मूँछों वाले एक रबारी सज्जन वहाँ पहुँचे और उन्होंने बुज़ुर्ग महिला के सामने अपना सिर झुका दिया। उन्हें भी उस महिला ने वैसे ही आशीर्वाद दिया। फिर सब एक वृत्त में खड़े होकर हँसने लगे। ऐसा लगा कि नाचने लगे हों।

ये मेला है। अपनी ज़िन्दगी की दुश्वारियों और दुखों से एक दिन दूर होने का मौक़ा। एक-दूसरे को गले लगाने, आशीर्वाद देने और लेने का दिन। जो जी चाहे, खाने का दिन। जो जी चाहे, पीने का दिन। गानों पर खुलकर नाचने का दिन।

पता चला कि कच्छ का एक बहुत बड़ा कलाकार विशाल तम्बू के नीचे गीत गा रहा है। आवाज़ तो चौतरफ़ा आ ही रही थी। हम तम्बू के पास गए। सैकड़ों लोग तम्बू को घेरे पड़े थे और सबसे आगे दो-तीन लोग नोट उड़ा रहे थे। कुछ लोग नोट बटोर रहे थे। नौजवान लोग गायक की वीडियो अपने मोबाइल पर बना रहे थे। सब घर वापस जाकर इसे सुनेंगे और सुनाएँगे।

दूर पीछे सफ़ेद रंग का एक कमरा दिखा जिसके बाहर से एक सीढ़ी ऊपर जा रही थी और उसके ऊपर बने एक शेड में से कुछ लोग इधर-उधर झाँक रहे थे। उस कमरे के पीछे एक तालाब था और एक मन्दिर। मन्दिर के बाहर चौड़ा सा

प्रांगण भी था। सारी जगह हँसते-खेलते रंगीन मनुष्यों से भरी हुई। धूप और उमस से बचने के लिए हमने उस शेड में पनाह ली। दो घंटे वहीं बैठे रहे और लोगों को देखते रहे। तस्वीरें उतारते रहे। बीच-बीच में केले खाते रहे। पानी पीते रहे।

असली दृश्य यहाँ ऊपर से देखने पर समझ आता था। चारों ओर हरे-भरे निर्जन टापू के बीचोबीच रंगों का दंगल सा मचा हुआ था। आख़िर क्या था यहाँ ऐसा कि कोई आए? फिर भी जितने ज़्यादा लोग आ सकते थे, आए थे। न केवल खड़ीर से बल्कि रापर और भचाऊ से भी ट्रैक्टर और गाड़ियाँ भर-भरकर लोग आए थे। कम से कम नहीं तो पाँच से दस हज़ार लोग किसी भी वक़्त वहाँ मौजूद थे। क्या करने आए थे इतने सारे लोग? और हम क्या करने आए थे यहाँ? केवल इन्हें देखने?

कोई दो घंटे ऊपर शेड में बैठने के बाद हम नीचे मन्दिर के प्रांगण में एकाध घंटा बैठे रहे। तस्वीरें उतारते रहे। हमारे पीछे चार लड़के एक-दूस-रे के गले में बाँहें डाले बैठे थे। उन्होंने हमसे अपनी एक सेल्फ़ी लेने को कहा। सेल्फ़ी? उनकी सेल्फ़ी हम कैसे ले सकते हैं? हो सकता है वे फ़ोटो उतारने को बोल रहे हों। अगर हमने उनकी फ़ोटो उतार भी ली तो वे अपनी फ़ोटो कैसे लेंगे हमसे? कैमरे से ट्रांसफ़र कैसे करेंगे? और वैसे भी, उनकी फ़ोटो का हम क्या करेंगे? ये शहरी दिमाग़ था। तार्किक दिमाग़। सवालों से भरा दिमाग़।

यह सिन्धु घाटी की मिट्टी थी। इस मिट्टी का कुछ अंश उन लड़कों की देह में रहा होगा। उन्हें हमारे सवालों से कोई मतलब नहीं था। उन्हें तो बस ग्रुप सेल्फ़ी चाहिए थी। उन्होंने पोज़ दिया और हमने उनकी सेल्फ़ी ले ली। मतलब फ़ोटो उतार ली। वे इतने से ही ख़ुश हो गए और फिर गपशप में लग गए। उन्हें इस बात से कोई मतलब नहीं था कि इस फ़ोटो का हम क्या करेंगे। कुछ और लड़के पास आए और ऐसे ही अपनी फ़ोटो उतरवाए। फिर निर्विकार भाव से चले गए। बमुश्किल आठ साल की एक चुलबुली बच्ची हमें काफ़ी देर तक अपने बुज़ुर्गों की गोद की ओट से पोज़ देती रही। हम उसके स्नैप लेते रहे। उसने हमें मुँह चिढ़ाया। हम हँसे।

आज हर किसी के पास कैमरे वाला मोबाइल है। क्या शहरों में ये सम्भव था कि कोई आपसे अपनी फ़ोटो खिंचवा ले और पलट के माँगे भी नहीं? क्या साधारण गाँवों में ऐसा सम्भव है? सोचिए, कि एक व्यक्ति किसी दूसरे की सेल्फ़ी कैसे खींच सकता है? सोचकर देखिए।

मेला इसी को कहते हैं। जहाँ जुटना ही धर्म होता है। जहाँ एक-दूसरे से मिलना

ही मर्म होता है। जहाँ लोग अपनी तस्वीर किसी अनजान से खिंचवाकर ख़ुश हो लेते हैं। और उसी भाव में आगे बढ़ जाते हैं। प्राइवेसी नाम की चिड़िया उनकी चिन्ताओं के संसार में कहीं कोई मायने नहीं रखती। उनकी चिन्ताएँ हमसे अलहदा हैं। और आज चिन्ता करने का दिन नहीं है।

धोलावीरा के इन नौजवान लड़कों को भला और किस मुहावरे में समझा जा सकता है? मेले में बिंदी, चूड़ी, आलता, पाजेब, रबड़ बैंड ख़रीदती महिलाओं को आप कैसे समझेंगे? हाथ में लाठी लिये अपनी मूँछ पर ताव देते अकेले बुज़ुर्ग को आप कैसे समझेंगे। छोटे-बड़ों को आशीष देती एक बुज़ुर्ग महिला को आप कैसे समझेंगे?

मेला किसी भी समाज की सबसे आदिम तस्वीर होता है। रतनपुर का यह मेला इस बात की तस्दीक करता है कि देश में एक बड़ी आबादी के पास बाज़ार ने सेल्फ़ी तो पहुँचा दिया, लेकिन उसके लिए सबसे ज़रूरी 'सेल्फ़' का भाव पैदा नहीं कर सका। सेल्फ़ उसके लिए मायने नहीं रखता है। यहाँ समूह ही सब कुछ है। उसे कुछ नहीं चाहिए, केवल पल भर का सुख चाहिए। यही सुख अगले एक साल तक दुखों को सहने की ताक़त उसे देगा क्योंकि मेला अब साल भर बाद लगना है।

दुखों, कष्टों और अलगावों से घिरे जीवन में मेला मुक्ति का पर्याय है। ट्रैक्टर से उछलकर नीचे उतरी किशोरियों की देहमुद्रा बताती है कि आज उनकी मुक्ति का दिन है। मोटी-मोटी झुर्रियों से पटे हुए चेहरे वाली कोई अस्सी साल की बुढ़िया का चैन से दो पल बैठकर आइसक्रीम चूसना ही उसकी मुक्ति है। एक महिला का महीनों बाद अपनी सहेलियों और रिश्तेदारों से मिलना और सुख-दुख बतियाना उसकी मुक्ति है। यहाँ एक की मुक्ति दूसरे की मुक्ति से बँधी हुई है। ऐसा नहीं हो सकता कि मेला भी लगे और बन्दिश भी रहे।

सूरज ढलते-ढलते मेला उठने लगा। बच्चों के झूले सिमट गए। आइसक्रीम खा रही बुढ़िया अपना सामान समेटकर निकल गई। लोग घरों की ओर लौटने लगे। हम उसी ट्रैक्टर की तलाश में थे जिससे आए थे। काफ़ी ढूँढ़ा, नहीं मिला। बहुत देर इन्तज़ार के बाद एक पिक-अप ने हमें पीछे चढ़ा लिया। वो उसी दिशा में जा रहा था जहाँ से हम आए थे।

जिस ट्रैक्टर से हम आए थे उसकी तलाश आँखों में अब भी थी। रतनपुर गाँव की आबादी पार करते ही पीछे देखा तो लगा कि ये तो वही ट्रैक्टर है। पक्का

नहीं था। पीछे ट्राली में कौन-कौन बैठा था, साफ़ दिख नहीं रहा था। फिर भी एक भरम रहा कि वही ट्रैक्टर होगा। वही लड़कियाँ होंगी, जिनके बारे में कभी भूपेन हजारिका ने कहा था :

खुल के खिलखिलाती,
सावन बरसाती,
हँस रही है कौन ये मोगरे जगाती...

रतनपुर के बाग़ीचे की हज़ार ख़ुशबुएँ लेकर हम लौटे। मेले की साध पूरी हुई। पूनो की चाँदनी में आधी रात न सही, दिन में सही।

दुनिया की हर कहानी सुखान्त होनी चाहिए। सच हो चाहे भरम। सुख को धरती का मुँह नहीं देखना चाहिए कि वह किस करवट लेटी है।

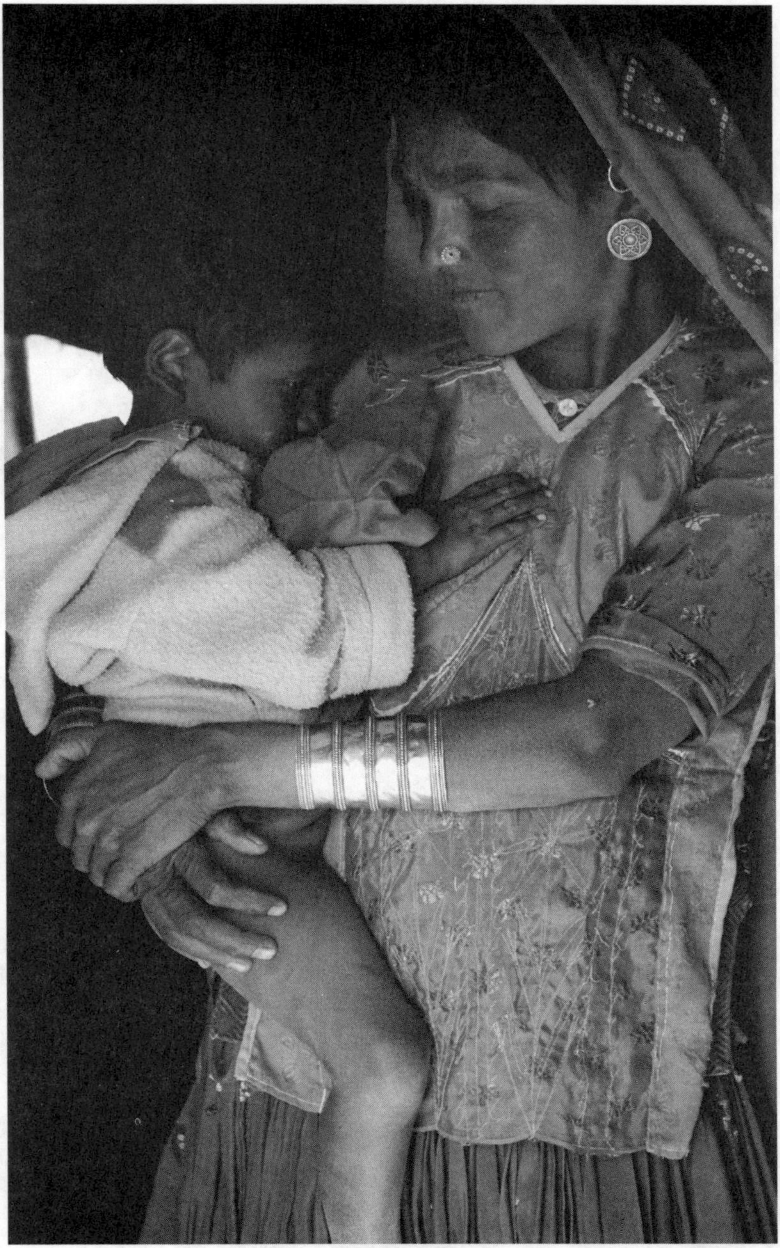

माँ और पुत्र, धोलावीरा, 2012

धोलावीरा गाँव के बुजुर्ग शंभुदान गढवी, धोलावीरा के उत्खनन के दौरान पुरातत्व विभाग के खादिम रहे, जो इस हड़प्पाकालीन स्थल को खोजने का खुद दावा करते हैं। स्थानीय लोग भी इन्हें इसका श्रेय देते हैं।

विद्वान इतिहासकार और कच्छ मित्र के पुराने स्तंभकार श्री दिलीपभाई वैद्य। धोलावीरा की खुदाई के समय भुज संग्रहालय के प्रमुख रहे। धोलावीरा की सील के खोजे जाने में इनका बड़ा योगदान है।

पद्मश्री नारायण जोशी 'कारायल', जिन्हें कच्छी में स्कूली पाठ्यक्रम विकसित करने के श्रेय जाता है। कच्छी को केन्द्रीय भाषा का दर्जा दिलवाने के लिए इनका संघर्ष बहुत पुराना है।

लखपत के बुजुर्ग गाइड उस्मान अली नोतियार कच्छ की लोक-संस्कृति के आखिरी जीवित वाहकों में से एक हैं जिनके मुरीद दुनिया भर में फैले हैं।

भुज के प्राग महल में स्थित आर्काइव के प्रभारी इतिहासकार दलपत भाई धानीधारिया

पिछली दो सदी से आमरण, गुजरात में स्थित दावल शाह पीर दरगाह का खादिम मोढ़ मोदी समुदाय का एक हिन्दू परिवार है

गिर पर्वत के मठ से लखपत आए नाथ संप्रदाय के जोगी।

खड़ीर बेट का आखिरी गाँव धोलावीरा

जगड़ू शाह की बनवाई बावड़ी, भद्रेश्वर

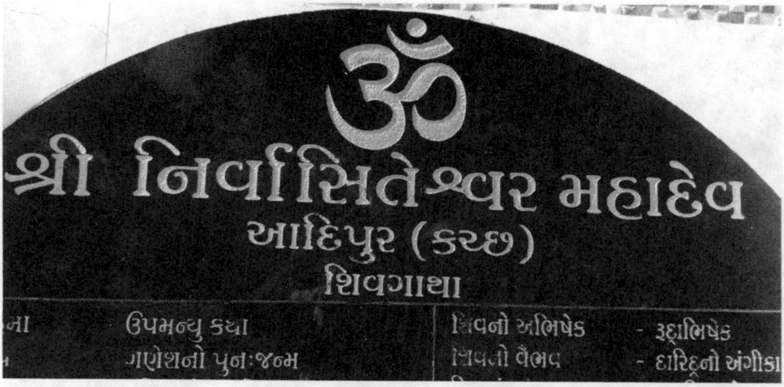

आदीपुर में निर्वासितेश्वर महादेव का मंदिर। यहाँ सिंध से निर्वासित लोगों को बसने के लिए आजादी के बाद महात्मा गांधी के कहने पर जमीन दी गई थी। उन्होंने यहाँ बसकर अपना एक भगवान बना लिया।

मुंद्रा के पास स्थित भद्रेश्वर में नौखम्बी मस्जिद के खंडहर

मुंद्रा में मुग़ल गेट के पास एक दुकान में सर आग़ा ख़ान और एक हिन्दू संत की तस्वीरें। दुकान के मालिक हिन्दू हैं और दोनों के अनुयायी हैं।

सरदार सरोवर का पानी कच्छ में लाने के लिए जब नर्मदा की नहर बन रही थी, तब की एक तस्वीर। नहर बन चुकी है, पाइप लाइन भी बिछ चुकी है, लेकिन आज तक पानी धोलावीरा तक नहीं पहुँचा।

बारिश के अभाव में कच्छ के रण की धरती ऐसी दिखती है

धोलावीरा में पहले इसी से खेती की जाती थी। अब ये ढाँचे जगह-जगह खड़े दिखते हैं।

वयोवृद्ध जहाज़ी शिवजी भाई भुड़ा का जहाज़नुमा घर और मोडल वर्कशॉप, मांडवी

मांडवी में रुक्मावती नदी के किनारे खड़ा एक जहाज़ टूटने के लिए तैयार है। अब यहाँ जहाज बनाने और तोड़ने का कारोबार तक़रीबन समाप्ति पर है। कच्छ के मशहूर कोटिया जहाज़ यहीं बना करते थे, जिससे जहाज़ी एक ज़माने में अफ्रीका हो आया करते थे।

तटीय शहर मांडवी में समुद्र किनारे मकानों की एक पुरानी बसावट।

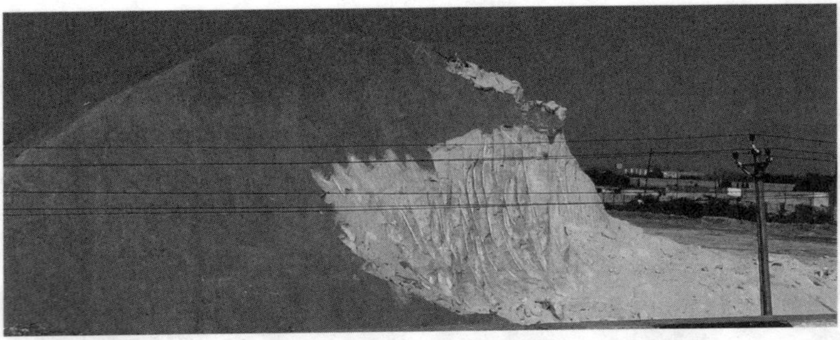

ब्रोमीन के एक कारखाने में नमक का पहाड़, भचाऊ, कच्छ।

हड़प्पाकालीन सभ्यता धोलावीरा को दर्शाता एक पुराना साइनबोर्ड

धोलावीरा में तोरण विश्राम गृह। तस्वीर 2012 की है।

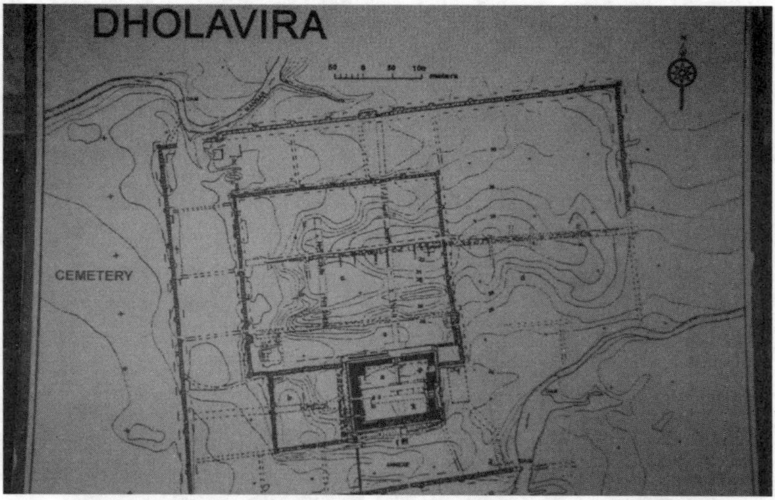

हड़प्पाकालीन धोलावीरा सभ्यता में उत्खनित स्थल का मानचित्र

कच्छ नहीं देखा तो कुछ नहीं देखा! रापर से धोलावीरा के बीच चलने वाली
मिनी बस के पीछे की लिखावट

सेठ जगड़ू शाह के महल के अवशेष, भद्रेश्वर।

किसी बाहरी के लिए इस इकलौते पुराने साइन बोर्ड के बग़ैर धिनोधर पहाड़ की तलहटी में स्थित थान जागीर और गुरु धोरमनाथ के मठ को खोज पाना बहुत मुश्किल काम है।

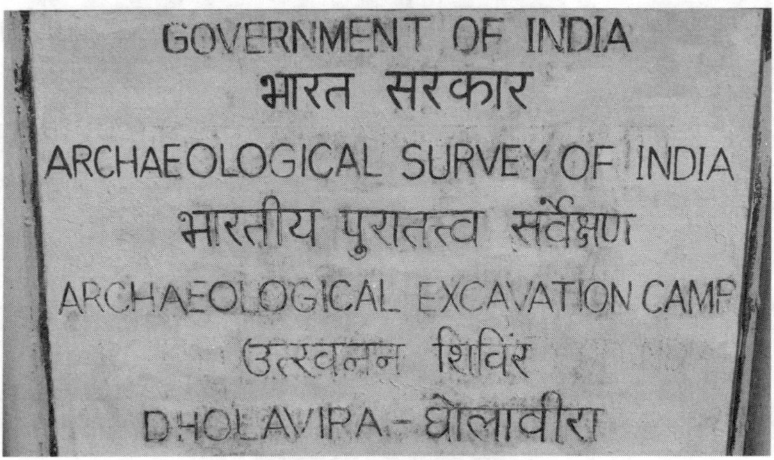

धोलावीरा के उत्खनन स्थल का शिलालेख।

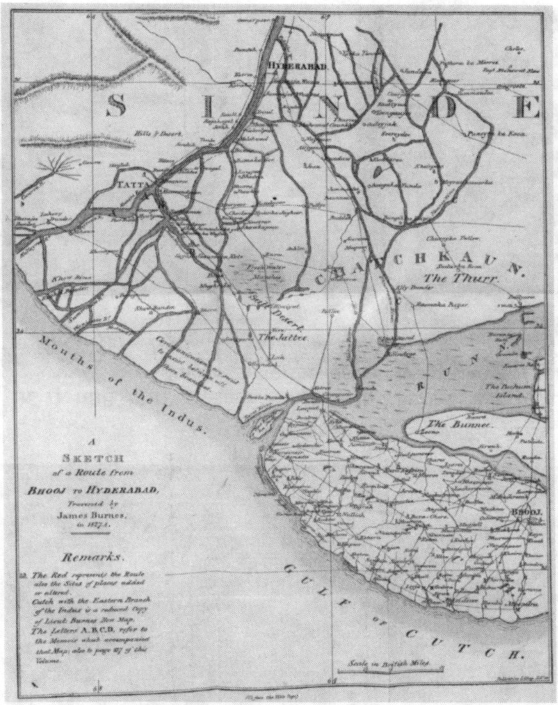

यह नक़्शा 1827-28 में अंग्रेज़ी लेखक जेम्स बर्न्स ने भुज से हैदराबाद तक की गई यात्रा के आधार पर तैयार किया था।

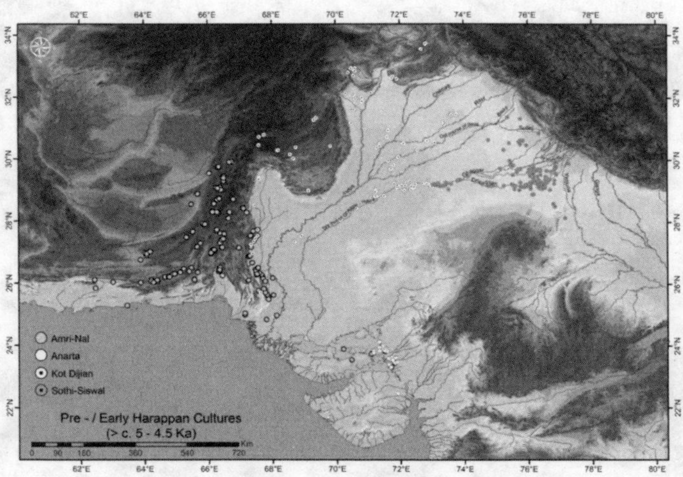

Fig. 1.1 : Map showing locaiton of pre-/early Harappan Sites

आरंभिक और प्राक-हड़प्पा स्थलों को दर्शाता मानचित्र

कच्छ में डायनासोर के अवशेष प्राप्त होना बहुत पुरानी और आम बात है। समय-समय पर इस बारे में अख़बारों में ख़बर छपती रहती है।

अंजार में पहाड़ी के ऊपर स्थित एक शिलालेख जोइस शहर की स्थापना का प्रतीक है

गुजरात भास्कर की 2012 की एक कतरन, जिसमें भद्रेश्वर में 1500 साल पुराने अवशेष पाए जाने की सूचना है।

आभार

यह पुस्तक जिस रूप में आपके हाथों में है, इसे यहाँ तक ऐसे पहुँचने में बहुत साल लगे हैं। इस दौरान बहुत से लोगों का समय और श्रम इसमें लगा है। इसलिए उन सब पर आने से पहले इसकी पृष्ठभूमि को समझना ज़रूरी है।

दस साल पहले कच्छ के रण से मैं अचानक मोहित हुआ था। वह यात्रा किसी पीनक में हुई थी—बस, रात को मन बना और अगली शाम निकल लिए! इसमें न कोई ख़ास योजना थी और न ही उद्देश्य। बस, सफ़ेद नमक का रेगिस्तान देखने की हुड़क थी। संयोग यह हुआ कि मुम्बई में रहने वाले मेरे विश्वविद्यालय के मित्र चन्द्रमणि भी अपनी कार से छोटे भाई चिंटू के साथ आने को तैयार हो गए। फिर अहमदाबाद में छात्र जीवन के एक और साझा मित्र अरविन्द का भी मन बन गया। अहमदाबाद में ही मेरी पत्नी शीला जी के चचेरे भाई भी रहते थे तो घर का ही मामला हो गया और सीधे मैं उन्हीं के पास पहुँचा।

इसके बाद अगले दस दिन क्या हुआ मुझे आज तक बहुत समझ नहीं आया। इसे ऐसे समझिए कि उस वक़्त तक सबसे सस्ता इंटरनेट वाला एंड्रॉयड फ़ोन बीस हज़ार का था, लिहाज़ा सामान्य लोगों के बीच तब भी कीपैड वाले सिम्बियॉन फ़ोन ही चलन में थे। मेरे पास एक नोकिया का फ़ोन था जिसमें नोकिया का साधारण मैप हुआ करता था। चन्द्रमणि के पास बेशक एक जीपीएस डिवाइस था, जिसने हमें ऐसा रास्ता दिखाया था कि हम रण के ठीक ऊपर किसी पहाड़ी के मुहाने पर कार लेकर पहुँच गए थे जहाँ नीचे खाई थी और

खाई में नमक ही नमक। तब तक कच्छ में वैसे हाइवे और सड़कें भी नहीं थीं, जो आज हैं।

देश के सबसे बड़े ज़िले में बिना किसी पूर्व परिचय या सहारे के पहले बाइक और फिर कार से हम जहाँ-जहाँ गए, जाने क्यों और किस प्रेरणा से गए। बेशक उसमें थोड़ा रिसर्च शामिल था, लेकिन वह यात्रा अँधेरे में तीर मारने जैसा ही थी। लौटने के बाद मैं लगातार अपने ब्लॉग जनपथ पर 'कच्छ कथा' के नाम से सचित्र पोस्ट लिखता रहा। मैं नहीं जानता था कि 'कच्छ कथा' की हार्ड प्रिंटेड कॉपी राजकमल प्रकाशन के सम्पादक की दराज़ से कई साल बाद अचानक जिन्न की तरह निकल आएगी और स्मृतियाँ दोबारा ज़िन्दा हो जाएँगी। किताबों की योजना को किसी फ़िक्स डिपॉज़िट की तरह बरतने वाले सत्यानन्द निरुपम ने न कहा होता, न मैं तैयार हुआ होता, और न ही यह पुस्तक आपके हाथ में होती।

जैसे कहते हैं न कि अमुक फ़िल्म निर्देशक की है, वैसे ही मैं स्वीकार करना चाहूँगा कि 'कच्छ कथा' प्रकाशक की है। लेखक की नहीं। मुझे तो अपने ब्लॉग में छुपी सम्भावनाओं का अन्दाज़ा ही नहीं था। इसे सत्यानन्द निरुपम ने पहचाना और ऐसा पकड़ा कि पकड़ के बैठ ही गए और मुझे कच्छ के रण में भटकने के लिए धकेल दिया। धकेल दिया तो भटकन में थोड़ी योजना की मिलावट करनी पड़ी। घुमक्कड़ी में भी अनुशासन लाना पड़ा। तो सबसे पहला और जायज़ आभार उनका।

दूसरा आभार मैं ज़ाहिर तौर से शीला जी का देना चाहूँगा। कोई महिला नहीं चाहती कि उसका बेरोज़गार पति ख़ुद पैसा कमाने के बजाय उसका कमाया हुआ पैसा उड़ाने के लिए बेमतलब घूमता फिरे। इतनी आज़ादी उन्होंने मुझे लगातार दी है—बाहर घूमने की और वापस घर आकर तसल्लीबख़्श लिखने की। यह आज़ादी इतनी आसान नहीं थी क्योंकि घर में हम दोनों के ऊपर मेरी माँ हैं। एक सामान्य हिन्दुस्तानी सेट-अप में दो महिलाओं को घर पर अकेले छोड़ के घूमने वाला आदमी कितना नाकारा ठहराया जा सकता है, इसकी बस

कल्पना ही की जा सकती है। यह कल्पना मेरे घर में इसलिए सफल नहीं हुई क्योंकि शीला जी के निर्णयों को माँ की पूरी सहमति रही।

इसके बाद मैं उन सभी मित्रों का आभारी हूँ जिन्होंने मुझे रण में भटकने के लिए कभी अकेला नहीं छोड़ा और हर बार कोई-न-कोई मेरे साथ अतिरिक्त रहा। कभी-कभार इसका बुरा नतीजा ये हुआ कि एक से भले दो के बजाय तीन से भले चार भी हो गए। ज़ाहिर है, पहली यात्रा में शामिल मित्रों का तो आगे दुहराव नहीं हुआ, लेकिन अंकुर मेरे साथ हमेशा साये की तरह चिपका रहा। न केवल कच्छ में, बाक़ी यात्राओं में भी। मैं कह सकता हूँ कि बीते ढाई दशक के चक्रमण में पहली बार कोई हमराह मिला है जो दस साल से टिका हुआ है, जो मेरे खर्राटे भी सहता है और समय पर मुझे दवा-दारू की याद भी दिलाता है। और जिस पर शीला जी को इकलौता भरोसा है।

कच्छ की सभी यात्राओं में समान रूप से मेरे साथ रहे अंकुर के अलावा कुछ यात्राओं में हमसफ़र रहे अजीत, तरुण, नित्यानन्द का भी शुक्रिया कहना चाहूँगा। अहमदाबाद के मेरे पुराने जानकार और रिटायर्ड मित्र नीरज पाल और उनके परिवार का मैं दिल से आभार जताना चाहूँगा कि उन्होंने एकाधिक मौक़ों पर मेरी यात्राओं में मदद की। मूल कनपुरिया होते हुए भी उनके यहाँ विशुद्ध गुजराती ख़ातिरदारी की महक हमेशा मेरे दिल में रहेगी।

जब किताब के लिए घूमने की योजना बनी तो मेरे पास कोई ख़ाका नहीं था। कहने को कच्छ महज़ एक ज़िला है, लेकिन एक बार सड़क पर निकल जाएँ आदमी दुनिया के दूसरे छोर का ही इन्तज़ार करते रह जाता है। इस संकट को दूर किया भुज के प्रागमहल स्थित अभिलेखागार के प्रमुख दलपत भाई पानिदारिया ने, जो लगातार एक कुतुबनुमा की तरह मुझे दिशा का ज्ञान कराते रहे। कह सकता हूँ कि दलपत भाई इस पुस्तक के गाइडिंग लाइट हैं।

इसके बाद कच्छ के जितने भी व्यक्तियों का मैं दिल से शुक्रगुज़ार हूँ उनमें से अधिकतर ख़ुद 'कच्छ कथा' के ज़रूरी किरदार हैं, नैरेटर हैं। अगर दलपत जी हमें कच्छ में रास्ता दिखाते रहे तो वयोवृद्ध दिलीप

भाई वैद्य हमें बच्चों की तरह प्यार से हर बात समझाते रहे और किसी संत की तरह हमें अपने पुराने मकान में जमा किए ख़ज़ाने दिखाते रहे। वे ज्ञान का भंडार हैं। कबीर का कुआँ हैं। उनके पास कच्छ में दिलचस्पी रखने वाले हर प्यासे को जाना चाहिए।

फिर उस्मान भाई और लियाक़त का तो क्या ही आभार कहूँ, आप कहानी से ही सब कुछ जान जाएँगे। डॉ. नेहल वैद्य, अंजार के प्रभात भाई, उस्मान गनी, इब्राहिम तुर्क जैसी शख़्सियतें हैं जिन्होंने मुझे अपना बहुमूल्य समय दिया है। अपनी ऊर्जा दी है। अपने सीमित संसाधनों से सहयोग किया है।

किसी भी सफ़र में सारथी का होश में रहना सबसे ज़रूरी होता है। इस लिहाज़ से ख़ासकर मैं भुज के मुकेश भाई सहित उन सभी टैक्सी चालकों का दिल से शुक्रगुज़ार हूँ जिन्होंने इतने बरसों में मुझे कभी किसी शिकायत का मौक़ा नहीं दिया और अपनी सहूलियत से दिन-रात घूमने दिया।

आभार उन सभी अनाम मनुष्यों, जीव-जन्तुओं और वनस्पतियों का जो इस लम्बे सफ़र में कहीं-न-कहीं मुझसे जुड़े और बिछड़ गए। वन्दन कच्छ की धरती पर हुए उन तमाम सिद्धों और पीरों का, जिनकी रूहों ने मुझे अगर हलाकान किया तो इसे समझने की सलाहियत भी बख़्शी। आभार दसों दिशाओं का, जिनसे आती अबूझ आवाज़ों और रोशनियों ने मेरी बेचैनियों को कभी हद से नहीं गुज़र जाने दिया।

अन्तिम आभार कच्छ में खाने के साथ मुफ़्त मिलने वाली सौम्य छाछ और विनम्र साम्बरा का, जिन्होंने बेसन से बने विविध व्यंजनों और हाहाकारी मीठी चाय के प्रलयंकारी आतंक से मेरे हाज़मे को सलामत रखा।

किताब आपके हाथ में है। उम्मीद है कि घर बैठे आप वैसा सफ़र करें, जैसा मैंने किया है।

—अभिषेक श्रीवास्तव